개정판

몽화로 크테스 유영론

개정판

영화로 쓰는 문화읽기

김만수

개정판 서문

    2006년 6월 『문화콘텐츠 유형론』을 발간한 후, 몇 년간의 변화를 반영하여 개정판을 내게 되었다.
    개정판을 내게 된 첫 번째 이유는 현기증을 느낄 정도로 진화하고 있는 현재의 문화콘텐츠 현황을 반영하기 위해서이다. 유튜브, 트위터 등의 새로운 사이버공간이 탄생하고, 콘텐츠라는 용어가 좀 더 광범위하게 사용되게 되었다. UCC, 스토리텔링, 유비쿼터스라는 용어도 이제는 보편화되었다.
    또한 한 학기 강의에 적절한 분량을 만들기 위해 수록했던 학술논문에 해당하는 뒷부분을 모두 생략하여 슬림화하고, '뉴미디어의 출현 → 대중문화의 개념 변화 → 뉴미디어에 따른 콘텐츠의 변화 → 콘텐츠의 유형화 방법론 제시 → 콘텐츠 변용의 사례' 순서가 되도록 내용을 재배치하였다. 뉴미디어가 늘고 있으니 미디어 전반의 개념 정의와 발전의 역사를 아는 것도 도움이 될 것이고, 이러한 미디어의 증가가 현대문화에 미친 영향을 분석하는 것도 유용할 것이다. 또한 이러한 미디어 내에 새롭게 담길 콘텐츠의 유형에 대해 학습하는 것도 필요한데, 이를 위하여 몇 개의 사례를 추가하였다.
    1968년도의 미디어는 10개, 1988년도에는 20개에 불과했지만, 2008

년에는 60여 개로 급증했다(실감나지 않는다면, 주변을 찬찬히 살펴보라). 20년 사이에 2배 정도만 증가한다고 추산해도, 2028년에는 120여 종류의 미디어가 활용될 것이라는 것을 쉽게 예측할 수 있다. 이와 같은 미디어의 창조적 진화에 대해 우리는 어떤 대비를 해야 하는 것일까. 120여 개의 미디어를 내 한 몸에 갖출 때, 나는 움직이는 미디어 자체이며, 언제 어디서나 존재하는 유비쿼터스(UBIQUITOUS)가 된다. 그런데 유비쿼터스야말로 언제 어디서나 존재하는 존재, 우리가 오랫동안 신의 영역으로 알고 있던 존재의 비유이지 않은가. 이러한 당혹감에 대한 해답도 필요하다.

최근 전파를 이용해 먼 거리에서 정보를 인식하는 기술인 RFID(Radio-Frequency IDentification)가 화제가 되고 있다. 태그와 판독기만 있으면 모든 정보가 처리되는 이 기술이 개인에게 적용되어 태그가 개인의 몸에 부착되거나 이식되면, 개인은 슈퍼마켓 카운터에서 신용카드를 사용하지 않아도 되며, 어느 장소에서라도 나 자신의 존재를 알릴 수 있다. 그러나 이러한 편리성 이면에는 '나'라는 존재가 늘 감시되며 조종될 수 있다는 'Big Brother'의 세계가 감추어져 있다. 무라카미 하루키의 소설 <1Q84>에서 주인공들은 1984년도에서 갑자기 '전환'되어 1Q84년도로 진입하게 된다. 1Q84년의 세상은 리틀 피플과 공기 번데기가 살고 있으며 달이 두 개 떠 있는 이상한 세계이다. 우리가 살고 있는 이 세상을 화성인이나 기계 - 인간이 지배할지도 모른다는 불안감과 당혹감이 숱하게 제작된 외계인의 지구 침공 영화 <터미네이터>, <메트릭스>, <아바타> 등의 단골 주제였지만, 정말 그 시기는 가까이 왔고 우리가 살고 있는 세계가 어느 순간, 하루키의 표현을 빌리면, 주인공 아오야메가 고속도로에서 내려 비상계단으로 내려오는 순간 갑자기 닥쳐올지도 모르는 '전환의 시대'에 우리는 살고 있다.

미디어가 우리의 삶과 문화를 얼마나 급격하게 바꾸고 있는지를 설명하기 위해서는 나 자신의 실감에서 출발해도 될 듯싶다. 지금으로부터 30년 전인 1980년, 내가 대학 1학년인 때로 돌아가 본다. 자취생 살림이었지만 종이신문만은 꼭 구독했다. 방안에는 라디오가 있었고 TV는 없었다. 전화를 사용할 때에는 공중전화를 이용했는데, 전화를 받을 사람이 그 집의 어른일지 여동생일지를 미리 생각해두어야 적절한 인사말을 꺼낼 수 있었고 실수를 줄일 수 있었다(이제 전화는 전적으로 개인 간의 통신이므로 그런 예절이 필요 없다). 80년대 중반 일찍 취직한 친구의 직장에 들렀다가 팩스를 보고 너무 신기했던 기억이 떠오르는데, 80년대 말엽에는 그야말로 기적과도 같은 PC를 접할 수 있었다. 90년대에 일명 삐삐라고 부르던 비퍼(beeper)가 등장하여 통신의 혁명을 보이는가 싶더니 90년대 중반에 인터넷이라고 하는, 도저히 이해하기 힘든 세계가 선보였다. 인터넷에서 포털사이트, 이메일, 블로그, 미니홈피를 다룰 수 있게 되었을 때 이미 지구촌에서는 Google(1998), Wikipedia(2001), YouTube(2005), Twitter(2006), Generalized cloud computing(2007)이 뒤를 이었고, 이제는 이러한 미디어를 활용하는 디지털 원주민들이 사는 세상으로 변해버렸다.

내가 속한 세대는 디지털 이민자 정도에 귀속될 것이다. 이민자는 원주민과는 달리, 태생적인 자연스러움이 없다. 늘 머릿속에서 생각을 정리한 다음에야 비로소 말하고 행동할 수밖에 없는데, 그 고통이 그리 적은 것은 아니다. 그러나 이민자의 장점이 없는 것은 아니다. 이민자는 양쪽의 세계를 비교할 줄 안다. 아날로그와 디지털 사이에서, 그리고 느리고 불편했던 삶과 빠르고 편리해진 삶의 장단점을 태생적으로 생각하기 마련이다. 그러고 보니, 20세기 중반 세계문학을 이끌었던 부조리 작가들의 삶이 연상된다. 두 차례의 세계대전 사이에 많은 작가들이 고국을 떠나 유럽의 중심인 파리를, 혹은 미국을 피난지로 선택했다. 그리고 그들은 자기가 속한 두 세계 사이의 균열을 발견하며 거기에서 문학적 자양을 얻었다. 문화콘텐츠라는 새로운 영역을 학생들에게 강의할 때마다, 나는 이민자로서 그들에게 들려줄 이야기를 생각했다. 20세기와 21세기의 차이야말로 우리가 정말 알아야 할 중요한 테마 아닌가.

한 20년 전쯤 컴퓨터공학과의 학부 수업에서 교수가 이런 말을 했다고 한다. 여러분은 하드웨어로서의 컴퓨터를 공부하는 것과 통신을 공부하는 것 사이에서 선택을 해야 한다. 내가 보기에는 통신이 훨씬 발전 가능성이 높다. 그 당시 수업을 들었던 학생은 왜 컴퓨터에 통신이 중요한지에 대해 잘 몰랐다고 한다. 통신은 모르스 부호이거나 가정에 보급된 전화 정도이며, 이것은 일대일의 통신이기 때문에 부가가치가 있을 수 없다고 판단한 것이다. 그런데 이제 모바일 내부에 영화, 드라마, 게임, 뉴스 등이 모두 제공되면서 부가가치를 높이고 있다. 방송에 의존하던 20세기의 대중문화가 이제 통신에 의존하는 21세기의 문화로 진화하고 있는 것이다.

이제 융합이 새로운 화두로 떠오르고 있다. 'Too Big, or Not Too Big'을 고민하던 많은 방송기업들이 여러 단계의 경영적 융합을 통해 더 크거나 더 작은 회사로 변화했고, 전통적 예술형식이 새로운 미디어에 적응하면서 문화적 융합을 이끌어가고 있으며, 방송과 통신이 결합하여 새로운 방송 – 통신 융합의 시대를 열고 있다. 우리가 가진 통념의 상당 부분이 흔들리고 깨질 수밖에 없는 환경이 조성된 것이다. 20세기 문명은 상당 부분 대형 신문사와 방송사에 의존했으며, 이들이야말로 대중문화의 핵심이었다. 그런데 이제 생산자와 소비자의 경계가 모호해지면서, 소비자들이 스스로 '지식의 나무'를 만들어가는 주체가 되어버렸다. 한 마리의 개미는 보잘것없는 미물에 불과하지만, 이들은 특유의 커뮤니티를 형성하고 그들의 커뮤니케이션 조직이 하나의 거대하고 효율적인 메커니즘을 형성한다. 주식시장의 '개미'들은 Buy / Sell이라는 대립 기호만으로 전 세계의 기업을 일률적인 기준으로 평가하는 놀라운 지식 적응력을 보여준다. 세상은 놀랍도록 복잡한 곳이지만, 각자의 손에 쥐어진 모바일 하나로 정보를 수집하고 교환하면서 이 세상과 소통해나간다.

    이런 복잡하고 다양한 세상에 유형(type)이 존재하는가. 유형론이라고 부를만한 콘텐츠가 있는가. 이 책은 이에 대한 생각할 거리를 제공하고자 하였다. 고대의 신화적 지식, 중세의 연금술과 같은 비의들, 근대의 과학과 예술이 어떤 고정된 패턴이나 패러다임에 묶여 있고, 그것이 21세기에도 반복된다면, 고래의 지식으로부터 콘텐츠를 빌려오는 지혜야말로 21세기의 중요한 과제이지 않은가.

2010. 1.
김만수

초판 서문

소리 없이 세상을 움직이는 것들

'소리 없이 세상을 움직인다'는 포스코(POSCO)의 광고를 보고 고개를 갸우뚱한 적이 있습니다. 도대체 소리 없이 세상을 움직이는 게 무엇일까요. 포스코의 광고이니, 아마도 철강이 모든 산업의 근간이 되며, 철강산업이야말로 소리 없이 세상을 움직이는 힘이라고 이해할 수는 있었습니다. 그러나 광고는 소비자를 대상으로 하는 것이 상식인데, 소비자인 나로서는 원자재인 철강을 살 일이 전혀 없지요. 그렇다면 그 광고는 타깃을 잘못 잡은 셈이 아닐까요.

그 상식을 뒤집게 된 것은 불과 몇 초 후였습니다. 소비자인 내가 철강제품을 살 이유는 전혀 없지만, 포스코 주식을 살 수는 있지 않겠습니까. 이런 사소한 깨달음은 바로 최근의 광고 트렌드가 상품 위주에서 회사 이미지 위주의 광고로 바뀌는 현상에 대한 깨달음으로 이어졌습니다. 주지하다시피, 현대의 기업들에는 '주주 가치 경영'이 일반화되어 있습니다. 회사의 경영진이 회사를 소유하고 운영하는 게 아니라, 그 회사의 주주 가치가 경영진을 구성하고 그들을 움직이는 것이지요. 물론 주주 가치를 결정하는 것은 그 회사의 이미지, 즉 브랜드 가치입니다. 조금 비약해보니, '소리 없이 세상을 움직이는 것'들은 많았습니다. 마이크로소프트(Microsoft)사는 미약하고(micro) 부드러운(soft) 힘으로 세상을 지배하고 있었고, 인텔사는 "우리 인텔은 여러분의 컴퓨터 내부에 조용히 숨어 있어요(Intel Inside)"라고 외치고 있었습니다.

소리 없이 세상을 움직이는 것들에 대한 관심이 이 책을 쓰게 된 직접적인 동기입니다. 21세기의 현대사회에서는 지식·문화·정보가 세상을 움직입니다. 이 책이 다루고자 하는 문화콘텐츠가 그 영역의 한 부분을 차지함은 당연한 일이지요. 나는 여기에서 문화콘텐츠를 구성하고 있는 여러 형식의 문화적 내용물들과 기술적 발명품들이 서로 소통하는 모습을 관찰하고자 했습니다.

20세기는 역사학자 에릭 홉스봄의 표현을 빌리면, '극단의 시대'였습니다. 우리는 최근 100년 간의 역사에서 현기증 나는 발전을 경험했지요. 인터넷 혁명으로 불리는 최근의 발전 동향은 더욱 그러합니다. 그러나 그 근간을 이루는 것은 인류가 지금껏 쌓아온 문명들이었지요. 고대 문명이 시작된 것을 짧게 잡아 5천 년으로 친다 해도, 우리는 5천 년간 축적해온 콘텐츠 위에 서 있는 셈입니다. 나는 이 책에서 세상을 움직이는 것이 바로 그것이라는 결론에 이르고자 했습니다. 5천 년간 인류가 축적해온 문학·역사·철학이 문화콘텐츠의 중심을 차지하며, 그런 의미에서 본다면, 최근 가장 비인기 품목으로 전락한 인문학이야말로 세상을 움직이는 것의 중심에 서야 한다는 믿음이 그것이기도 했습니다. 아무리 말을 바꾸어도, 세상을 움직이는 것은, 역시 인간이기 때문입니다.

1960년대에 미국 유학 경험이 있는 한 소설가가 사석에서 이런 말씀을 하시더군요. 처음 미국에 갔을 때, 그곳의 대학생들이 너무 어린 애 같아서 놀랐다는 것입니다. 때로는 너무 순수(childlike)하고, 때로는 너무 유치(childish)하더라는 말씀이었습니다. 그 말씀을 곰곰이 생각해 보았습니다. 어찌 보면 그들 미국 대학생들이야말로 우리가 정말 도달하고자 했던 삶의 풍요와 행복을 갖춘 상태에 있었던 게 아닐까요. 지독하게 가난했던 한국의 아이들이야말로 어려서부터 '덜 자란 어른'으로 취급되었지요. 열심히 공부해서 판검사가 되거라…… 우리는 어려서부터 성인이 받아야 할 직업교육을 받았던 셈이고, 미국의 대학생들은 나이 스물이 되어서도 부모와 사회의 보호를 받는 어린이의 행복에 머물러 있었던 셈이지요. 행복할 수 있다면, 순수해도 좋고 유치해도 좋을지 모르겠습니다.

대중문화를 즐기는 21세기의 한국 대학생들도 상당히 어린이의 상태에 머물러 있는 것처럼 보입니다. 기성세대들은 그들의 철없음을 걱정하지만, 정말로 행복한 인생은 문화적 풍요 속에서 아무 걱정 없이 어린이의 상태로 사는 것이지요. 이들의 세태를 걱정하기보다는 이들의 철없는 삶을 부러워하는 것이 오히려 솔직합니다. 이 글은 그러한 부러움을 배면에 깔고 있습니다. 예컨대 문학을 읽지 않고 영화만 본다고 개탄하는 것은 어른의 몫이지만, 어쨌든 그들은 영화를 통해 의미를 생성하고 교환합니다. 때로는 그들의 의사소통이 논리적이지 못하고 감성적이고 표피적인 것에 머물러 있음에 틀림없다고 주장하고 싶기도 합니다. 그러나 그 또한 어른의 쓸데없는 기우일 수도 있지 않습니까.

그러나 어른들의 걱정이 정말 기우에 그쳤으면 하는 생각도 있습니다. 고대 그리스가 학문과 예술을 꽃피웠다면, 로마는 이를 실용화했다고 합니다. 버틀런트 러셀은 그의 방대한 저서 『서양철학사』에서 그리스 시대를 '기적의 시대'라 규정합니다. 3천 년 전의 고대국가에서 그토록 압도적인 과학, 철학, 예술이 싹텄으니, '기적'이라는 말밖에는 사용할 수 없겠지요. 그리스 비극을 보면, 시민들이 아고라에 모여 신명나게 민주주의를 외치는 모습이 보이고, 극장 위를 수놓은 하늘의 별을 바라보며 인간의 왜소함과 한계에 대해 한탄하는 모습도 보게 됩니다. 어떤 의미에서든, 고대 그리스는 민주주의의 산실이고, 철학과 예술의 탄생지였습니다.

로마는 그리스의 유산을 이어받았습니다. 로마는 그리스인들이 만든 극장에서 철학적이고 종교적인 비극을 상연하지 않았습니다. 그들은 코미디를 더 좋아했습니다. 우리는 로만 코미디에서 실용적이고 유쾌한 현실주의자였던 로마인의 초상을 발견할 수 있습니다. 그러나 정말 심각한 상황은 그 이후에 벌어집니다. 로마인들은 가공의 코미디보다 좀 더 자극적인 것을 요구했습니다. 현실이 더 재미있다고 생각한 것이지요. 코미디에 지친 로마인들은 이제 스포츠에 몰두합니다. 스포츠는 현실이기 때문입니다. 그리고 그들이 열광한 스포츠의 끝에는 노예 검투사들이 실제로 사람을 죽이는 광란의 쇼가 준비되어 있었습니다.

문화의 발전에도 라이프 사이클이 있습니다. 그리스 시대에 생동하기 시작한 예술과 과학의 발전은 로마기에 이르러 완숙기에 이릅니다. 그러나 그 완숙은 퇴보의 시작이었습니다. 희극에서 스포츠로, 광란의 살해극으로 퇴보한 로마의 사례에서 우리가 배울 것은 진정 없는 걸까요. 최근 조금씩 풍성해져가고 있는 우리의 문화가 벌써 로마인의 광란을 흉내내고 있는 것은 아닌지요.

예전의 지식과 문화, 예술은 산(山)에 비유되었습니다. 위대한 천재와 예술적 거장들은 늘 우뚝한 산 위에 있었고, 그들의 작품을 이해하고 감상하기 위해서는 산에 오르는 고통스러운 과정이 동반되어야 했습니다. 고급예술은 산 위에 있는 것이고, 무지한 대중들은 산 아래서 동경어린 시선으로 높은 산을 바라보는 일에 그쳐야 했습니다. 고딕 성당의 높은 탑은 이러한 문화의 위계질서를 상징적으로 보여주는 한 예입니다.

그런데 지금의 문화와 지식은 바다에 비유됩니다. 인터넷 사용자들은 정보의 바다를 항해합니다. 이들에게 있어서 지식과 정보는 높은 위치에 있는 게 아니라, 몇 차례의 웹 서핑을 통해 도달할 수 있는 근접 거리에 있습니다. 이제 산에 오르는 고통스러운 절차는 불필요해졌습니다. 격렬한 파도의 끝에 위태롭게 얹혀 아슬아슬한 불연속을 즐기는 것이 윈드 서핑만의 매력은 아닙니다. 신세대들은 높은 산에 오르는 지루한 과정보다 형식의 지배를 받지 않고 자유롭게 항해할 수 있는 웹의 바다를 더 즐깁니다. 바다의 수면에서는 고급과 저급의 위계 질서가 없습니다. 거기에서는 높이와 깊이 대신 속도와 효율이 중시됩니다. 소유의 개념이 뒤바뀐 것도 흥미롭습니다. 높은 산에 오르기 위해서는 그만한 노력과 시간이 요구되었고, 이것을 소유한 자에게만 '교양인'이라는 자격이 부여되었습니다. 그러나 웹의 세계에서는 이러한 소유의 개념조차 희박해집니다. 어느 분야건 잠깐 '접속(access)'하면 되는 것이지, 그것을 굳이 소유할 필요는 없기 때문입니다.

지식과 문화가 대중들에게 '소유'되는 게 아니라 잠깐 '접속'되는 것이라면, 이제까지 우리가 지식과 문화에 대해서 가졌던 관념들의 상당부분이 수정되어야 합니다. 이 책은 학생들에게 미디어와 콘텐츠에 대한 대략을 제시할 목적으로 집필되었습니다. 어떤 사람은 이를 '소유'하려고 할 것이고, 어떤 사람은 이를 잠깐 '접속'한 다음, 좀 더 재미있는 서핑을 위해 모험을 떠날 것입니다. 이 책에서 후자의 사람들이 더 많은 것을 얻기를 기대해봅니다. 이 책의 저자인 나는 이번 토픽의 가장 높은 위치에 있거나, 중심에 서 있지 않습니다. 거미줄 같은 인터넷에 가끔 항구(포털사이트)가 필요하듯, 나는 학생들이 본격적인 항해를 떠나기 전에 잠깐 머무는 기착지이자 항구에 놓여 있을 뿐입니다. 항구를 떠나는 순간부터 자유로운 항해가 시작될 것입니다.

미디어와 콘텐츠는 모두 현대문화의 산물입니다. 물론 예전에도 미디어에 해당하는 여러 형식들이 존재했고, 콘텐츠에 해당하는 문화적 내용물 등이 있었습니다. 그러나 미디어와 콘텐츠라는 다소 생소한 외래어를 쓰는 순간, 기존의 지식체계들과 가치들은 수정의 필요성에 직면합니다. 나는 옛 것을 공부한 사람이며, 지금도 높은 산을 동경합니다. 그러나 학생들은 새 것이 지배하는 세상에 살며, 정보의 바다를 자신의 현실공간으로 삼게 될 것입니다.

어찌 보면, 새것의 새로움은 옛 것과 비교될 때, 비로소 의미를 발합니다. 20세기 전반기의 중후한 시인이자 인문학자인 엘리어트는 이를 '역사 감각'이라 불렀습니다. 내가 말할 수 있는 부분은 분명 옛 것입니다. 그러나 새 시대를 사는 사람들이 바다에서 방향을 잃고 표류하기 시작했을 때 옛 것이 담고 있는 역사 감각은 소중하게 활용될 것입니다.

2006. 6.
김만수

제1장 문화콘텐츠, 어떻게 할 것인가 · 21

1. 문화콘텐츠란 무엇인가 23 / 2. 문화콘텐츠에서 인문학적 교양의 기능 28 / 3. 문화콘텐츠의 방법론 : 옛 것과 새 것의 융합 32

제2장 미디어와 콘텐츠의 관계 · 43

1. 언어의 중요성 45 / 2. 언어적 기호와 비언어적 기호의 관계 : 연극의 사례 48 / 3. 미디어의 역사적 변천과정 54 / 4. 미디어와 콘텐츠 : 형식과 내용 65 / 5. 뉴미디어와 문화지체 68

제3장 커뮤니케이션 모델 · 73

1. 기호내용과 기호표현 사이에서 75 / 2. 커뮤니케이션 도식의 필요성 81 / 3. 각 비평의 유형적 특질 86

문화콘텐츠
유형론

제4장 문화연구의 새로운 방향 · 101
    1. 문화란 무엇인가 103 / 2. 문화연구의 방법과 대상 104 / 3. 문화연구의 현황 109 / 4. 대중문화와 문화 엘리트주의 113

제5장 미디어 : 인간의 확장 · 117
    1. 그리스 신화 속에 숨겨진 현대문명에 대한 경고 119 / 2. 미디어-인간의 확장 128 / 3. 정보사회와 개인의 역할 133

제6장 네트워크의 사회 · 141
    1. 방송, 통신의 생성 142 / 2. 컴퓨터 매개 커뮤니케이션(CMC) 커뮤니티 151 / 3. 디지털 네트워크에서의 콘텐츠 157 / 4. 인터넷의 두 가지 법칙 160

제7장 영상미학, 아는 만큼 보인다 · 171
    1. 영화의 모순 172 / 2. 빛과 어둠의 모순·충돌 : 〈패왕별희〉론 176 / 3. 영화의 기초 이론 181

제8장 문화콘텐츠, 셰익스피어로부터 배우다 · 195

1. 대중문화의 원천 196 / 2. 〈베니스의 상인〉과 퀴즈 오락 프로그램 197 / 3. 〈리어왕〉: 삶과 죽음의 문제 200 / 4. 활극과 심리극의 경계 : 〈햄릿〉의 차별화 전략 202 / 5. 스타일 통합의 원칙 : 퓨전의 세계 206

제9장 원천소스의 변형 · 211

1. '소유'에서 '접속'의 시대로 213 / 2. 하나의 원천, 다양한 변용 215 / 3. 패러디 기법의 의미 220

제10장 대중들이 좋아하는 플롯의 유형학 · 225

1. 이야기를 둘로 나누기 : 비극과 희극 226 / 2. 이야기를 좀 더 세분하기 229 / 3. 20개의 플롯 유형 개요 234

문화콘텐츠
유형론

제11장 여행 : 추구과 모험의 플롯 · 247

1. 추구의 플롯 248 / 2. 모험의 플롯 : 추구하는 것을 얻기 위해서는 떠나야 한다 250 / 3. 호머의 〈오딧세이〉 분석 251 / 4. 현대의 오딧세이 : 〈센과 치히로의 행방불명〉 254

제12장 사랑과 성숙의 플롯 · 257

1. 큐피드와 프쉬케 259 / 2. 사랑의 장애물 262 / 3. 성숙과 변신 264 / 4. 사랑과 성숙의 관계 266

제13장 추적 · 구출 · 탈출의 플롯 · 273

1. 옛이야기의 풍부함 275 / 2. 세계에 대한 주체의 불안감 279 / 3. 영화 〈쇼생크 탈출〉 분석 284 / 4. 플롯을 짜는 방법 287

제14장 추리의 플롯 : 〈오이디푸스 왕〉 · 291

1. 추리의 세계 293 / 2. 소포클레스의 〈오이디푸스 왕〉 분석 294

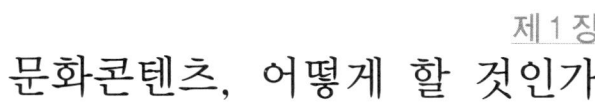

제1장
문화콘텐츠, 어떻게 할 것인가

● 우리나라 문화산업을 진흥시키기 위해 제정된 법률안의 일부를 읽고 "문화콘텐츠는 무엇을 할 수 있는가"에 대해 생각해 보자.

문화산업진흥 기본법
일부개정 2009. 2. 6 법률 제9424호 시행일 2009. 5. 7

제1장 총칙

제1조(목적) 이 법은 문화산업의 지원 및 육성에 필요한 사항을 정하여 문화산업 발전의 기반을 조성하고 경쟁력을 강화함으로써 국민의 문화적 삶의 질 향상과 국민경제의 발전에 이바지함을 목적으로 한다.

제2조(정의) 이 법에서 사용하는 용어의 뜻은 다음과 같다.
  1. "문화산업"이란 문화상품의 기획·개발·제작·생산·유통·소비 등과 이에 관련된 서비스를 하는 산업을 말하며, 다음 각 목의 어

느 하나에 해당하는 것을 포함한다.

　가. 영화·비디오물과 관련된 산업

　나. 음악·게임과 관련된 산업

　다. 출판·인쇄·정기간행물과 관련된 산업

　라. 방송영상물과 관련된 산업

　마. 문화재와 관련된 산업

　바. 만화·캐릭터·애니메이션·에듀테인먼트·모바일문화콘텐츠·디자인(산업디자인은 제외한다)·광고·공연·미술품·공예품과 관련된 산업

　사. 디지털문화콘텐츠, 사용자제작문화콘텐츠 및 멀티미디어문화콘텐츠의 수집·가공·개발·제작·생산·저장·검색·유통 등과 이에 관련된 서비스를 하는 산업

　아. 그 밖에 전통의상·식품 등 전통문화 자원을 활용하는 산업으로서 대통령령으로 정하는 산업

2. "문화상품"이란 예술성·창의성·오락성·여가성·대중성(이하 "문화적 요소"라 한다)이 체화(體化)되어 경제적 부가가치를 창출하는 유형·무형의 재화(문화콘텐츠, 디지털문화콘텐츠 및 멀티미디어문화콘텐츠를 포함한다)와 그 서비스 및 이들의 복합체를 말한다.

3. "콘텐츠"란 부호·문자·음성·음향 및 영상 등의 자료 또는 정보를 말한다.

4. "문화콘텐츠"란 문화적 요소가 체화된 콘텐츠를 말한다.

5. "디지털콘텐츠"란 부호·문자·음성·음향 및 영상 등의 자료 또는 정보로서 그 보존 및 이용의 효용을 높일 수 있도록 디지털 형태로 제작하거나 처리한 것을 말한다.

6. "디지털문화콘텐츠"란 문화적 요소가 체화된 디지털콘텐츠를 말한다.

7. "멀티미디어콘텐츠"란 부호·문자·음성·음향 및 영상 등과 관련된 미디어를 유기적으로 복합시켜 새로운 표현기능 및 저장기능을 갖게 한 콘텐츠를 말한다.
8. "공공문화콘텐츠"란 「공공기관의 정보공개에 관한 법률」 제2조 제3호에 따른 공공기관 및 「박물관 및 미술관 진흥법」 제3조에 따른 국립 박물관, 공립 박물관, 국립 미술관, 공립 미술관 등에서 보유·제작 또는 관리하고 있는 문화콘텐츠를 말한다.
9. "에듀테인먼트"란 문화콘텐츠를 유기적으로 복합시켜 기획 및 제작된 것으로 교육적으로 활용될 수 있는 것을 말한다.

1. 문화콘텐츠란 무엇인가

한 나라가 선진국으로 진입하기 위해서는 정치, 경제, 사회 분야의 선진화와 함께, 문화적 선진화가 수반되어야 한다. 그런데 문화는 경제 지표의 향상 등과 같은 획일적인 기준에 의해서 이루어진 것은 아니며, 고급예술과 대중문화의 전반적인 향상, 국민적 교양의 향상, 문화야말로 진정한 인생의 행복을 가져다줄 수 있다는 문화적 마인드의 자연스러운 보급을 통해서 점진적으로 이루어진다.

최근 우리 사회에서 문화콘텐츠, 문화산업, 문화강국 등의 구호가 자주 들린다. 현대사회에서 문화산업의 비중은 점차 커지고 있으며, 그 영향력은 대학, 인문학, 교양의 영역에 미치고 있다. 특히 문화콘텐츠(cultural contents)와 관련된 학과는 문화의 산업적 응용이라는 기치 하에 전국적인 관심을 끌고 있다. 사실 전통적인 의미에서의 문화와 교양은 지켜져야 마땅할 '좋은 것(good)'이었지만, 이제는 '상품(goods)'으로 기능할 것을 강요받고 있는 형편이다. 문화콘텐츠 학과와 학문의 탄생은 충분히 예견 가능한 일이었고, 이제 정부와 대학 차원에서도 문화콘텐츠를 부흥시켜야 한다는 목소리가 높아지고 있다. 그러나 정작 무엇을, 어떻게 가르칠 것인가에 대한 구체적인 계획이 부족하며, 전통적이고 근본적인 가치로서의 교양교육을 어떻게 접목할 것인가에 대한 근본적인 철학도 충분하지 않다고 본다. 이 글은 이에 대한 현황과 문제제기를 다루고 있다.

문화콘텐츠(Cultural Contents, Culture and Contents)는 문화에서 출발하는 만큼, 일차적으로는 문화가 지닌 원래적인 기능, 즉 개인의 삶의 질을 향상시키는 데 그 존재 이유를 두어야 한다. 그러나 최근에는 산업적 요소가 추가되면서 국가의 경쟁력을 향상시켜 줄 수 있는 최대의 전략 사업으로 부각되기도 한다. 문화산업은 부가가치가 크기 때문에 관련 산업에도 많은 영향을 미치며, 이미 선진국에서는 이를 경제적 부분과 결합하여 이른바 '문화산업'을 창출하고 있다는 것이다. <해리포터(Harry Potter)> 원작이 7편까지 영화로서 마무리되면 관련 매출액이 100억 달러를 넘고, 순이익은 20억 달러를 넘어설 것이라고 전망한다. 이처럼 문화산업의 경제적 가치는 잘 활용하면 국가경쟁력이나 국가브랜드 평가에서도 기대 이상의 효과를 가져다줄 수 있을 것이다. 우리나라에서도 문화산업에 대한 인식을 새롭게 하여 범정부 차원의 투자가 이루어지고 있는데, 문화체육관광부에서는 '문화강국'에 대한 청사진을 제시하고 있으며, 이를 구체화하기 위한 전략으로 2001년 '한국문화콘텐츠진흥원'이 설립되었으며, 2009년에는 영상산업, 게임, 소프트웨어, 디지털콘텐츠 사업과 관련된 유관 산하기관을 흡수하여 '한국콘텐츠진흥원'으로 확대 개편되었다.

문화콘텐츠라는 개념은 광범위하게 해석하면 문학·미술·음악·

공연 등 순수예술을 위시하여 일반 대중을 상대로 한 영화, TV드라마, 대중음악 그리고 디지털콘텐츠로 새롭게 부각되고 있는 게임·애니메이션·캐릭터 부문에 이르기까지 다양한 영역을 포함한 의미를 가지고 있다. 그러나 실제 산업계에서 보는 문화콘텐츠는 일반 대중에게 오락과 감동을 제공하고 그에 대한 대가로 수익을 창출하는 대중 문화콘텐츠를 지칭하는 경우가 더 많다. 즉 순수예술은 제외하고 기존의 영화, TV드라마, 출판, 게임, 애니메이션, 캐릭터 등의 상업성을 지닌 콘텐츠를 대체적으로 지칭한다.

현재 문화콘텐츠산업의 변화는 복합화, 디지털화, 국제화, 전문화 등의 개념으로 설명할 수 있다. 방송과 통신이 융합하고 유무선 인터넷이 발달하면서 새로운 미디어가 출현하고 이는 콘텐츠의 형식과 내용에 있어서도 다양한 변화를 일으켰다. 이러한 변화는 미디어 환경과 콘텐츠의 제작기술이 디지털화되면서 더욱 가속화하는 양상을 보인다. 미디어와 콘텐츠의 디지털화는 기존 매스미디어의 일방적인 커뮤니케이션만이 아니라 콘텐츠 창작자 혹은 콘텐츠 제공자가 일반 대중과 쌍방향적으로 교류, 소통하게 하는 미디어 환경을 만들고 이것이 새로운 형식의 콘텐츠들을 창조하고 발전시키는 기반이 된다. 온라인게임, 디지털애니메이션, 캐릭터, 인터넷콘텐츠 등 새롭게 부각되고 있는 문화콘텐츠들이 이에 속하며 기존의 영화, TV방송물(드라마 등)의 문화콘텐츠들도 대중들의 즉각적이고 직접적인 반응과 평가에 의해 그 성패가 좌우되는 상황으로 바뀌고 있다. 이는 인터넷이 발달한 미디어 환경 하에서 대중이 직접적으로 창작자에게 의견을 개진하고 창작물에 대한 구체적인 평가를 내릴 수 있는 매체와 논의의 장이 무한히 확대되어 있기 때문이다. 한편에선 인터넷 등에서 인기를 얻은 일반 대중의 창작물들이 메이저 프로젝트로 발전하는 사례도 발생하고 있다.

최근 사용자가 직접 제작한 콘텐츠인 UCC(User Created Contents) 제작 열풍은 전문가 집단이 아닌 일반인들도 기존의 미디어보다 빠르고 의미 있는 정보들을 생산해낼 수 있다는 자신감을 바탕으로 급속하게 확산되고 있다. 미국에서는 일반적으로 UGC(User Generated Contents)로 알려져 있는데, 2006년 12월 미국의 시사주간지 『타임』지가 '2006 올해의 인물'로 '유(You)'를 선정하고 "블로그나 미디어 영역에서 영향력을 키워가는 평범한 당신이 바로 올해의 주인공"이라고 발표함으로써, 새로운 문화 트렌드로서의 UCC의 힘을 전 세계에 과시하였다. 이의 초기 형태는 단순히 보고 즐기는 글과 사진 위주의 엔터테인먼트 콘텐츠(Entertainment UCC)였지만, Windows Movie Maker 등 사용이 간편한 초급자용 동영상 편집기 등의 활용을 통해 동영상 위주의 정보제공 콘텐츠(Information UCC) 위주로 발전하고 있다. 이는 이미 앨빈 토플러에 의해 프로슈머(Prosumer, producer + consumer)라는 개념으로 예언된 바 있는 현상으로, 최근에는 전문가(professional)와 아마추어(amateur)의 합성어인 프로추어(Proteur)들이 자신의 블로그를 통해 콘텐츠를 제공하는 PCC(Proteur Created Contents)도 등장했다. 대표적인 동영상 포털사이트로는 미국의 유튜브(YouTube)와 한국의 판도라TV · 곰TV · 아프리카 · 아우라 · 엠군 · 엠엔케스트 · 프리챌큐 등이 있다.

미디어가 다양해지고 콘텐츠 사업영역 또한 다각화되면서 복합적인 기획을 위한 업계간 네트워크 설정이 강화되었고 이것이 동일한 소재나 콘셉트를 가지고 출판, 게임, 애니메이션, 캐릭터, 영화, 드라마 등 문화콘텐츠 영역 간에 연계해서 동시에 기획과 사업이 추진되는 모델들도 활성화되고 있다. 그리고 해외 공동제작 및 사업 네트워크 구축도 적극 진행되며 국내 문화콘텐츠의 해외 진출이 증가하고 있다. 향후 콘텐츠의 유통 및 배급은 국제적인 차원에서도 디지털화된 미디어 환경 아래에서 보다 손쉽고 광범위하게 진행될 것이고, 창작 소재 또한 일국의 범위에 국한되지 않은 문화적 보편성을 지닌 소재들이 늘어날 것이다. 이제는 세계를 상대로 한 콘텐츠 제작이 필요하며 이를 통한 해외에서의 수익 창출이 협소한 국내 시장의 한계를 극복하는 길이 된다. 향후 해외 진출을 현실적이고 효율적으로 진행할 수 있는 방안은 해외 자본과 제작시스템을 결합하는 공동제작의 형태가 될 것이다.

현재 국내 문화콘텐츠의 소재, 완성도는 국제적 경쟁력을 지니고 있으며, 문화콘텐츠를 제작하고 사업을 실행하는 관련 인력이 점차 경험을 축적하고 전문적인 역량을 강화하고 있는 단계에 이른 것으로 평가된다. 이러한 인력의 성장은 앞서 말한 다른 환경적인 조건 못지않게 결정적인 문화콘텐츠 발전의 핵심 동력이다. 따라서 창의적이고 역량 있는 신진 인력을 양성하는 문화콘텐츠 교육은 산업적인 측면에 있어서도 상당히 중요한 의미를 지닌다. 일반 대중과 커뮤니케이션하는 도구로서의 문화콘텐츠 전반의 개념은 아직 학문적으로 정리되어 있지 못하다. 이는 특히 온라인게임, 디지털애니메이션, 인터넷 콘텐츠 등 새로운 형식이 끊임없이 생성되고 있고 이를 제공하는 미디어 환경도 디지털화되면서 다양한 융합 현상이 발생하고 있기 때문이다. 이에 대한 연구와 교육을 위해서는 문화콘텐츠를 제작하고 공급하는 산업 현장의 변화를 깊이 있고 세밀하게 이해할 필요가 있다. 그리고 이러한 노력이 결국 문화콘텐츠에 관심을 갖고 진입해 오는 새로운 인력들을 교육하고 산업 현장에 필요한 경쟁력 있는 인력으로 성장시켜 국내 문화콘텐츠산업이 세계시장에서 주도적인 위치에 설 수 있는 길이 될 것이다.[1]

2. 문화콘텐츠에서 인문학적 교양의 기능

문화콘텐츠의 영역에서 인문학적 교양과 고급 문화는 무엇을 할 수 있을 것인가. 현대에 와서 근대적 의미의 교양(Bildung)의 확고한 위치는 흔들리고 있다고 보는 게 지배적이다. 미래의 불확실성과 예측 불가능성으로 인해 '진지한 교육목표에 대한 견고한 성찰'이 사라졌을 때, 우리가 회복하고자 하는 교양의 모습은 무엇인가.

서양문화사를 '사람이 알아야 할 모든 것'이라는 다소 흥미로운 제목으로 포장한 『교양』의 저자는 우리 시대 교양이 맡아야 할 책무를, 조난을 당한 로빈슨 크루소가 간신히 육지에 도달해서 한숨 돌린 다음 서서히 개시한 작업에 비유하고 있다. 난파선에서 필요한 물건들을 가져와 재고 목록표를 작성하는 일, 제한된 환경에서 자기가 할 수 있는 가능성들을 총 정리하는 게 로빈슨의 과제였으며, 그것이야말로 '유능한 시민의 능력'이자 교양이라는 게 저자의 입장이다.[2] 저자는

---

1. 이병규, 「문화콘텐츠산업의 변화와 산학 연계 교육 방안」, 인하대학교 문과대학 특화사업단 편, 『문화이론과 문화콘텐츠의 이해』, 인하대학교 출판부, 2005, pp.243-246.
2. 무인도에 난파된 로빈슨 크루소는 무인도 생활에서 당면한 일상적인 문제들을 해결하고자 여러 가지 실험을 하게 되는데, 이는 농경생활에서 짐승을 가축으로 기르기까지의 인간의 자연 극복의 역사를 반복하여 보여준다. 로빈슨의 무인도 생활은 엄격한 자기 통제와 지혜의 힘을 갖춘 인간은 늘 자연을 극복할 수 있다는 인간 승리의 신화를 제시하는 것처럼 보인다. 그러나 어느 경우에도 로빈슨이 문명과 완전히 단절된 것은 아니었다. 로빈슨이 조난을 당한 뒤에 간신히 육지에 도달해서 한숨 돌리고 곰곰이 생각한 것은 유능한 시민의 능력에 관해서였다. 그는 난파선을 전부 살펴보았고 재고 목록표를 작성했으며 자기가 할 수 있는 가능성들을 총정리해 자신의 현 상황을 분석했다. 로빈슨은 자신의 세상을 스스로 창조한 듯 보이지만, 사실 로빈슨은 해안에서 멀지 않은 곳에 난파된 선박의 잔해에서 문명의 부산물을 수시로 공급받았다. 많은 문명의 산물들이 난파와 함께 사라졌지만, 선박에 남겨진 문명의 부산물들, 그리고 그것을 이용할 수 있는 로빈슨의 능력은 가라앉지 않고 현상을 유지할 수 있었으며, 이를 통해 로빈슨은 분명 사회적인 존재로 남아

현대의 교양이 불확정적이며 앞으로도 예측 불가능하다는 점, 그러나 그것 또한 옛 것을 재분류하고 수용하는 작업에 입각해야 함을 강조하고 있는데, 어차피 그 의미가 불확정이라면 교양의 기능을 다음과 같이 세 가지로 분류한다 해도 큰 무리는 없을 것이다.

첫째, 교양은 무엇보다 좋은 것(good)의 총칭으로 기능했다. 교양은 역사와 철학, 문학과 예술에 대한 이해이며, 사회를 자기의 내면에 비추어봄으로써 사회를 결속시키는 도덕적 구속력을 생성해내는 유연하고 자성적인 정신이다. 이 경우, 교양이란 무엇인가에 대한 토론에는 문화, 문명, 휴머니즘, 계몽주의, 인문학 등의 용어가 사용되어야 할 것이다. 여기에서 말하는 교양이라는 개념에는 학문·예술·도덕의 전반적인 수련, 인간의 능력에 대한 믿음, 사회와 자연이 혼란의 상태에서 벗어나 문명화의 과정을 이루어가는 경향에 대한 찬사의 의미를 포함해야 할 것이다. 우리가 흔히 교양인과 문화인에 대해 언급할 때, 그 의미는 대체적으로 이러한 범주에서 벗어나지 않는다.

그러나 교양에는 이와는 상반된 기능이 담겨 있을 수 있다. 교양에는 때로 부르디외가 말한 바와 같은 '차별 짓기'의 의미가 담길 수 있다. 이 세상은 교양을 가진 자와 가지지 못한 자로 양분되며, 이 경우 교양은 그 실제적인 효용으로 기능하는 게 아니라, '차별 짓기'의 수단으로 더 막강한 기능을 보일 수도 있다. 예를 들어, 중국에서 한자

있게 되었다. 로빈슨 이야기는 인간은 혼자의 힘으로 살아갈 수 있다고 외치는 듯 하지만, 그 이면에는 인간은 결코 고립되어 혼자 살 수 있는 존재가 아니라는 주장이 완강하게 깔려 있다. 로빈슨은 이후 프라이데이의 출현으로 가장 소박한 형태나마 하나의 사회를 구성한다. 이때부터 소설은 식민 개척의 이야기가 된다. 로빈슨은 프라이데이를 식인종의 무리에서 구출하여 자신의 시종으로 삼고, 유럽의 풍습과 언어를 가르친다. 이후에 마침내, 난파한 유럽인과 함께 섬을 개척하여 섬의 식민 총독이 된다. 대영제국은 다시 그를 얻게 된 셈이다. 디트리히 슈바니츠, 안성기 외 역, 『사람이 알아야 할 모든 것 : 교양』, 들녘, 2001, p.30.

는 교양의 척도로 간주되었다. 그러나 한자 능력은 그 무시무시한 난해함으로 인해 거대 중국의 인민들과 지식인을 차별 짓는 척도로 기능했으며, 의사소통보다는 의사소통 불가능의 기능으로 인해 역설적으로 중국의 질서 유지에 더 크게 기여했다.[3] 대학 영문학의 발흥에 대한 테리 이글턴의 지적에 따르더라도, 19세기 문과대학의 기능은 중세에 종교가 누려왔던 권위를 대체하는 '질서의 창출'에 있었음을 알 수 있다.[4] 영문학을 아는 사람과 모르는 사람을 차별 짓기 위한 장치가 문과대학의 형성 배경이라고 보는 시각도 지나친 비약은 아니다. 이처럼 차별과 위계화가 교양의 위세를 빌려 이루어지고 있다면, 교양은 과연 바람직한 것인가에 대한 질문도 던져볼 수 있다. 학교에서의 교양 교육이 과연 '좋은 것'을 가르치고 있는가, 아니면 그저 '학력 차

---

[3] 중국의 문자 체계는 상당히 결정적인 약점을 갖고 있다. 한자를 해독하는 데에는 엄청난 시간과 노력이 요구된다는 점이 그것이다. 낱자의 구성은 상당히 복잡하다. 하나의 낱자를 쓰는 데 보통 12~13획 정도가 필요하며, 어떤 글자는 25획이나 된다. 이 많은 글자를 익히기 위해 기계적으로 외우는 일이 강조됨으로써 기억력이 우선적으로 장려되는 등, 중국어의 교육을 제약하는 작용이 이뤄졌을 것이다. 중국에서는 한자 조직의 복잡성으로 인해, 단순한 문자 체계를 갖고 있는 다른 문화권에서보다 국민의 문자 해득이 어렵게 되었으며, 보다 많은 학업 시간을 가질 수 있는 소수의 사람들만이 상류 생활을 향유할 수 있게 되었다. 중국의 문자 체계가 갖고 있는 이점도 있다. 한자는 방언의 차이뿐만 아니라 보다 근본적인 언어상의 장애까지도 극복할 수 있다는 점이 그것이다. 글을 쓰고 읽을 수 있는 모든 중국인들은, 비록 그들 서로가 알아들을 수 없는 사투리를 쓴다고 해도, 같은 서적을 읽을 수 있었다. 동아시아 문명권이라는 커다란 통합체 역시 주로 이 문자 체계에 의존하여 형성되었다. 오늘날에 있어서도 교육받은 중국인과 일본인 및 한국인은 다른 두 나라에서 한자로 기술된 책을 보고 수천 개의 단어를 — 비록 이 단어들을 전혀 다르게 발음하더라도 — 인지할 수 있다. 만약 중국인들이 표음 문자 체계를 가졌었다면, 동아시아가 세계 문명에 있어 그렇게 특이한 단위가 되지 못했을 것임이 분명하다. 존 K. 페어뱅크 외, 김한규 외 역, 『동양문화사(상)』, 을유문화사, 1991, pp.33-35.

[4] 테리 이글턴, 김명환·정남영·장남수 역, 『문학이론입문』, 창작과비평사, 1986, pp.27-71.

별'로서만 기능하고 있는가에 대한 질문은 언제나 유효하다.

그러나 문화의 시대로 규정되는 21세기에 이르러 교양은 세 번째 새로운 의미를 획득하게 된다. 그것은 교양을 교환 가능한 상품으로 보는 태도이다. 즉, 우리 시대에 문화라는 이름하에 통칭되는 것 중에는 교양·지식·정보 등이 혼재되어 있으며, 이들은 이제 '좋은 것(good)'이라는 의미에서 벗어나 '상품(goods)'으로서의 의미를 가지게 되었기 때문이다. 그리고 이러한 상품화 경향은 19세기 중반 마르크스가 관찰한 대로, "모든 견고한 것들을 대지에 녹아" 내리게 만들고 있다. 막강한 상품화의 경향 내에서 모든 견고한 가치들, 예를 들어 '20세기적 교양'은 상품으로서의 대중문화라는 용광로 속에 녹아내릴 위험에 처해 있는 것이다.

우리 사회에서 교양의 현실적인 의미가 좋은 것, 차별화하는 것, 상품화되는 것으로 분류된다면, 이제 우리가 해야 할 일은 자명해진다. 그중의 하나는 교양의 원래 의미인 좋은 것, 조화롭고 질서가 부여된 것으로 돌아가기 위해 '차별 짓기'와 '상품화'에 맞서는 일이다. 교양 교육이 보편적인 자유인, 비판적인 지식인을 지향하는 이유는 여기에 있다.

그러나 또 하나의 현실적인 과제는 '좋은 것(good)'과 '상품(goods)'의 괴리를 좁히는 일일 것이다. 굳이 경영학의 논법을 빌리지 않더라도, 소비자들이 '좋아하는 물건'과 객관적으로 '좋은 물건'이 일치하는 것은 아니다. 어렵겠지만, 그 일치를 위해 노력하는 것만큼은 여전히 교양과 인문학의 몫이다.

3. 문화콘텐츠의 방법론 : 옛 것과 새 것의 융합

문화체육관광부 산하의 한국문화콘텐츠진흥원에 의하면, 문화콘텐츠 산업은 문화콘텐츠의 기획, 제작, 유통, 소비 등과 이에 관련된 산업으로 정의된다. 여기에는 잠정적으로 만화, 애니메이션, 캐릭터, 음악, 공연, 게임, 영화, 방송, 인터넷모바일, 에듀테인먼트 등 10개의 하위항목이 분류되어 있는데, 뉴미디어의 기술적 진전과 미디어들 사이의 퓨전에 의해 새로운 플랫폼이 추가될 가능성은 얼마든지 열려 있다. 1990년대 중반부터 유행하기 시작한 '문화콘텐츠(Cultural Contents, Culture and Contents)'라는 용어[5]는 2001년 한국문화콘텐츠진흥원의 설립과 더불어 좀 더 제도화되었고, 대학에서 관련학과들이 설립되면서 대중화·보편화되고 있는데, 사실 이 용어는 '문화'보다는 '콘텐츠'에 비중을 두고 있음을 알게 된다. 정보통신부 연구개발기금(R&D)의 출연에 의해 만들어진 한국문화콘텐츠진흥원의 기금이 문화콘텐츠의 물적인 기반이라는 사실은 문화콘텐츠가 디지털 기술의 발전에 전적으로 의존하고 있음을, 그리고 당분간은 이 틀에서 벗어날 수 없음을 단적으로 보여준다.

여기에서 가장 충격적인 점은 문학, 책으로 대표되는 출판의 영역이 배제되어 있다는 점이다. 종이책이 새로운 미디어에 적절히 융합되기 힘들다는 점, 한 나라의 언어에 의존해야 하는 책은 문화적 할인율(Cultural Discount)이 높아 세계 시장의 장벽이 높다는 점을 감안한다 해

---

[5] 이 용어는 미국의 오락산업(Entertainment Industry), 영국의 창의산업(Creative Industry), 대만과 중국의 창의산업과 비슷한 의미로 사용되고 있다. 일본에서는 이에 해당하는 용어가 없는데, 아마도 각 영역별로 독자적인 발전이 이루어지고 있기 때문인 것으로 본다.

도, 우리 시대에 있어서 책으로 대표되는 '교양'이 어떤 취급을 받고 있는지에 대한 단적인 사례로 들 만하다.[6] 그러나 출판이 한국문화콘텐츠진흥원의 주요 10개 플랫폼에 포함되지 않는다 해서, 책으로 대표되는 '인문학적 교양'이 완전히 배제되는 것은 아니다. 콘텐츠 관련자들은 끊임없이 '콘텐츠의 빈곤', '창작 스토리의 부재'를 호소하고 있으며, 인문학의 적극적인 참여를 원하고 있다. 아래의 표는 한국문화콘텐츠진흥원이 제시하고 있는 흐름도를 전통적인 학문영역과 연결해 본 것이다.

문화적 요소	창의성	기 술	문화산업	
• 전통문화 • 문화예술 • 생활양식 • 이야기	기획 및 혁신역량	Culture Technology	• 만화 • 캐릭터 • 공연 • 영화 • 인터넷모바일	• 애니메이션 • 음악 • 게임 • 방송 • 에듀테인먼트
인문학 →	경영학 →	공학 →	문화콘텐츠학	

위의 표에서 알 수 있듯, 문화콘텐츠학은 인문학→ 경영학→ 공학의 흐름 속에서 이를 통합(convergence)하는 학문으로서만 기능할 수 있을 뿐이며, 인문학 자체는 여전히 문화콘텐츠의 근원이다. 특히 인문학이 제공하는 '문화적 요소', 즉 전통문화, 문화예술, 생활양식에 대한 정보들과 이야기를 만들어내는 능력(story-telling)은 문화콘텐츠를 정립하는 데에 있어 가장 기본적인 조건이 된다. 현재 진흥원에서 연차

---

6. 물론 '출판'이 문화콘텐츠산업에서 완전히 배제된 것은 아니다. 전자책(E-BOOK)의 잠재적인 시장도 크고, 또 웹페이지 내의 콘텐츠가 대부분 텍스트 형식으로 구성되고 있어, 기존의 종이책 시장과 공존할 가능성은 남아 있다.

적으로 시행하고 있는 '우리문화원형 사업'은 우리 문화를 스토리텔링 하는 작업에 해당한다. 문화콘텐츠 산업의 초기에는 자국의 문화적 요소, 혹은 전통과 교양 없이도 외국 콘텐츠의 단순한 모방 단계에 머물 수 있다. 그러나 모방을 넘어선 2차의 도약에 이르려면 자신의 정체성과 독자성을 갖춘 콘텐츠의 개발이 필수적이며, 이 단계에서 인문학적인 교양의 힘이 작용한다는 점은 너무도 당연하다.

(1) 하나의 사례 : 신화, 판타지의 콘텐츠화

새로운 매체(형식)가 탄생하였을 때, 그 매체를 채울 수 있는 것은 그 이전의 예술적 내용물들이다. 초창기의 영화는 연극을 모방하는 단계를 거쳤고, TV드라마는 라디오드라마의 콘텐츠를 빌려왔다. 뉴미디어로 불리는 새로운 매체는 앞으로도 얼마든지 진화할 수 있고 새로운 플랫폼 내에 융합될 수 있겠지만, 그것을 채우는 내용들은 여전히 예전의 것들이다. 문화콘텐츠라는 학문 영역도 독자적인 교육내용을 다루기보다는 기존의 인문학적 교양에 의존하게 될 것이다.

필자는 문화콘텐츠 전공수업 현장에서 현대문학이론을 적용하여 현대의 다양한 문화콘텐츠를 설명하고자 하는 방법을 시도하고 있다. 예를 들어, 1930년대에 쓰인 김동리의 소설 <무녀도>에 나타난 환상적인 수법은 2천여 년 전의 신화적 상상력과도 연결되며, 21세기의 판타지 소설과 영화에도 반복된다는 사실을 통해, 문학작품을 대상으로 형성된 신화원형 비평의 방법론이 21세기의 새로운 문화현상에도 적용될 수 있음을 보여주고자 했다.

김동리의 소설 <무녀도>(1936)는 흔히 기독교와 샤머니즘의 충돌을 다룬 작품으로 평가된다. 이러한 평가는 이 작품에서 무당인 '모화'와 아들인 '욱이' 사이의 갈등에 주목했을 때 가능해진다. 그러나 이러한 평가들은 대부분 딸인 '낭이'의 형상을 주목하지 않는다. 그러나 아래와 같은 '낭이'의 형상을 배제하고서는 이 작품의 깊이에 도달할 수 없다.

> 모화의 말을 들으면 낭이는 수국 꽃님의 화신(化身)으로, 그녀(모화)가 꿈에 용신(龍神)님을 만나 복숭아 하나를 얻어먹고 꿈꾼 지 이레 만에 낭이를 낳은 것이라 했다. 그녀의 말에 의하면 수국 용신님은 따님이 열두 형제였다. 첫째는 달님이요, 둘째는 물님이요, 셋째는 구름님이요⋯⋯ 이렇게 열두째는 꽃님이었는데, 산신님의 열두 아드님과 혼인을 시키게 되어 달님은 햇님에게, 물님은 나무님에게, 구름님은 바람님에게 각각 차례대로 배혼을 정해 나가려니까 막내따님인 꽃님은 본시 연애를 좋아하시는 성미라, 자기 차례가 돌아오기를 미처 기다릴 수 없어, 열한째 형인 열매님의 낭군님이 되실 새님을 가로채어 버렸더니, 배필을 잃은 열매님과 나비님은 슬피 울며, 제각기 용신님과 산신님께 호소한 결과 용신님이 먼저 크게 노하사 벌을 내려 꽃님의 귀를 먹게 하시고, 수국을 추방하시니, 꽃님에서 그만 복사꽃이 되어 봄마다 강가로 산기슭으로 붉게 피지만, 새님이 가지에 와 아무리 재잘거려도 지금까지 귀가 먹은 채 말없는 벙어리가 되어 있는 것이라 한다.

'낭이'가 '수국 꽃님의 화신'이라는 점을 받아들이는 순간, 우리는 이 작품이 1930년대의 사회현실을 다룬 작품이 아니라, '인간의 기원에 대한 판타지'로서의 의미를 가진다는 점을 발견하게 된다. 이 작품에는 천상세계에서의 금기 위반과 처벌에 의해 지상으로 유배된 인간의 존재에 대한 해석으로서의 환상이 깔려 있다. 아담과 이브가 에덴동산에서 추방되었듯, '낭이'도 수국에서 추방된 존재인 것이다. 우리는 오랫동안 환상이 개입된 이런 류의 작품에 대해서도 소재주의적 해석에 매달려왔다. 이 작품이 생산된 1930년의 시점에서 서양문화가 전통문화에 가한 충격을 공감하는 것은 어렵지 않으나, 그렇다고 해서 이 작품이 기독교와 샤머니즘의 충돌이라는 소재 차원의 해석으로 끝날 수는 없는 일이다. 이 작품의 강한 매력은 낭이의 '출생의 비밀', 낭이와 욱이의 근친상간, 낭이가 남기고 간 무녀도에 대한 기억 근처에 남아 있다.

최근 유행하고 있는 판타지 문학을 중심으로 신화, 판타지, 환상성에 대한 논의가 시작된 것은 기존의 문학과는 다른 시각을 제공하고 있다는 점에서 흥미롭다.

> 프리벳가 4번지에 살고 있는 더즐리 부부는 자신들이 정상적이라는 것을 아주 자랑스럽게 여기는 사람들이었다. 그들은 기이하거나 신비스런 일과는 전혀 무관해 보였다. 아니, 그런 터무니없는 것은 도무지 참아 내지 못했다.

21세기의 이상한 문화현상 '해리포터 시리즈'의 첫 권 <해리포터와 마법사의 돌>은 이런 문장에서 출발하고 있다. 마법사의 아들 해리포터는 부모가 모두 죽고, 이모네 집에서 성장한다. 마법사들이 '사람'이라면, 해리포터의 이모인 더즐리 가족은 '머글'로 분류된다. 현실에서 벗어난 비정상인 것을 추구하는 것을 마법으로 분류한다면, 우리가 살고 있는 세상은 지극히 정상적인 세상들이다. 그러나 위치를 서로 뒤바꿔보면, 그리하여 마법사들의 관점에서 우리를 보면, 우리들 자체도 매우 비정상적인 존재에 불과할 것이다. 그들은 우리 인간을

'머글'이라고 비웃는다. 출근길의 꽉 막힌 길에서 끝내 인내하며 앞차의 꽁무니를 물고 있는 모습이 '사람'들의 눈에는 얼마나 바보스럽게 느껴질 것인가. 그들은 '머글'이 아니라 '사람'이기 때문에 길이 막히면 답답한 도로 위를 날아가면 된다.

해리포터의 인기요인은 무엇보다 일상에 마법을 결합시킨 점에 있다. 마법을 빼고 나면, 해리포터 시리즈는 아미치스의 <사랑의 학교>, 조흔파의 <얄개전>과 같은 평범한 학교소설로 분류될 수 있을 것이다. 학교라는 닫힌 공간에서 친구를 사귀고 또래 집단을 만들어 다른 친구들과 대립하고, 선생님과 부모님의 과보호 밑에서 적당히 일탈하고 또 순응하기도 하면서 성장하는 소년 소녀의 모습은 해리포터에서도 되풀이된다. 해리포터는 론, 헤르미온느 등과 또래를 이루면서 말포이와 대립한다. 선생님들도 해리포터의 협조자와 반대자로 분류된다. 그러나 이들 사이의 갈등과 긴장은 다른 부류의 소년 소녀소설에서는 발견하기 힘든 마법의 틀에서 진행되기 때문에 흥미를 끈다.

어찌 보면, 해리포터 시리즈는 김수정의 만화 <아기 공룡 둘리>와도 기묘한 일치를 보인다. 아기 공룡 둘리는 빙하기의 어떤 시공간을 떠나 1980년대의 서울로 진입한다. 둘리의 삶의 규칙은 서울의 평범한 중산층인 고길동의 것과는 너무도 다르다. 부모로부터 격리된 불쌍한 아기 공룡에 대한 동정심은 둘리가 고길동의 아이 희동, 가수지망생 마이콜, 버려진 오리 또치와 외계인 도우너 등을 만나면서 점차 그들이 자연스럽게 형성해가는 공동체에 대한 동정심과 호기심으로 확산되어간다.[7]

---

7. 이들 캐릭터들은 '결핍'을 공통요소로 가지고 있다. ① 희동이 : 2~3세 정도에 불과하지만 때로는 매우 난폭하다. 애정 결핍과 자폐증세를 보임. ② 둘리 : 부모로부터 분리된 상태. ③ 고길동 : 아이들에게도 잘해 주어야지 하는 생각을 가지고 있

마르뜨 로베르는 업둥이 의식에서 낭만주의 소설을, 사생아 의식에서 사실주의 소설의 원천을 발견한다. 소설을 쓰는 두 방식으로서의 업둥이 의식과 사생아 의식은 현실을 부정하거나 도피하는 방식으로서의 '이야기'의 기원을 이룬다는 것이다.[8] 부모의 품에서 유리된 둘리, 부모가 죽은 후 이모 집에서 양육되는 해리포터는 업둥이(enfant trouvé)나 사생아(bàtard)의 운명에서 출발한다. 업둥이는 자기의 부모가 절대적인 능력의 소유자가 아니라 보잘것없는 평민이라는 것을 알고 그들을 진짜 부모로 생각하지 않게 되면서, 자신은 업둥이며 진짜 부모는 왕족으로서 언젠가는 자기의 신분을 회복할 수 있으리라는 환상에서 이야기를 꾸민다. 사생아는 아버지와 어머니 사이에 성적 차이가 있다는 것을 깨닫고 어머니는 진짜 어머니이지만 아버지는 현재의 아버지가 아니라고 생각하여 아버지를 부인하는 단계에서 이야기를 꾸민다.

정신분석학의 측면에서 보면, 모든 인간들은 모두 업둥이거나 사생아의 운명에 처해 있다. 우리는 에덴동산에서 금기를 어겨 추방된 아담과 이브의 후예들이며, 환인과 환웅을 통해 하늘에서 지상으로 내려온 단군의 자손들이다. 동화 <왕자와 거지>를 생각해보자. 거지가 왕자라는 환상을 가질 수 있으며, 그것이 진실일 수도 있는 것이다. 김동리의 <무녀도>에서 낭이 또한 수국 용궁님의 따님이지 않은가. 업둥이거나 사생아인 우리들은 신화와 판타지 속에서 우리의 새로운 원천을 찾는다.

지만 그 생각이 전달되지 않을 때 난폭해진다. 그래서인지 항상 인상을 쓰고 있다. ④ 또치 : 서커스단 출신의 눈치꾸러기, 기회주의자. ⑤ 도우너 : 깐따삐아 별 출신. ⑥ 마이콜 : 현실성 없이 꿈을 좇는 무력한 20대.
8. 마르뜨 로베르, 『기원의 소설, 소설의 기원』, 문학과지성사, 1999, p.39.

이러한 심리가 해리포터에서 인간의 질서를 일거에 뛰어넘는 마법사들의 이야기, <아기 공룡 둘리>에서 성인의 세계에서 억압된 아이들의 세계를 창조해낸다. 이들은 '억압'된 현실에 대한 도피구로서 낯선 세계에 빠져들지만, 이러한 '낯선' 세계는 우리에게 친숙하여 이미 자동화된 질서에 대한 의문을 포함하게 된다. 그것은 단순한 현실도피가 아니라 우리가 새롭게 발견할 수 있는 신세계에 대한 인식의 단초를 제공하고 있다는 점에서 근본적이다. 자신의 깊은 욕망을 짓누르는 억압 바로 그것 때문에 자유로운 정신을 지향하는 이들 주인공들은 요정들, 거인들, 난쟁이들, 재주 부리는 개들로 불리는 기상천외한 피조물을 만들어낸다. 이들이 보여준 환상은 우리의 현실세계와는 무관한 듯 보이지만, 우리가 몸담고 있는 현실을 새롭게 볼 수 있게 하는 하나의 소설적 장치로서 부족함이 없다. 따라서 이들 장르를 현실 적합성 여부에 의해 분류하는 것은 의미 없다.[9]

　　우리는 오랫동안 하나의 예술 장르를 관습이자 허물 수 없는 벽(壁)으로 받아들였다. 소설은 소설 나름의 소재와 전개방식이 따로 있으며, 그것은 만화나 동화와는 구조적으로 다른 것이라는 식의 장르적 관습은 문학과 역사가 개연성 여부로 인해 인위적으로 분리되기 시작한 아리스토텔레스의 분류 이래로 굳건하게 유지되었다. 그러나 이제 문학과 역사 사이의 벽, 리얼리즘 소설과 판타지 소설 사이의 벽 등도 점차 허물어지고 있다. 사실(fact)과 허구(fiction) 사이의 거리를 넘어서려는 픽션(faction)은 이러한 경향을 잘 보여주고 있다.

　　조셉 캠벨의 영웅 신화가 <스타워즈>와 <로보캅>의 창작 배경이 되었음을 잘 알려진 사실이다. 할리우드에서는 아예 캠벨의 신화 분석

---

[9] 김만수, 「'낯설게 하기'의 관점에서 본 현대문화」, 미디어문화교육연구회, 『문화콘텐츠학의 탄생』, 다홀미디어, 2005 참조.

을 모델로 삼았고, 그 결과를 이들 영화에 반영하였다고 한다. 톨킨의 소설 <반지의 제왕>과 이를 각본화한 반지전쟁 영화 시리즈가 북유럽 신화에서 창조적 영감을 얻어온 것도 잘 알려진 사실이다. 미야자키 하야오 감독의 애니메이션 영화 <바람 계곡의 나우시카>의 여주인공 나우시카가 그리스 신화 속의 인물이며, 그의 또 다른 작품 <센과 치히로의 행방불명>이 호머의 <오딧세이>에서 제기하고 있는 "나의 정체성은 무엇인가" 하는 문제와 모험의 구조를 빌리고 있음을 염두에 두면, 신화에 대한 해석이 21세기의 현대문화에서 얼마나 큰 비중을 차지하고 있는가를 알게 된다.

(2) 인간의 재발견

앞으로 무엇을 가르칠 것인가에 대한 답변은 의외로 간단하다. 21세기 인문학은 인간과 사회에 대한 21세기의 인류가 도달한 최고의 해석이며, 이러한 해석은 교양이라는 이름으로 존중되어야 한다. 일본의 만화영화를 원작으로 삼았다는 <올드보이>는 감금과 복수, 사랑과 라이벌이라는 단순한, 만화적 플롯에 의존하고 있다. 그러나 이 영화에서 사용한 '거울'에 대한 몇 개의 모티브는 현실 속의 인간이 '거울에 의해 만들어진 이미지'에 포박될 수도 있다는 정신분석학적 관찰이 더해짐으로써 좀 더 철학적이고 현대적인 영화가 될 수 있었다. 어떤 의미에서 보면, 박찬욱 감독은 영상으로 철학의 영역을 개척한 철학도이다. 이처럼 문학·사학·철학은 21세기에 이르러, 좀 더 가치 있는 인간학으로 통합된다. 인간적 가치가 점점 더 경시될수록, 그 가치는 역설적으로 더 존중될 수 있는 것이다.

이제 우리는 인문학을 통해서 인간의 가치를 재발견할 수 있는 시간을 가져야 한다. 비약이 허용된다면, 지금의 인문학자는 350여 년 전 파스칼(Pascal)이 걸었던 행로와도 유사하다. 귀족이되 매관(賣官) 귀족에 속했던 파스칼은 자신이 속했다고 믿었던 귀족들의 비극적 세계관(쟝세니즘)과 명료하고 냉혹한 부르주아들의 합리성 사이에서 방황했으며, 그 갈등을 '생각하는 갈대'[10]에 비유했다. '생각하는 갈대'는 인간에 대한 정의인 동시에, 무엇보다도 파스칼 자신에 대한 정의이기도 했다. 그는 평생 '갈대'로 산 셈이다. 냉혹한 합리성을 내세우는 부르주아보다는 상위의 신분에 속했지만, 하급귀족인 법복귀족(法服貴族, noblelesse de robe)에 속한 까닭. 그러나 그는 귀족의 권위와 낡은 정신, 부르주아의 합리성 사이에서 '생각'할 줄 알았다.[11]

나는 파스칼이 데카르트를 비난하는 대목에 가장 크게 공감한다. 데카르트는 '생각하는 주체'가 세계의 중심이 될 수 있다고 호언했다. 그러나 파스칼은 생각하는 주체가 결국은 갈대에 지나지 않음을 잘 알고 있었다. 부분이 전체를 대체할 수 없음을, 부분과 전체는 일시에 통합될 수 없다는 점을 너무나 분명하게 인식하고 있었기에, 그의 사상은 '비극적 세계관'에 속한다. 그러나 그는 그 침묵의 비극으로 당대의 모순을 읽어냈다.

나는 파스칼에게서 '인문학자'의 운명을 본다. 인문학자가 세상을

---

10. "사람은 하나의 갈대에 지나지 않으며, 자연계에서 가장 약한 자이다. 그러나 그는 생각하는 갈대이다. 그를 부수는 데에는 온 우주가 무장할 필요가 없다. 한 줄기의 증기, 한 방울의 물로도 넉넉히 그를 죽일 수 있다. 그러나 우주가 그를 부수어 버린다 해도 사람은 그를 죽이는 그것보다 훨씬 고귀한 것이니, 그는 자기가 죽는다는 것과 우주가 자기보다 우세하다는 것을 알고 있지만, 우주는 그런 것을 도무지 모르기 때문이다." 빠스깔, 안응렬 역, 『팡세』, 범한출판사, 1982. pp.93-94.
11. 루시앙 골드만, 송기형·정과리 역, 『숨은 신』, 연구사, 2001, pp.151-178.

지배할 수는 없다. 인문학자는 '생각하는 갈대'에 불과하다. 그러나 인문학자가 '갈대'임을 자각하는 순간, 그에게서는 '생각'이라는 침묵의 힘을 발견하게 된다. 인문학자들은 파스칼이 견지했던 현실의 압도적인 힘에 대한 인정과 겸손의 미덕을 배워야 한다. 17세기의 파스칼이 부르주아의 힘에 휘둘리듯, 21세기의 인문학자들 또한 정보사회의 새로운 힘에 휘둘리고 있다. 그 힘을 인정하되, 그 힘에 부분적으로 참여하는 일 – 파스칼의 잠언을 다시 읽어야 하는 이유는 여기에 있다.

더 찾아 읽기

> 인하대 문과대학 특화사업단 편, 『문화이론과 문화콘텐츠의 실제』(인하대학교출판부, 2005)는 현대의 문화이론과 이의 적용 가능성에 대한 중요한 논점들을 포괄하고 있으며, 미디어문화교육연구회 편, 『문화콘텐츠학의 탄생』(다홀미디어, 2005)은 국내 연구자들의 최근 성과와 방향을 보여준다. 한국문화콘텐츠학회, 인문콘텐츠학회 등의 학회 활동도 주목할 필요가 있다.

제 2 장
미디어와 콘텐츠의 관계

 사람이 말할 줄 몰랐다면, 사람은 제가 체험하고 제가 만든 일을 남에게 가르칠 수가 없었을 것이다. 말을 가졌기 때문에, 사람은 말을 하고 들음으로써 남의 경험을 그대로 제 경험으로 삼을 수가 있다는 말이다. 그렇지만 말은 그때 그 자리에 있는 사람이 아니면 듣지 못한다. 또, 사람의 기억은 한계가 있어 들은 말을 완전하게 받아서 오랫동안 지니고 있지를 못한다. 이와 같은 말의 약점을 보충하기 위하여, 사람은 글자라는 것을 발명하여 말을 기록하기 시작하였던 것이다. 말을 그림과 글자로 기록함으로써, 말의 뜻은 더 먼 곳의 사람에게도 전해지고 훨씬 뒤에 오는 사람에게도 알려질 수가 있게 되었다. 말을 글자로 기록한 것이 글이요, 글을 손으로 쓰거나 인쇄한 것이 책인 줄은 말하지 않아도 알 것이다.
 말과 글이 사람의 정신과 정신이 오고 가는 다리이듯이, 책이 또한 그렇다. 그러나 책이 놓는 다리는 말과 글보다 더 넓게 퍼지고 가장 오래 갈 수 있는 다리가 된다. 만일 책이 없었다면 어떻게 되었을까? 책이 없었다면, 사람들은 옛날 사람이나 멀리 있는 사람이 체험하고 발명한 것을 까맣게 모르고, 밤낮 남이 이미 지나간 뒤를 밟아서 조금씩 나아가다가 죽고 말 것이 아닌가? 또, 그 조금 얻은 지식조차 그 사람 당대에만 끝나고 마는 까닭에, 인류 문화는 도저히 오늘과 같은 높은 곳에까지는 이르지 못하였을 것이다. 다시 말하면, 사람들은 책을 통해서 남의 경험을 제 경험으로 삼을 수 있다는 것이다. 책이 있기에 사람들은 항상 먼저 간 사람이 도달한 곳에서부터 자기의 공부를 시작할 수 있다. 옛사람이 쌓아 놓은 탑 위에 새 사람이 탑 한 층을 더 쌓는 셈이요, 옛사람이 들고 온 횃불을 새 사람이 받아 들고 뛰는 격이란 말이다. 인류의 역사는 이러한 방법으로 이루어졌기 때문에 오늘 같은 찬란한 위치에 도달한 것이다.

책을 통하여 우리는 인류 문화 6000년의 정화(精華)를 지니고 있다. 겨우 칠, 팔십 년에 불과한 사람의 한평생 동안 우리는 책이 있기에 그 정화를 이어받아서 누릴 수가 있는 것이다. 이 세상에서 일체의 서적을 없애 버린다면, 전지전능한 신도 입을 다물 수밖에 없고, 정의는 잠들 것이요, 과학은 막힐 것이며, 철학은 눈이 멀고, 문학은 벙어리가 되고, 정치는 절름발이가 되지 않을 수 없을 것이다. 그리하여 영원한 어둠만이 우리의 주위를 싸고 있을 것이 아닌가?

— 조지훈, 「책이 놓는 다리」 중에서

위의 인용문은 우리가 책을 통해서만 6000년 간 축적해온 인류 문화의 정수를 접할 수 있다는 점을 강조한다. 책이 사람과 사람 사이를 잇는 '다리'의 역할을 한다는 것이다. 그러나 위의 글은 책에 대한 찬사 외에도 궁극에는 '말에 대한 글의 우위'를 주장하고 있다. 말은 한 번 전해지면 허공 속에 사라지고 말지만, 글은 영원히 보존될 수 있다는 점이다. 그러나 다음과 같은 질문을 피할 수는 없다.

- 휴대폰에 음성 인식 기능이 추가되고 상용화되었다. 모든 단계의 의사소통에 음성이 개입한다면, 굳이 글을 배울 필요가 있겠는가.
- 만화는 글과 그림의 조합물이다. 만화에서 글과 그림은 어떻게 협동하는가.
- 좀 더 본질적으로 볼 때, 말과 글만이 유일한 의사소통 수단인가. 말과 글이 존재함으로써 잃은 것은 없는가. 20세기 문명의 화두는 '억압으로부터의 해방'이라는데, 말과 글이 우리를 억압하고 있는 측면은 없는가.

1. 언어의 중요성

페터 빅셀의 현대인을 위한 우화 「책상은 책상이다」는 언어와 인간의 관계에 대한 흥미로운 질문을 던진다.

(가) "언제나 똑같은 책상, 언제나 똑같은 의자들, 똑같은 침대, 똑같은 사진이야. 그리고 나는 책상을 책상이라고 부르고, 사진을 사진이라고 하고, 침대를 침대라고 부르지. 또 의자는 의자라고 한단 말이야. 도대체 왜 그렇게 불러야 하는 거지?"

(……)

"이제 달라질 거야." 이렇게 외치면서 그는 이제부터 침대를 '사진'이라고 부르기로 했다.

"피곤하군, 사진 속으로 들어가야겠어." 그는 이렇게 말했다. 그리고는 아침마다 한참씩 사진 속에 누운 채로 이제부터 의자를 뭐라고 부를 까를 고심했다. 그러다가 의자를 '시계'라고 부르기로 했다.

(……)

그의 사진을 사람들은 침대라고 말한다.

그의 양탄자를 사람들은 책상이라고 말한다.

그의 괘종시계를 사람들은 의자라고 말한다.

(……) 이 이야기는 슬프게 시작되어 슬프게 끝났다. 회색 외투를 걸친 이 늙은 남자가 이제는 사람들을 이해할 수 없게 되었다는 것은 그렇게 나쁘지 않았다. 이보다 훨씬 더 나쁘게 된 것은 사람들이 이제는 그를 이해할 수 없게 된 것이다. 그래서 그는 이제 말을 하지 않았다. 그는 침묵했고, 자기 자신하고만 이야기했고, 인사조차 하지 않게 되었다.

―「책상은 책상이다」 중에서

(나) 그는 계속 앞으로 나아가면 몇 날, 몇 주, 몇 달, 몇 해가 지난 뒤에는 다시 제 자리로 돌아온다는 사실을 알고 있었다. 지금 그가 책상 앞에서 일어나 길을 떠나기만 한다면 훗날 책상의 반대쪽으로 다시 돌아올 수가 있을 것이다.

그건 사실이다. 그리고 누구나 그 사실을 알고 있다.

"계속 똑바로 나아가면 이 책상이 있는 곳으로 다시 돌아올 거라는 걸 나는 알지." 남자가 말했다.

"그걸 알긴 하지만 믿을 수는 없어. 그러니까 진짜 그런지 한번 시험해 봐야겠어."

"똑바로 걸어가 보는 거야."

이제 아무것도 더 할 일이 없는 그 남자는 얼마든지 똑바로 걸어가 볼 수 있기 때문이다. (……) 나는 그 남자를 다시는 보지 못했다. 그게 십 년 전 일이고 그때 그는 여든 살이었다. 이제 그는 아흔 살이 되었을 것이다. 아마 중국에 다다르기 전에 그 사실을 깨닫고 여행을 그만두었을 것이다. 어쩌면 죽었을지도 모른다.

그러나 이따금 나는 대문 밖으로 나가 서쪽을 바라본다. 그리고 그가 어느 날엔가 지쳐 느릿하게, 그러나 웃음을 띠며 숲에서 걸어 나오는 것을 본다면, 그리고 내게 다가와서 이렇게 말해 준다면 나는 정말 기쁠 것이다.

"이젠 지구가 둥글다는 사실을 믿게 되었다네."

─「지구는 둥글다」 중에서[1]

우리는 위의 이야기들에서 말이 얼마나 중요한가를 알게 된다. (가)에서 주인공은 말이 사물과 일대일로 조응할 필요가 없다는 사실을 우연히 깨닫는다. '나'는 새로운 말을 쓰기로 결심하고 재미있게 자신의 어휘를 생산해나가기 시작한다. 그러나 어느 시점에 이르러, 타인과 '나' 사이의 모든 관계가 단절된다. "그는 침묵했고, 자기 자신하고만 이야기했고, 인사조차 하지 않게" 된 것이다. (나)에서 주인공은 경험하지 못한 것들을 모두 믿지 않기로 결심한다. '나'는 지구가 둥글다는 '말'을 버리고 이것을 '행동'으로 옮기기로 작정한다. 그 결말의 기괴함은 설명하지 않아도 될 것이다.

우리는 페터 빅셀의 이야기를 통해서 인간과 인간 사이를 연결하는 의사소통에 관한 몇 가지 단서를 얻을 수 있다. 말과 글이야말로 문명의 축적물이라는 점, 문명은 개인의 일회적인 경험을 대체할 수 있다는 점이 그것인데, 이러한 사실을 부정하고 지구의 끝까지 똑바로 나아가는 한 노인의 우화는 우리에게 말과 글의 중요성을 새삼 알려 준다.

---

1. 페터 빅셀, 김광규 역, 『책상은 책상이다』, 문장사, 1990.

2. 언어적 기호와 비언어적 기호의 관계 : 연극의 사례

말은 기록의 과정을 거치면서 글로 정착된다. 이러한 과정을 통해 말의 일시성이 극복된다. 문자를 가지지 못한 민족은 상당한 문화적 수준을 가지고 있었던 경우에도, 민족의 쇠퇴와 함께 그 문화도 사라졌다. 아메리카 원주민들의 기적적인 문명들은 서구의 침략을 받은 즉시 일거에 사라져버렸다. 높은 문명수준에도 불구하고 그들만의 기록 수단이 없었기 때문이다. 중국을 지배한 청나라는 만주족의 언어와 문자를 유지하지 못했기 때문에, 청나라의 멸망과 함께 만주족의 정체성이 일거에 쇠퇴했다. 한글이라는 우수한 문자를 지닌 우리 민족은 여러 차례의 위기에도 불구하고, 지금까지 한민족의 정체성을 지켜올 수 있었다. 중국의 조선족이 아직까지 상당한 정체성을 유지할 수 있었던 배경에는 우리말과 한글이 있다.

문자의 편리성에도 불구하고, 예전의 문자는 지배계급의 전유물이었다는 점에서 일정한 한계를 지닐 수밖에 없었다. 물론 구텐베르크의 활자술, 값싼 종이의 배급, 출판기술의 발달, 대중교육의 확산 등으로 인해 이제는 거의 모든 사람들이 문자를 공유할 수 있는 단계에 이르렀지만, 문자가 지닌 엄숙성, 논리성 등에 대한 한계는 엄연하게 남아 있다. 이런 이유에서 구텐베르크의 활자술 발명 이후의 400년을 문자문화의 강력한 지배기로 규정한 맥루한의 관점은 경청할만하다.

맥루한은 최근 400년의 근대문명을 지탱해온 '구텐베르크 은하계'에 대한 가장 강력한 비판자이다. 그는 문자 위주의 문명이 지나친 논리성을 강조함으로써 인간 본래의 감각을 억압한다고 본다. 그의 비판은 문자보다 영상에 익숙한 지금의 세대들에게 호소력을 지닌다. 현대의 독자들은 인내심을 가지고 두꺼운 책의 첫 페이지부터 읽어나가는 일에 익숙하지 못하다. 이들은 음악을 들으며 책을 보고, 대충 읽기, 건너뛰며 읽기, 발췌하며 읽기에 능하다. 하이퍼텍스트는 문자세대의 문자에 의존하고 있지만, 이를 벗어나는 경계에 놓여 있다. 이제 현대인들은 '구텐베르크 은하계'의 바깥으로 탈주 중이다.

신언서판(身言書判)은 중국 당나라 때 관리를 등용하는 시험에서 인물평가의 기준으로 삼았던 몸[體貌]·말씨[言辯]·글씨[筆跡]·판단[文理]의 네 가지를 이르는 말이다. 이 말에는 기호를 읽어내는 방법을 시사하는 중요한 단서가 담겨 있다고 본다. 우리는 전통적인 학교에서 '신→언→서→판'을 배운 게 아니라, '판→서→언→신'의 순서로 배웠다. 객관식 문제에서 정답을 판별하는 방법이 '판'에 해당한다면, 몸을 가꾸는 '신'의 영역은 상대적으로 폄하되지 않았나 싶다. 그러나 지금도 회사의 면접 심사에서, 혹은 대인관계에서 우리는 '신→언→서→판'의 순서로 한 인간의 기호내용을 읽어낸다. 좋은 몸과 용모를 갖춘 직업, 운동선수와 연기자들이 각광을 받는 현상이 그리 이상한 일은 아니다. 현대철학에서 '몸', 현대문학예술에서 '비언어적 기호'들에 대해 관심이 높아진 것은 지나친 논리중심, 이성중심의 사회에 대한 대안으로서의 의미를 지닌다.

기호는 언어적 기호(verbal sign)와 비언어적 기호(non-verbal sign)로 나눌 수 있다. 말과 글은 언어적 기호이며, 인간의 몸짓과 표정 등은 비언어적 기호다. 우리는 언어적 기호가 중심적인 위치를 차지하고 있다고 생각하지만, 비언어적 기호의 사용도 대단히 높은 비중을 차지하고 있다. 예컨대 우리는 아침에 출근할 때 거울을 본다. 내가 표상할 수 있는 비언어적 기호를 점검하는 것이다. 자동차를 운전할 때에는 차선과 신호등을 본다. 신호등은 두세 개의 색깔만으로 운전자들 사이의 의사소통을 돕는다. 얼굴이 조금 부은 직장 동료를 만난다. 서로 말을 나누지는 않지만, '저 친구 어제도 술을 많이 마셨군.'이라는 의미를 읽어낸다.

주방 용기를 무작정 두드리는 식의 '비언어적 공연(non-verbal performance)'인 <난타>가 연극계에 던진 충격은 매우 크다. 우리는 연극을 등장인물 사이의 말로 규정해왔다. 그러나 셰익스피어의 <햄릿>은 "말, 말, 말"에 대해 실망을 표현함으로써, 말보다는 중요한 그 무엇이 있음을 보여준 바 있다. 마술사는 마술을 행할 때 이상한 말들을 사용하지만, 그 말들은 대부분 속임수를 드러내지 않기 위해 주의력을 분산시키기 위한 기호로만 작동한다. 말을 잘 하는 사람과 사기꾼을 동일시하는 배경에는, 말이 무작정 신뢰의 대상이 될 수 없다는 인식이 깔려 있다.

프로이트는 『정신분석 강의』에서 '말실수'가 담고 있는 규칙성에 주목한다. 말실수는 의식의 억압에 저항하는 무의식적 기제에 의해 작동된다는 그의 관찰은 말보다는 무의식적인 어떤 것이 훨씬 중요하다는 점을 제시하여, 말에 대한 전면적인 신뢰에 의문을 제기하고 있다. 우리는 은연중에 말보다는 말을 둘러싼 맥락을 중시한다. "나는 당신을 사랑합니다."라는 말을 들었을 때, 대부분의 현명한 사람은 그 말 자체보다는 그 말을 하는 사람의 의도와 맥락 등에 주목한다.[2]

<난타> 공연에서 극단적으로 예시되듯, 연극은 문학에 비해 언어에 대한 의존도가 적다. 소설가는 사건에 개입하여 이를 직접 논평할 수도 있으며, 등장인물의 성격에 대해 직접 해설을 보탤 수도 있다. 그러나 극작가는 등장인물의 행위와 대사를 통해서 간접적으로 사건을 제시할 수밖에 없다. 원래의 소설은 말하기(telling)를 위주로 하는

---

2. 프로이트, 임홍빈·홍혜경 역, 『정신분석 강의』, 열린책들, 2003, pp.17-110.

반면, 희곡은 보여주기(showing)의 수법을 위주로 삼기 때문이다. 예를 들어, 소설에서는 주인공의 슬픔을 직접 묘사할 수 있지만, 연극에서는 배우의 슬퍼하는 표정을 통해서 이러한 정황을 전달할 수밖에 없다. 따라서 희곡의 독자와 극장의 관객들은 무대 위에 제시된 행위와 대사를 보는 과정에서 작품 배후에 숨어 있는 의미를 스스로 '재구성' 해야 한다.

현대인들은 '말하기'보다 '보여주기'의 방식에 익숙하다. 현대사회를 '스펙터클의 사회'라고 부르는 배경에는 영화, 드라마 등 시각매체의 압도적인 우세가 깔려 있는데, 이들은 언어에 전적으로 의존하는 문학보다는 연극의 형식에 가깝다. 그러므로 연극에 대한 이해는 스펙터클의 사회를 이해하는 방편이 된다.

대체로 희곡(play)은 무대 공연을 위해 준비된 극본(script)을 뜻한다. 연극(drama)이라는 용어가 극장(theatre)과의 관련성을 가지고 있다면, 희곡은 연극을 위한 밑그림, 즉 연극을 상연하기 이전의 문학작품으로 보면 된다. 즉 문학작품인 희곡을 무대화하면 연극이 된다. 이처럼 희곡은 무대 상연을 전제로 한 것이므로, 시나 소설과는 다른 특성을 지닌다. 희곡은 그 자체로 완결된 텍스트(text)가 아니라, 공연을 위해 존재하는 부차적인 텍스트로서의 '불완전성'을 속성으로 지니고 있는 셈이다. 희곡이 극장의 관객을 위한 것이 아니라면, 희곡은 누구를 위해 필요한 것인가. 일단 서재에서 희곡을 읽는 독자들을 위한 것이며, 또한 무대에 연극을 올릴 연출가나 배우, 무대장치가 등을 위한 극본으로 보면 될 것이다. 그러므로 연극을 직접 감상하는 자들에게는 희곡이 불필요하다고 생각할지도 모른다. 그러나 마치 음악도가 악보를 보면서 음악을 배우고 감상할 수 있듯, 희곡의 독자들은 희곡을 읽으면서 연극이 펼쳐질 상황을 연상할 수 있다. 악보를 눈으로 읽는 행위가 음악 감상 자체는 아니지만, 음악을 제대로 감상하고 배우기 위해서는 악보를 읽는 훈련을 거쳐야 하는 것처럼, 연극을 위해서도 희곡 읽기는 필수적이다. 말하자면 희곡은 연극의 '악보'인 셈이다. 희곡을 앞에 놓고 배우와 연출가는 작품을 '연주'한다.[3]

---

[3] 우리가 연극을 감상할 때, 희곡을 읽는 것만으로는 부족하다. 로널드 헤이먼은 '안락 의자에 앉아 있는 독자(arm-chair reader)'와 '극장 속의 관객(audience in the theatre)'을 나눈 다음, 독자가 문자 텍스트로 희곡을 읽을 때 놓치기 쉬운 점을 다음과 같이 지적한다. ① 무대세트가 무엇처럼 보이는지, 어떤 분위기를 형성하는지, 배우들의 행위가 어떻게 무대를 채우는지, 그리고 동시적이건 아니면 순차적으로 일어나건 간에 극적인 충격들이 관객들에게 어떤 영향을 끼칠지 늘 상상하라. 특히 무대 지시문을 세심하게 읽어라. ② 음향효과에 관련하여, 클라이맥스를 향한 극적 전개에 음향이 어떤 방식으로 도움을 주는지, 그리고 그 음향의 성격에 대하여 상상해보라. ③ 희곡의 리듬과 리듬 사이의 교류에 대하여 마음을 열고 그것에 적극적으로 반응하라. ④ 대사의 표면적인 가치에만 주의를 집중하지 마라. 대사의 가장 중요한 기능은 대사 밑을 흐르는 어떤 것에 도달하기 위한 것일 따름이다. ⑤ 등장인물의 성격에만 주목하지 말고 그의 정체를 주목하라. 그리고 그 등장인물과 정체가 무대에서 어떻게 신체적으로 표현되는지 주목하라. ⑥ 등장인물의 행위에 대해 그들이 마치 실제의 인물인 것처럼 심리분석적인 방법으로 접근하지 마라. ⑦ 극본의 애매성을 탐구하는 데에 충분히 시간을 투자해라. 극작가가 왜 그렇게 애매모호하게 설정했는지에 대한 질문을 서둘러 폐기하지 마라. 당신은 탐구와 질문을 통해서 그것을 파악하게 될 것이다. ⑧ 상상적인 극장의 모든 기회를 탐구하고 이용하라. 세상에 존재하는 가장 훌륭한 배우와 설비가 잘 갖춰진 극장에도 나름의 한계는 있는 법이다. 당신의 상상력 속에서는 모든 일이 허용된다. 그러한 유연성을 가져라. ⑨ 침묵에 유의하라. 침묵은 무대 지시문으로 적혀 있을 수도 있고, 아예 없을 수도 있다. 답변이 없는 질문들, 무시되는 요청들, 격에 맞지 않는 무운시의 행간, 어조의 변화는 '사이' '침묵' 등의 지시문보다 더 중요할 때도 있다. ⑩ 희곡은 극작가가 원하는 내용과 반드시 일치하는 것은 아니다. 의미는 작품 속의 말들을 통해 자연스럽게, 어쩔 수 없는 힘으로 솟아나는 것이다. 때로는 침묵을 통해, 때로는 다른 무대상의 요소들을 통해, 때로는 그것들 사이의 관계 속에서 솟아난다. 로널드 헤이먼, 김만수 역, 『희곡을 어떻게 읽을 것인가』, 현대미학사, 1994, pp.176-177.

<희곡과 연극의 차이>

	희 곡	연 극
장르	문학적 텍스트	무대 공연물
사용되는 매체	언어적 요소	언어적, 비언어적 요소
기호 해독 방법	선조적(linear)	도표적(tableau)
수용자의 성격	책상 앞의 독자	극장 관객
매체의 속성	시각적	시청각적
* 비유	음악 악보 읽기	음악 연주 감상

위의 표에서 확인하듯, 우리는 음악 악보를 읽는 행위로 음악 감상을 대신할 수 없다. 이는 마치 등산 지도를 눈으로 읽으면서 등산을 대신하고 있다고 믿는 행위만큼이나 어리석다. 미술관에서 그림을 감상하는 대신, 그림에 대한 해설의 글을 열심히 읽는 것도 바람직한 감상 태도가 아니다. 이런 맥락에서 보더라도 셰익스피어의 희곡을 책으로 읽는 것보다는 직접 무대 공연을 보는 것이 바람직하다. 이처럼 언어적 기호와 비언어적 기호는 서로 다른 특성을 보인다.

그러나 이러한 주장이 글의 유효성을 반감시키는 것은 아니다. 음악학도는 음악을 단순히 감상하는 데서 그치는 게 아니라 음악 악보를 읽을 줄 알아야 연주도 가능하고 작곡도 가능해진다. 희곡을 쓰고 연출하고자 하는 이에게 희곡의 '악보 읽기'는 필수적인 과정이다. 이러한 비유는 문화콘텐츠 전반에 적용될 수 있다. 모든 문화적 형식에서 언어적 요소는 그만큼 중요한 것이다.

3. 미디어의 역사적 변천과정

인류의 가장 위대한 발명품은 무엇인가.『라이프』지는 서기 2000년을 마감하면서 지난 1000년 동안에 인류에게 가장 큰 영향력을 행사했던 인물 100명과 발명품 100개를 각각 선정한 바 있다. 이때 선정된 발명품 중에서 구텐베르크의 인쇄기는 가장 중요한 발명품으로 뽑혔다. 인쇄술의 보급은 당시 권위의 화신이었던 성서를 지배층의 전유물에서 대중들의 소유로 바꾸는 데 가장 결정적으로 기여했으며, 결국 이것이 종교개혁의 출발이 되었다. 오늘날 기독교 문화가 서구 사회를 지배하고 있는 점도 어찌 보면 인쇄기 발명의 덕분으로 돌릴 수 있다.

그러나 인류사 전체를 통괄해본다면, 더 중요한 발명품은 '언어'임을 알 수 있다. 인간은 언어라는 상징을 사용함으로써 비로소 호모 로쿠엔스(Homo Loquens)가 되었다. 인간은 언어라는 상징을 기호화하고 해독하면서 두뇌의 사용을 촉진하고, 그 결과 지능을 발전시킬 수 있게 된 것이다. 우리는 오랫동안 문화를 '책'과 동일시해왔다. 그러나 이제 책보다는 책에 실린 '언어' 자체에 대한 관심을 가질 필요가 있다.

미디어(medium, media)는 내용(content, contents)을 담는 그릇이다. 이런 의미에서, 미디어는 매개체이자 운반체(vehicle)이다. 우리는 오랫동안 문학에 관련된 논의에서 내용과 형식에 대해 배웠다. 이러한 구분은 현대 매체에도 적용된다. 미디어는 내용을 담는 형식이며, 이런 의미에서 볼 때, 가장 기초적인 미디어는 언어와 문자라는 사실을 새삼 강조해야 한다. 최근 뉴미디어라는 이름으로, 인터넷 등의 멀티미디어 등이 각광을 받고 있지만, 이들 또한 잘 살펴보면, 언어와 문자에 크게 의존하고 있음을 알게 된다.

여기에서는 말과 글의 형식을 중심으로, 인간이 상호간의 의사소통을 위해 어떤 도구(미디어)를 사용해왔는지 배우고, 이들 미디어들은 각각 어떤 특성을 지니고 있는지에 대해 생각해보기로 한다.

(1) 말의 사용

인간은 다른 동물에 비해서 여러 면에서 취약하다. 대부분의 동물들은 생존에 필요한 여러 가지 내용이 입력된 상태에서 태어나지만, 인간은 매우 '불완전한 동물'로 태어난다. 따라서 인간은 부모에 의해 오랫동안 보호받으며 학습의 과정을 거친다. 이 과정에서 인간은 사회적 동물로 거듭 태어난다. 도구를 사용하고 협력에 의해 노동하는 습관 또한 인간의 취약한 생존조건을 개선하는 데에 큰 도움이 되었을 것이다. 많은 사람들이 모여서 하나의 협력을 이루기 위해서는 각자의 욕구나 감정을 표현하고 서로 이해하는 매개가 필요했을 것이다. 이러한 요구는 언어 발달과 함께 이루어진다.

음성이 본격적인 의사소통의 수단으로 사용된 시기는 대략 기원전 10만 년에서 3만 5천 년 전으로 잡는다. 크레마뇽 인의 두개골 크기와 턱의 신축성, 군락 생활 등이 이러한 추정을 가능하게 한다. 이 당시의 언어는 입만 열면 누구나 낼 수 있는 소리, 의미론적으로 분절되기 힘든 외마디 소리에 가까웠을 것이다. 그러나 점차 의미가 분절(分節)되고 자음과 모음의 체계가 발달하면서 인간의 언어는 발전되기 시작한다. 더욱더 중요한 점은 언어의 발달이 사고(思考)의 발달로 연결된다는 점이다. 언어와 사유는 점차 추상화되고 체계화한다. "태초에 말씀이 계시니라"라는 성경 요한복음 1장 1~3절의 언급은 인간과 언어 사이의 밀접한 연관관계를 대변해준다.

말과 글이 어떻게 다른가를 이해하는 일은 문자에 의존하던 근대 문명에서 멀티미디어로 이행해가는 현대의 추세를 감안해볼 때, 몇 가지 중요한 시사를 준다.[4] 우리는 문자를 좀 더 견고한 어떤 것으로 이해한다. 그러나 기호의 생동성과 함축성의 측면에서 보면, 오히려 글보다는 말이 더 뛰어난 측면이 있다. 예를 들어 '오늘 밤(tonight)'은 문자로는 단일하지만, 말로 표현되었을 때 훨씬 더 풍부하다. 근대적인 연기와 연출의 시스템을 제시한 러시아의 연출가 스타니슬라프스키는 배우들에게 '오늘 밤'을 발음과 강세를 달리해서 50여 가지 방식으로 표현해보라고 배우들에게 요구했고, 청중들로 하여금 그 감정과 의미의 서로 다른 음역을 적도록 하는 연구를 통해 문자문화와는 다른 구술문화의 특성을 암시한 바 있다.[5]

---

4. 월터 J. 옹, 이기우·임명진 역, 『구술문화와 문자문화』, 문예출판사, 1995 참조.
5. 문자 이전의 사회에서 감각과 사회적 오리엔테이션(定向, orientation)을 담당하던 기관은 귀였다. 즉 '듣는 것은 믿음 그 자체'였던 것이다. 표음문자(表音文字)가 대두되면서 귀라는 마술적 세계는 눈이라는 중립적인 세계 앞에서 무릎을 꿇지 않으면 안 되었다. 인간에게는 하나씩의 귀 대신 하나씩의 눈이 주어진 것이다.
서구의 역사는 전적으로 시각에 의지하는 매개체인 알렙베트(alephbet. 히브리어의 알파벳)가 전래된 이래 약 3천 년에 걸쳐 형성되었다. 알파벳은 그 자체로서는 어의학적(語義學的) 의미가 없는 단편적인 부분으로 되어 있어서 정해진 순서에 따라 구슬처럼 한 줄로 꿰어야 한다. 문자를 사용하게 됨으로써, 모든 환경을 시각적·공간적 관점에서 인식하는 습관이 형성되었으며, 또한 그러한 습관이 더욱 부추김을 받게 되었다. 특히 공간적·시각적 관점에서는 획일적이며, "계. 속. 적이고 연-관-적이다."
열(列), 연속체인 음절이 생활의 조직 원리가 된 것이다. "시작하면 행해져야 한다 (As we begin, so shall we go)." 합리성과 논리는 상호 관련되고 연속되는 사실과 개념들이 어떻게 표현되느냐에 의존하게 되었다. 많은 사람들의 경우 이 '합리성'은 일관성과 관련성으로 이해된다. "당신을 따를 수 없다"는 말은 "당신의 말은 합리적인 것 같지 않다."는 뜻이다. 시각적 공간은 일관성 있고 연속적이며 서로 관련되어 있다.
서구문화의 관점에서 보면, 합리적인 인간은 시각적인 인간이다. 행동의 분화, 즉 부분적으로는 우리의 사고습관의 분화, 즉 다시 말해서 '전문화'는 문자의 테크놀로지에 따라서 점차 수직적으로 구획화하는 과정을 반영했다. 마샬 맥루한, 마샬 맥

커뮤니케이션은 흔히 정신의 산물로 이해되지만 실제로 그것은 얼굴 표정, 목소리의 톤, 몸의 움직임, 손 제스처 등과 같은 신체언어에 의해서 이루어지는 경우가 더 많다. 신체언어를 표현할 수 없는 인터넷상의 글에서는 마음이 존재할지라도 몸은 사라져 버린다. 메시지를 받는 사람은 보내는 사람의 개성이나 당시의 정황에 대해 거의 알지 못하고, 왜 메시지가 왔는지 무엇을 뜻하는지 뭐라고 대답해야 하는지를 추측할 따름이다. 본질적으로 상호간의 신뢰가 성립하기 쉽지 않는 등의 위험 부담을 감수해야만 하는 것이다. 이처럼 온라인 커뮤니케이션은 전통적인 형태의 커뮤니케이션보다 상호간에 오해나 혼란, 그리고 상처를 더 많이 초래하는 것처럼 보인다. 전화와 비교해 봐도 인터넷의 한계를 알 수 있다. 전화를 통한 커뮤니케이션은 수신자가 드러내려고 하든 숨기려고 하든 말소리의 억양과 톤이 메시지 내용 이외의 풍부한 정보를 송신자에게 전달한다. 물론 인터넷에서도 수신자가 어휘나 문체 등을 자유자재로 선택해 어느 정도 자기 자신에 대한 인상을 조작할 수 있다. 그러나 감정을 표현하는 수단으로 사용되는 이모티콘(emoticon)조차도 인간의 목소리나 얼굴에 비하면 표현할 수 있고 전할 수 있는 정보량이 현저하게 적다.

인간의 기억력도 시각적인 정보를 접했을 때와 청각적인 정보를 접했을 때 차이를 보인다. 아주 중요한 순간에 어떤 사람이 어떻게 말했는지는 기억해도 중요한 책의 글자들이 어떤 활자체로 인쇄되어 있었던가를 기억하기란 어렵다. 사이버 공동체의 구성원으로 활동했던 사람들의 얘기를 들어보면, 사이버 공간에서 사용자들은 집을 짓고 그 속에서 실제처럼 생활하지만 막상 지역공동체가 현실로 겪고 있는 무

루한·찡땅 피오르, 김진홍 역, 『미디어는 맛사지다』, 커뮤니케이션북스, 2001, pp.44-45.

관심 문제를 해결하기 위한 오프라인 모임은 갖지 않는다고 한다.

   새로운 미디어 형태가 사람들의 커뮤니케이션 방식을 혁명적으로 바꿀 것이라는 것에 대해서는 의문의 여지가 없지만, 간접적인 상호작용을 하는 것이 훨씬 편리한 경우에조차도 사람들은 직접적인 접촉을 여전히 가치 있게 여긴다. 이러한 경향은 오늘날 오히려 더 두드러진 것 같다. 한 예로 비즈니스를 하는 사람들은, 화상 회의용 전화나 비디오 연결을 통해 사업 거래를 하는 것이 훨씬 더 간단하고 효과적인 것처럼 보이는 경우에도, 여전히 지구의 반 바퀴를 날아가서 직접 상담을 벌이거나 회의에 참석하곤 한다. 가족 성원들도 실시간 디지털커뮤니케이션을 이용하여 가상 재회를 하거나 명절에 모임을 가질 수 있지만, 우리 모두는 이런 것들이 왠지 서로 얼굴을 맞대고 즐기는 것이 주는 따스함이나 친밀성을 결여하고 있다고 생각하며 또 그렇게 느낀다. 이처럼 직접적인 만남을 선호하는 현상 혹은 그런 감성적 태도를 어떤 학자들은 '근접성 강박증'이라 부르기도 한다.

   재미있는 점은 최근의 인터넷 통신언어가 자꾸 미분절 상태의 원시언어를 지향하는 현상이 이러한 '근접성 강박증'과 관련이 깊다는 점이다. 논리적인 문법에서 벗어나 투박한 음성언어를 지향하는 인터넷 세대들은 어쩌면 소박한 세상에 대한 향수와 동경을 지니고 있을지도 모른다. 분명한 점은 이들이 말의 장점, 즉 쉽게 사용할 수 있고 쉽고 고칠 수 있는 말의 경제성을 선호한다는 점이다. 반면 우리는 글에 대해서는 말을 대할 때보다 훨씬 엄격한 잣대를 적용한다. 말의 실수는 가볍게 여기지만, 글의 실수에 대해서는 그 사람의 지적 능력 전체를 의심하기도 한다. 글이 덜 생동적이고 덜 창의적이 되는 이유도 여기에 있을 것이다.

(2) 이미지의 사용

말(소리)은 특정한 시기에 공간을 확대하는 역할을 담당한다. 이런 의미에서 말은 공간 지향적(space-oriented)인 커뮤니케이션이다. 소리쳐 불러 서로 간에 의사소통이 이루어진다면, 거기까지 한 개인의 영역이 확대된 셈이다. 그러나 말(소리)은 허공에 외치고 나면, 곧 사라진다.

소리는 불가시적(不可視的)인 존재여서 가끔 신(神)의 비유적 속성으로 사용되기도 한다. 신은 눈에 보이지 않고 다만 소리의 형태로 스쳐 지나간다. 모세는 호렙 산에 올랐을 때 신의 모습을 보지 못하고 다만 신의 소리를 들었다. 교회에서는 종(鐘)의 소리, 혹은 장중한 교회음악의 형태로 신의 목소리를 대신하고자 애쓴다. 소리는 인간이 어머니의 태아에서 접하는 최초의 감각이기도 하지만, 불가시성 혹은 불확실함이야말로 소리가 안고 있는 가장 큰 제약이다.[6]

이러한 소리의 약점을 보완하기 위한 것이 그림(이미지)이다. 네안데르탈인과 크로마뇽인의 동굴 벽화는 허공에 흩어져버리고 마는 소리의 한계를 넘어서서 인간 경험을 현전(現前)하게 하고 영속화하는 데에 크게 기여했다. 동굴에 그려진 그림들은 주기적이고 지속적인 문화적 과정, 의식, 그리고 반복적인 신화와 설화를 담으면서 건축·회화·조각·음악·무용·문학 등의 발전 가능성으로 이어졌다. 그리고 이러한 이미지의 발전은 좀 더 추상화된 기호인 문자의 필요성으로 이어진다. 이제 기록 중심의 시간 지향적(time-oriented)인 커뮤니케이션이 싹트기 시작한 것이다.

어쨌든 '말'이라는 공간 지향적인 커뮤니케이션, '그림'과 '글'이라

---

6. 서우석, 『음악현상학』, 서울대출판부, 1989, pp.133-150.

는 시간 지향적인 커뮤니케이션은 개별의 인간들이 축적한 경험을 공간과 시간의 한계를 넘어서 후대에게 전수하도록 하는 결정적인 원천이 되었다.

(3) 문자의 사용

문자는 크게 보아 이미지의 영역에 속한다. 그러나 문자는 이미지보다 좀 더 질서화되고 규칙화된 까닭에 곧 개인 간의 소통을 위한 사회적인 약속으로 자리 잡는다.

문자는 한자와 같이 사물의 모습을 추상화한 표의문자(ideogram)와 알파벳이나 한글처럼 말소리를 일정한 모양으로 나타낸 표음문자(phonogram)로 구분된다. 이미지의 사용 증가가 표의문자의 발달로 연결되고, 이미지의 법칙성이 증가하면서 표음문자가 발달했다고 추론해 볼 수 있겠다. 문자 사용의 역사를 요약하면 다음과 같다.[7]

B.C 5000년 : 중국 은나라. 갑골문자 사용
B.C 3500년 : 수메르인. 점묘판에 그림문자를 명각한 심볼 사용
B.C 3000년 : 이집트인. 상형문자 사용
B.C 1500년 : 그리스. 음성에 기초해서 사용된 심볼(symbol unity) 등장
B.C 300년 : 그리스. 알파벳 사용
B.C 150년 : 그리스. 양피지 발명
A.D 105년 : 중국. 한지 발명

---

7. 김정탁, 『미디어와 인간』, 커뮤니케이션북스, 1998, p.17.

문자 사용의 역사에서 확인할 수 있는 법칙은 경제성의 증가이다. 최초의 기호와 문자들은 돌, 거북의 등껍질, 말린 점토판에 기록되었다. 이러한 기록들에는 많은 노력과 시간이 투여될 수밖에 없다. 그림을 통해 담을 수 있는 정보량은 극히 제한적이었고, 이 정보를 담는 그릇(미디어) 또한 비경제적이었다. 그러나 동물의 가죽(양피지), 이집트의 갈대잎(파피루스), 분쇄된 나무껍질(종이)을 이용하면서 점차 기록은 간편해지고 경제적인 형식으로 진화된다. 현재 인터넷과 컴퓨터의 모니터 등은 '종이없는(paperless)' 문자의 형식에까지 이르렀다. 글자를 모아서 보관하고 글의 형태로 유통시키는 방식도 한 개의 틀에 의존하는 방식(해인사의 팔만대장경을 연상해볼 것)에서 여러 개의 글자를 모아 판을 짜는 활자조판(活字組版) 방식으로, 그리고 현재는 한 개의 글자를 몇 개의 비트로 나누어 표현하는 방식으로까지 진화했다.

문자는 발전하면서 점차 표준화와 규격화가 진행된다. 즉, 상형문자에서 기호로의 변화, 구체적인 그림에서 추상적인 문자로의 변화가 이루어진다. 컴퓨터의 아스키 코드(ASCII : American Standard Code for Information Interchange, 미국 표준 코드)는 3비트의 zone, 4비트의 Digit, 즉 7비트로 2의 일곱 제곱인 128가지의 문자 표현을 가능하게 함으로써 최적의 표준화와 규격화를 이루어내었다.

문자가 점차 추상화될수록, 문자의 사용과 해독에는 많은 교육이 필요하게 된다. 문자는 학교를 만들고, 지식인을 배출하며 교육기관을 지배하고 있는 권력의 권위를 신장시켰다. 한자는 지구상에서 유례를 찾아보기 힘들 정도로 난해한 문자이다. 인간이 발명한 한자를 모두 기억하고 있는 사람이 없다는 것은 흥미로운 현상이다. 하버드대학의 동양학 교수들이 집필한 『동양문화사』에서는 이처럼 까다로운 한자가 오히려 거대한 나라인 중국의 정치적 안정에 기여했다는 점을 흥미롭게 개진한다. 거대한 중국을 지배하기 위해서는 문자를 아는 사람이 극히 소수여야 했다는 점, 그리고 문자를 아는 사람을 선발하는 과거시험이 중국의 지배체계를 기득권 위주에서 능력 위주로 전환하는 데에 끊임없이 기여했다는 점은 문자의 속성이 담고 있는 아이러니라 할 수 있다.[8]

우리는 오랫동안 문자의 장점에 대해서만 배워왔다. 지식인은 '글을 아는' 사람과 동일시되었고, 모든 지식은 문자의 형태로 전한다고 생각했다. 그러나 문자사용 능력이 인간의 여러 측면 중에서 '이성과 논리'만을 강조한 것이며, 문자를 사용함으로써 상당히 많은 부분을 잃었다는 사실도 주목해야 한다. 단적으로 말해, 우리는 글을 배우기 위해 얼마나 긴 청춘을 바치고 있는가. 장님이었던 호메로스는 글을 썼던 게 아니라 말의 형태로 <일리아스>와 <오딧세이>를 전승했다는 점을 기억해둘 필요가 있다.[9]

(4) 상징의 사용

일반적으로 상징(symbol)은 약호(signal)와 반대되는 개념이다. 약호는 인과관계를 지닌 자연적인 것을 의미한다. 이를 명확히 알기 위해서는

---

8. 레이샤워 외, 『동양문화사 1』, 을유문화사, 1989.
9. 소크라테스가 「페드르」에서 경고한 내용이 인상적이다. "알파벳의 발견은 사람의 영혼에 망각하는 습관을 가져올 것이다. 왜냐하면 사람들이 기억력을 이용하려 들지 않을 것이기 때문이다. 즉, 써놓은 것을 믿으려 하지 기억하려 들지 않을 것이다(……) 제자들에게는 진리를 가르치지 말고 진리와 유사한 것만을 가르쳐라." 마샬 맥루한·꿩땅 피오르, 김진홍 역, 『미디어는 맛사지다』, 커뮤니케이션북스, 2001, p.13에서 재인용.

퍼스(Pierce)의 기호 유형에 대한 공부가 필요하다. 퍼스는 기호를 도상(icon), 지표(index), 상징(symbol)로 나눈다.[10]

도상(icon)은 대상과 유사한 특성을 지니는데 이는 특히 시각적인 기호에서 명백하게 나타난다. 원시인들의 동굴벽화나 초기의 한자가 차용한 상형의 원리들은 도상을 이용한 것이다. 그러나 현대에 이르러 다시 도상이 강화되고 있다. 예를 들어 사진은 사람의 얼굴을 매우 유사하게 재현하고 있다는 점에서 도상에 속한다. 또한 애플 컴퓨터의 매킨토시는 까다로운 IBM의 컴퓨터 기계어를 예쁘고 작은 그림으로 바꿈으로써 사용자들이 친숙하게 접속할 수 있도록 새로운 환경을 제공하였다. 이제 WYSWYG(What you see, what you get)라는 구호로 대표되는 매킨토시의 윈도우에 사용된 아이콘들은 컴퓨터 세대의 공통언어로 사용되기에 이르렀다.

지표(index)는 대상에 대한 직접적이고 존재론적인 연계를 지닌 기호로 쉽게 설명될 수 있다. 지표는 그 대상의 일부이거나 그 대상과 인과론적인 관계로 연결되어 있어 수용자에게도 그렇게 인식된다. 예를 들어 연기는 불의 지표이고, 기침은 코감기의 지표다. 범행 현장에 있는 단 한 사람의 발자국은 그가 범인일지 모른다는 지표로서의 의미를 보여준다. 피사체를 찍은 사진은 빛의 작용에 의해 필름에 각인된 한 대상의 지표이다.

이에 반해 상징(symbol)은 사람의 약속에 의해서 결정되는 것으로서 주로 학습에 의해 이루어진다. 예를 들어 문자, 언어, 모스 부호, 그래프의 곡선, 지폐, 주판, 전기 회로도, 아날로그 계산기용 테이프 등이 이에 해당한다. 도상과 지표가 자연적이고 물리적인 약호인 반면,

---

10. 김경용, 『기호학이란 무엇인가』, 민음사, 1994, pp.40-44.

상징은 인공적이고 자의적인 점이 특징이다. 도상, 지표와 같은 단순한 약호와 상징을 구분하는 가장 중요한 요소는 부호화(encoding)와 해독화(decoding)의 정도 차이다. 도상과 지표의 경우, 부호화와 해독화의 과정은 단순하다. 이에 반해 상징의 경우, 이 과정이 매우 복잡하다. 따라서 상징의 원활한 사용을 위해서는 학습과정이 필요하다. 게다가 상징은 한 문화권·언어권내에서의 인공적이고 자의적인 약속이기 때문에 서로 다른 문화권에서는 상징의 이해가 더욱 어려워진다. 지구상에서 벌어지는 숱한 전쟁도 인종, 종교, 언어, 민족 등 상징체계가 서로 다른 문화권에서 오해되는 차이에서 기인하는 게 대부분이다. <햄릿>에서 형의 죽음 이후 형수를 아내로 맞이하는 클로디어스의 이야기는 서구 사회에서는 패륜의 극치로 여겨지지만, 연약한 형수를 보호해주기 위해 동생이 형수와 결혼하는 것이 옳다고 믿는 문명권에서는 이 행동이 미덕의 상징으로 읽힐 수 있다. <리어왕>의 비극은 딸의 배신이라는 개인적인 차원의 윤리로도 설명될 수 있지만, 마르크스주의자의 관점에서 보면 이 작품은 상속과 사유재산제도가 존재하는 한 어느 곳에서든 빚어질 수밖에 없는 부르주아 가정의 비극이다.

　이처럼 우리의 생활은 이러한 상징체계의 집합으로 이루어지며, 이러한 상징체계에 익숙한 사람일수록 그 사회 내에서 정상적인 사람으로 간주된다. 다시 말해, 우리의 사회화 과정은 도상, 지표, 상징 등의 학습 과정에서 비롯된다.

　상징은 소리·그림·글의 단계보다 상위에 존재하는, 높은 수준의 의사소통 수단이다. 도상과 지표와 같은 물리적인 약호보다 고도화된 상징을 어떻게 이분법에 근거한 디지털콘텐츠에 적용할 것인가의 문제는 인간-기계 사이의 원활한 의사소통을 위해 넘어서야 할 가장 중요한 과제이다. 한국콘텐츠진흥원에서 펼치고 있는 우리문화원형사업은 우리 문화에 내재한 문화적인 상징들을 디지털 콘텐츠로 변환하는 과제를 다루고 있으며, 여기에는 한국문화를 전공한 많은 인문학자들이 참여하고 있다.

4. 미디어와 콘텐츠 : 형식과 내용

> 사람과 사람 사이에 섬이 있다.
> 그 섬에 가고 싶다.

단 두 줄로 구성되어 있는 정현종의 시 <섬>은 사람과 사람 사이의 소통관계를 문제 삼고 있다. 인간(人間)은 의사소통을 하는 까닭에 동질적인 인류(人類)로 존재한다. 즉 사람과 사람 사이에 커뮤니케이션이 존재하고 이를 위해 미디어를 활용하면서부터 사회생활이 가능해진 것이다.

초기 원시시대의 인류는 손짓, 몸짓, 얼굴 표정 등을 사용했지만, 어느 시대에 이르러 인간은 좀 더 정형화되고 공식화된 언어를 사용하게 되었고, 그 다음 단계에서는 언어를 기록할 수 있는 문자를 사용하게 되었다. 그러나 구텐베르크의 인쇄기 발명 이후 미디어는 급속히 발전했다. 인쇄기 발명은 책, 신문, 잡지와 같은 미디어를 만들어냈으며, 또 20세기에 들어서 보급된 방송은 라디오, 텔레비전과 같은 미디어를 통해 언어와 문자와는 다른 형식의 커뮤니케이션 수단을 발명해냈다. 특히 멀티미디어의 등장은 문자 시대에 경시되었던 원시시대의 몸짓, 손짓, 얼굴 표정 등을 담을 수 있다는 의미에서 보면, 원시시대로의 회귀 혹은 복원이라 부를 만한 사건이기도 하다.

우리는 문학에 관한 논의에서 '내용과 형식' 사이의 낯익은 논쟁을 여러 차례 접했다. '구조'라는 개념을 사용하여 내용과 형식의 유기적인 결합을 강조하기도 하지만, 문학에서 '형식'의 개념은 비교적 단순하다. '문학은 언어를 매개로 한 예술'이라는 표현은 문학의 형식(매개체, 미디어)이 언어임을 말해주는 것으로, 이는 다시 말해 문학을 논의하는 데 있어 '형식'보다는 '내용' 위주의 논의로 귀결될 수밖에 없음을 말해주는 것이기도 하다. 문학에서 '형식' 논의보다 '내용' 위주의 논의를 해도 무방한 이유는 문학에 언어 이외의 다른 미디어가 개입되지 않기 때문이다.

그러나 문학 이외의 예술을 말할 때에는 형식 논의가 좀 더 필요해진다. 예컨대 연극에서는 무대라는 물리적 조건이 내용을 제약한다. 무대 위에서 표현될 수 없는 것은 그것이 내용상으로 아무리 중요하더라도 연극의 콘텐츠가 될 수 없다. 연극에서 다루어질 수 있는 주제는 그것이 무대에 담을 수 있는 형식인가에 따라 결정된다. 10평 남짓의 소극장 무대에 넓은 바다, 광활한 벌판을 담을 수 없고, 100명 정도의 군중도 담을 수 없다는 사실을 상기해보면, 연극에서 콘텐츠(내용)는 형식(미디어)에 의해 결정된다는 점을 실감할 수 있을 것이다.

맥루한은 "미디어가 곧 메시지"라고 말한다. 이 말은 미디어(형식)가 메시지(콘텐츠, 내용)를 결정할 수 있다는 점을 강조한다. 강제규 감독의 영화 <쉬리>(1998)와 장진 감독의 영화 <간첩 리철진>(1999)을 비교해보자. 내용과 주제의 측면에서 보면, 장진 감독의 영화가 훨씬 훌륭했다고 본다. <쉬리>가 남북한의 냉전논리를 무비판적으로 수용하고 남파된 여간첩과 남한 수사관 사이의 연애관계라는 해묵은 도식을 사용하는 반면, <간첩 리철진>은 좀 더 지적으로 이 문제에 접근하고 있다. 그러나 형식의 차원에서 본다면, <쉬리>가 훨씬 영화라는 미디어를 잘 활용하고 있음을 알 수 있다. <간첩 리철진>은 영화적이라기보다는 연극적이다. 이 영화의 첫 장면에서 남파된 간첩 리철진은 택시 안에서 떼강도 사이에 끼어 오랫동안 시달린다. 영화는 떼강도들의 험악한 표정과 말씨, 공포에 사로잡힌 리철진의 모습을 매우 코믹하게 잡아내고 있다. 그러나 이 영화는 늘 좁고 닫힌 무대에 카메라가 고정된다. 리철진의 행동반경은 택시 속, 집안, 창고 등에 늘 갇혀 있다. 관객들은 점차 이 영화가 마치 홈비디오로 촬영한 것처럼 표현이 한정되어 있으며, 소극장에서 진행되고 있는 연극을 보고 있는 게 아닌가 생각하게 된다. 영화감독 장진은 당시 동숭동의 연극판에서 가장 발랄하고 유능한 신진 극작가로 촉망받았지만, 그의 영화는 아직 연극적인 표현에 갇혀 있었다. 반면 <쉬리>는 좀 더 영화적이었다. 수족관에 담긴 쉬리 한 마리를 클로즈업하기도 하고, 잠실 스타디움이나 거대한 다리로 무대를 옮기기도 하고, 빌딩의 폭파 장면도 보여준다. 격렬한 전투장면과 두 남녀 사이의 애정표현 등에 있어서도 훨씬 영화적인 미장센을 보여준다. 이제 두 영화의 비교는 주제상의 비교에 그칠 수 없다. 영화의 성공 여부는 얼마나 영화적인 형식(미디어)을 잘 활용하느냐에 달려 있다고 보아도 과언이 아니다. 미디어(형식) 논의가 콘텐츠(내용) 논의에 선행해야 하는 까닭은 여기에 있다.

    구텐베르크의 인쇄기가 처음에는 말의 엉덩이에 낙인을 찍는 것, 교회에서 발부하는 면죄부 등을 찍어내기 위한 용도로 활용되었다는 사실은 의미심장하다. 그러나 그 인쇄술은 성경 인쇄에 응용되면서, 성서의 대중화를 이끄는 원동력이 된다. 다수의 민중이 귀족 언어인 라틴어 대신 자국어로 성경을 읽기 시작하면서, 종교개혁의 불씨가 된 것이다. 인쇄기는 기존의 사회체제와 종교적 신념을 옹호하기 위한 '그릇'이었으되, 어느 시기에 이르자 기존의 종교를 부정하는 '무기'로 활용된 셈이다.

　이와 유사한 사례는 인터넷의 이용에서도 발견할 수 있다. 대부분의 기술적 발명이 그러하듯, 인터넷의 원조격인 아파넷도 군사적 용도로 개발되었다. 아파넷에 의한 정보의 중앙관리와 통제는 인터넷의 출현 배경이 되었으나, 인터넷은 개발되자마자 중앙통제 시스템을 거부하고 정보의 공유, 정보의 민주화에 훨씬 크게 기여하였다. 조지 오웰의 소설 <1948년>은 대형(Big Brother)으로 상징되는 중앙통제시스템의 출현을 예고하고 있거니와, 인터넷은 군사적 연결체계를 공고히 하겠다는 원래의 의도에서 벗어나 오히려 사회의 수평적 민주화에 더 크게 기여하였다. 사회를 통제하기 위해 개발된 반동적인 매체가 오히려 인간의 해방에 기여한 사례는 구텐베르크의 인쇄술이나 인터넷의 출현에서뿐만 아니라 대부분의 다른 매체 내에서 확인된다.

　우리가 미디어를 단순한 그릇으로 보는 태도에서 벗어날 필요는 여기에 있다. 미디어는 때로는, 콘텐츠의 운명을 결정짓기도 하고 사회변혁의 원동력이 되기도 한다.

5. 뉴미디어와 문화지체

　새로운 것이 옛 것을 대체하는 데에는 많은 시간이 소요된다. 예컨대 전통사회가 서양의 근대문명을 급속히 받아들이면서도 삶의 방식에서는 전통적인 것을 오랫동안 유지하는 것은 당연하다. 사회학에서는 이러한 현상을 문화지체(cultural lag)라 부른다. 이러한 문화지체는 새로운 형식(미디어)과 낡은 내용(콘텐츠) 사이에서도 발생한다.

　새로운 예술이나 미디어가 개발되었을 때, 새로운 것들은 이전에 존재했던 양식을 베낀다. 단적인 예로 영화를 들 수 있다. 최초의 영화는 카메라의 과학적 발달 과정에서 탄생했다. 연속된 사진을 분절적으로 겹쳐 표현하면 움직임을 포착할 수 있다는 원리가 처음 적용된 것은 달려오는 기차를 찍는다든지 달리는 말의 동작을 보여주는 경우들이었다. 이러한 영화의 원리는 당대의 관객들을 혼비백산하게 만들었다. 당대의 관객들이 스크린 밖으로 뛰쳐나올 듯한 기차의 모습에 경악했을 것임을 충분히 예상할 수 있다. 이처럼 최초의 영화는 과학기술의 진전에 의존했다. 그러나 기차 질주 장면이나 경마 장면만으로 계속 관객들의 시선을 붙잡아둘 수는 없었다. 새로운 과학기술이자 매체(미디어)였던 영화는 이제 새로운 소재(콘텐츠)를 찾아야 했다. 그때 영화라는 새로운 미디어가 의존했던 것은 19세기에 이미 완숙의 단계에 이른 연극과 문학이었다.

    최초의 영화는 연극을 모방하기 시작한다. 최초의 영화 카메라는 풀샷(full shot)만 사용하였는데, 이는 소극장에 앉아 있는 관객이 무대를 바라보는 시각의 범위와 일치했기 때문이다. 다시 말해 영화배우들은 카메라의 프레임이 지정해주는 가상의 연극 무대 속으로 뛰어들어 연기한 셈이다.[11] 영화는 연극을 카메라에 담음으로써 콘텐츠의 빈곤이라는 과제를 일시적으로 해소하게 된 셈이다. 또한 영화는 좀 더 다양하고 재미있는 스토리를 찾기 위해 문학작품을 뒤지기 시작했다. 종이책에 기록된 문학작품들은 점차 영화라는 미디어에 맞게 각색되기 시작했고, 이러한 현상이 곧 '문예영화'의 붐을 일으켰다.

    라디오와 TV의 관계도 흥미롭다. 라디오는 멀리서 벌어지는 사건에 대한 소식을 케이블을 통해 수신자 앞에 현전하도록 한 획기적인

---

11. L. 자네티, 김진해 역, 『영화의 이해』, 이론과실천사, 1990, pp.262-271.

발명품이었다. 라디오는 음성신호(소리)를 전기적인 신호로 코드화하고, 이를 케이블을 통해 전송한 다음, 전기적인 신호를 다시 음성신호로 전환함으로써 공간의 제약을 뛰어넘는 '동시대성'을 창출할 수 있었다. 신호의 처리과정이라는 측면에서 보면, TV는 영화에 가깝기보다는 라디오에 가깝다. TV는 음성신호를 케이블로 전송하는 라디오의 방식에서 출발하되, 음성신호 외의 시각적인 신호를 전기적인 신호로 코드화할 수 있는 발명에서부터 출발한다.

기술적인 계보를 따지자면, 영화의 조상은 카메라이고, TV의 조상은 라디오다. 이런 이유에서, 영화는 오랫동안 사진이라는 미디어의 영향 하에 묶여 있었고, TV는 오랫동안 라디오의 영향 하에 묶여 있게 된다. '멀리 본다(Tele-Vision)'는 뜻의 TV가 생방송을 즐겨하고, 영화는 연극과도 같은 예술적인 가공을 위주로 하고 있다는 점, TV와 영화가 '외형적 상동성'에도 불구하고 서로 엄연히 다른 '구조적 상이성'을 가지고 있다는 점을 증명해준다.

우리는 영화가 문학과 연극의 콘텐츠를 여전히 활용하고 있으며, TV가 라디오의 콘텐츠에서 크게 자유롭지 못함을 알고 있다. 영화와 TV는 매우 급격히 발달된 20세기의 뉴미디어이지만, 그것을 채우고 있는 것은 아직까지는 전통적인 콘텐츠들(연극, 문학, 라디오)이다. 새로운 미디어와 낡은 콘텐츠 사이의 충돌은 문화콘텐츠의 개발에서 무엇이 필요한가에 대한 논의의 출발이 될 수 있다.

내가 지금 타이핑을 하고 있는 컴퓨터 자판 앞에는 가로가 세로보다 더 긴 모니터가 놓여 있다. 그러나 내가 모니터에서 출력하게 될 종이는 세로가 가로보다 더 긴 A4용지로 설정되어 있다. 새로운 미디어인 모니터는 가로가 더 길고, 전통적으로 사용해온 종이는 세로가 더 길다. 이 두 가지 형식은 자주 충돌한다.

대중들의 인기를 끌던 만화가 잠깐 침체 중이던 시기가 있었다. 만화는 종이책에 인쇄되었을 때 세로가 더 길다. 그러나 인터넷에 실린 만화들은 컴퓨터 모니터의 화면상에서 위아래가 잘린다. 만화라는 콘텐츠가 인터넷이라는 미디어와 충돌하고 있는 셈이다. 이제 인터넷에 실릴 만화의 선택은 두 가지이다. 만화의 프레임을 모니터의 프레임에 맞게 가로가 더 긴 쪽으로 새롭게 구성하거나, 아니면 기존 만화의 프레임을 지속시키되 모니터의 화면을 세로가 더 긴 쪽으로 아예 바꾸는 것이다. 그 두 가지의 선택 중 하나를 정착시킬 수 있을 때까지, 만화는 상당 기간 침체를 거듭했다. 그러나 최근 몇 년 사이 만화가들은 모니터의 프레임에 자연스럽게 어울리는 새로운 형식의 웹툰(webtoon)을 개발했고, 하루에 한 번 정도 웹툰에 접속하는 신세대들이 점차 늘고 있다. 새로운 미디어의 출현이 기존의 콘텐츠를 바꿀 수도 있지만, 기존의 콘텐츠와 뉴미디어 사이의 문화지체 또한 꽤 심각하게 남아 있을 것이다.

이 문제를 해결하기 위해서라도 문화와 콘텐츠 사이의 새로운 관계 설정이 필요하다. 최근 문화콘텐츠의 화두인 융합(convergence)은 문화지체 현상을 일거에 뛰어넘는 가능성을 제시한다. <아메리칸 아이돌>(2002)이나 <서바이버>(2000)는 텔레비전 쇼에서 시작되었고, <매트릭스>(1999)나 <스타워즈>(1977)는 영화에서 비롯되었다. <해리포터>(1998)는 책으로 시작되었으며, <심즈>(2000)는 게임으로 시작하였다. 하지만 이러한 것들은 원래의 미디어에서 벗어나 확장을 하면서 다른 문화생산에도 영향을 미치게 된다. 이 사례들은 각각 서로 다른 측면에서 미디어 컨버전스가 미디어 제작자와 소비자의 관계를 어떻게 재정의하고 있는가를 조명하게 될 것이다.[12]

융합은 경영적인 융합, 문화적인 융합, 기술적인 융합을 통해 기존의 패러다임을 송두리째 바꾸고 있다. 언론방송 기업과 거대 통신회사 사이의 경영적인 통합, 대중문화와 고급문화 사이의 문화적인 융합, 방송콘텐츠와 통신기술 사이의 기술적 융합은 '디지털 컨버전스'라는 새로운 패러다임을 낳았다.[13] 예를 들어 일대일의 통신으로 사용되던 전화는 이제 일대다 혹은 다대다 형식의 방송매체와 통합되면서 모바일콘텐츠라는 새로운 시장을 만들고 있다. 통신은 개인 대 개인의 의사소통이므로 여기에 공공의 콘텐츠를 담을 수 없다는 인식은 20세기 영화와 TV로 대표되는 매스커뮤니케이션 시대의 문화적 관습인 반면, 21세기의 방송-통신 융합은 그간 시장에서 소외되었던 통신의 영역에 집중되어 방송과 통신의 벽을 허무는 데에 기여하고 있다.

더 찾아 읽기

로널드 헤이먼, 김만수 역, 『희곡을 어떻게 읽을 것인가』(현대미학사, 1994)는 연극을 설명하는 짧은 책이지만, 언어적 요소와 비언어적 요소에 관한 흥미로운 관점을 포함하고 있다. 미디어의 역사적 발전과정에 대해서는 김정탁의 『미디어와 인간』(커뮤니케이션북스, 1998)에 의존했다. 맥루한의 『미디어의 이해』는 이 분야에서 꼭 읽어야 할 책이다.

---

12. 헨리 젠킨스, 김정희·김동신 역, 『컨버전스 컬처』, 비즈앤비즈, 2008, p.41.
13. 디지털 기술에 의해 촉발된 컨버전스(융합)는 지금 미디어 및 정보통신 환경 전체에 커다란 변화를 가져오고 있다. 이는 소위 '언제, 어디서나, 어떤 미디어를 통해서, 어떠한 단말기로도 편리하고 경제적인 커뮤니케이션'을 가능하게 하는 유비쿼터스(ubiquitous) 환경을 가능하게 하는 원동력이 된다. 디지털 컨버전스는 디지털 방송, 인터넷, 모바일 등의 확장을 통해 가전, 통신, 방송, 기타 서비스업이 융합(converge)하는 현상을 의미하며, 최근의 사회변화를 압축적으로 설명해주고 있다. 유재천 외, 『디지털 컨버전스』, 커뮤니케이션북스, 2005, '머리말'.

제 3 장
커뮤니케이션 모델

　우리는 의사소통을 통해서 문화를 축적해간다. 물론 의사소통의 가장 중요한 수단은 글과 말이었다. 그러나 말과 글이 존재하기 전의 원시사회에서도 의사소통은 존재했으며, 현대에 이르러서는 글과 말의 경계를 뛰어넘는 의사소통 수단이 증가하고 있다. 커뮤니케이션 없이는 어떤 유형의 문화도 존속할 수 없다는 점, 커뮤니케이션 연구는 곧 문화에 관한 연구로 귀결된다는 점이야말로 문화연구와 커뮤니케이션에 대한 공부의 출발이 되어야 한다.

　의사소통은 송신자의 정보를 수신자에게 얼마나 정확하게 전달하느냐가 문제가 된다. 정보의 전달과정에서 잡음과 왜곡이 개입되지 않도록 노력하는 것은 당연하며, 이러한 관심이 공학적 커뮤니케이션 모델의 중요한 주제가 된다. 그러나 때로는 송신자의 정보를 수신자가 얼마나 다르게 수용하느냐 하는 문제가 개입될 수도 있다. 문학작품이나 예술작품을 접할 때, 수용자는 작가의 메시지를 자기 나름의 맥락에서 수용한다. 이 경우에는 정보의 정확한 전달보다는 정보의 유연한 수용이 더 중요해진다. 커뮤니케이션의 정확성을 강조하는 학파는 과정학파(process school), 커뮤니케이션의 유연성을 강조하는 학파를 기호학파(semiotic school)라 부른다.[1]

여기에서는 정보의 능동적인 수용을 강조하는 기호학파를 중심으로, 의사소통에 관여하는 각각의 요소들, 예를 들어 작가와 독자의 관계, 작품과 사회 현실과의 관계, 작품의 내용(콘텐츠)과 형식(코드, 채널, 미디어)의 관계 등을 다루기로 한다. 또한 발신자 - 메시지 - 수신자 사이의 수평적 정보 이동, 관련상황 - 채널 - 약호체계 등 정보의 이동에 관여하는 수직적 계열의 요소들에 대해 공부하면서, 이들에 기반을 둔 문화연구의 경향에 대해서도 정리하기로 한다.

- 말과 글을 도구로 사용하지 않는 커뮤니케이션의 사례를 수집해 보자.
- 우리는 휴대폰을 통해 문자, 음성 메시지를 주고받는다. 커뮤니케이션 모델로 이 과정을 설명해보자.
- 수용자의 요구와 반응에 의해 TV드라마의 스토리가 바뀌는 경우가 많다. 이러한 현상의 의미를 분석해보자.

---

1. 존 피스크, 강태완·김선남 역, 『커뮤니케이션학이란 무엇인가』, 커뮤니케이션북스, 2001, p.11.

1. 기호내용과 기호표현 사이에서

문학은 언어를 매체로 하는 예술로 정의된다. 그러나 언어가 문학의 전부일 수는 없다. 예컨대 사랑을 다룰 때, 세련된 문학일수록 '사랑'이라는 언어를 직접 사용하지는 않는다. 오히려 다른 기호표현을 통해 사랑이라는 기호내용을 제시한다. 김유정의 <동백꽃>(1936)과 황순원의 <소나기>(1953)를 통해 기호표현이 기호내용을 어떻게 대체하는지 살펴보자.

(1) <동백꽃>의 닭싸움과 감자

김유정의 소설 <동백꽃>에서는 사랑의 감정을 '감자'와 '닭싸움'으로 표현한다. <동백꽃>의 첫 구절은 "오늘도 또 우리 수탉이 막 쫓기었다."는 표현에서 출발한다. '오늘도 또'에서 우리는 '우리 수탉'이 전에도 '막 쫓기었다'는 정보를 가장 먼저 접하게 된다. 그리고 난 다음에는 이제 '우리' 수탉과 '다른' 어떤 수탉과의 대립관계를 머릿속에 연상하게 된다. 대관절 '어떤' 수탉이기에 '우리' 수탉을 못살게 군다는 말인가. 다음에는 처절히도 당하고 마는 우리 수탉의 모습에 시선이 옮겨진다. 그리고 '어떤' 수탉의 주인임에 틀림없을 '점순이'가 등장하여 난데없이 감자를 내민다.

"느 집엔 이거 없지?"
하고 생색 있는 큰소리를 하고는, 제가 준 것을 남이 알면은 큰일날 테니 여기서 얼른 먹어 버리란다. 그리고 또 하는 소리가,
"너, 봄감자가 맛있단다."

그러나 이 대목에서 '점순'은 결정적인 실수를 한다. 점순이가 전달한 감자는 분명 '사랑'의 기호였어야 하는데, 여기에다가 쓸데없이 "느 집엔 이거 없지?"라는 언어적 기호를 부가함으로써 가난한 소작인 아들의 자존심을 건드린다. 이 경우, '감자를 소유한 자 / 감자를 소유하지 않은 자' 사이의 대립은 심각한 계급적 대립으로 비화된다. '나'는 '감자'라는 기호표현을 '무산자'의 기호내용으로 오독한 셈이다.

감자를 거절당한 점순이가 "눈에 독을 올리고 한참 나를 쏘아보더니, 나중에는 눈물까지 어리는 것이 아니냐. 그리고 바구니를 다시 집어들더니 이를 꼭 악물고는, 엎어질 듯 자빠질 듯 논둑으로 힁하게 달아나는 것"도 그렇지만, 감자를 거절한 '나'로서도 이러한 대립은 참을 수 없는 것이다.

설혹, 주는 감자를 안 받아 먹은 것이 실례라 하면, 주면 그냥 주었지 '느 집엔 이거 없지?'는 다 뭐냐. 그렇잖아도 저희는 마름이고, 우리는 그 손에서 배재를 얻어 땅을 부치므로 일상 굽신거린다.

그러나 그냥 물러설 점순이가 아니다. 점순은 예의 그 닭을 안고는 다시 우리 수탉에게 덤벼든다. 이것을 기호학의 관점으로 설명하기에는 조금 복잡하다. 사랑의 수신자는 원래 '나'가 되어야 할 터인데, 괜한 '우리 수탉'을 수신자로 삼아 괴롭히고 있으며, 사랑의 메시지도 사랑의 감정과는 너무도 거리가 먼 '닭싸움'으로 바뀌어 있기 때문이다. 이 작품은 끝 장면에서야 비로소 유일하게 사랑의 묘사가 보인다.

그리고 뭣에 떠다밀렸는지 나의 어깨를 짚은 채 그대로 퍽 쓰러진다. 그 바람에 나의 몸뚱이도 겹쳐서 쓰러지며, 한창 피어 퍼드러진 노란 동백꽃 속으로 폭 파묻혀 버렸다.

알싸한, 그리고 향긋한 그 냄새에 나는 땅이 꺼지는 듯이 온 정신이 고만 아찔하였다.

'땅이 꺼지는 듯이 온 정신이 고만 아찔'한 그 사랑의 장면이 좀 더 자세하게 묘사되기를 우리는 기대해보지만, 그러나 이 정도의 묘사를 끝으로 이 단편은 끝난다.

"너, 말 마라!"
"그래!"

점순과 '나'는 새로운 '비밀'을 하나 약속하고는, 하나는 산 위로 하나는 마을로 도망가버리는 것이다. 독자로서는 조금 야속한 느낌을 가질 수 있다. 다시 독자는 그들의 사랑의 소통의 장에서 소외되기 때문이다. 이 작품이 순수한 사랑의 감정을 보여주고 있다고 느낄 수 있는 것은, 역설적이게도 이 작품 속에 '사랑'이라는 언어적 표현이 한 마디도 없기 때문이다.

(2) 〈소나기〉의 흙물

여러 차례의 여론조사에서 황순원의 〈소나기〉는 한국인이 가장 좋아하는 작품으로 선정된 바 있다. 우리가 분석의 대상으로 삼고자 하는 이 작품의 여주인공 '소녀'는 어리기는 하지만, 무척 영악하다. 냇가에 하나밖에 없는 징검다리를 차지하고서는 소년이 지나가는 길목을 막고, 물빛에 비친 소년의 모습을 훔쳐본다. 마치 김만중의 <구운몽>에서 여덟 선녀가 돌다리 위에 늘어서서 점잖은 불제자 성진이 지나가야 할 길을 막고는 길을 비켜주는 삯을 요구하면서 한 남자를 희롱하는 것과도 흡사하다. 성진은 그 길을 건너지 못해 아무래도 밑지고 말 듯한 흥정을 시작한다. 성경에서도 '좁은 문'으로 가야 한다고 말하고 있듯, 사랑의 감정도 이처럼 '좁은 길목'에서야 가능한 것이다. 두 인물의 동선이 만나는 곳, 거기에서 모든 소설의 사건은 시작된다. <소나기>의 '소녀'와 <구운몽>의 팔선녀들은, 로만 야콥슨의 도식에 따르자면, 의사소통의 '경로(channel)'를 지키고 서 있는 영악한 인물들이다. 급기야는 소녀가 소년 쪽으로 돌을 던지고는 '바보'라고 말하고 돌아서버린다. '바보'라는 이 난데없는 기호야말로 이 작품에 섬광과도 같은, 하나의 긴장을 야기한다.

> 소년은 개울가에서 소녀를 보자 곧 윤초시네 증손녀딸이라는 걸 알 수 있었다. 소녀는 개울에다 손을 잠그고 물장난을 하고 있는 것이다. 서울서는 이런 개울물을 보지 못하기나 한 듯이.
> 벌써 며칠째 소녀는 학교서 돌아오는 길에 물장난이었다. 그런데 어제까지는 개울 기슭에서 하더니 오늘은 징검다리 한가운데 앉아서 하고 있다.
> 소년은 개울둑에 앉아 버렸다. 소녀가 비키기를 기다리자는 것이다.
> 요행 지나가는 사람이 있어 소녀가 길을 비켜 주었다.
>
> 다음날은 좀 늦게 개울가로 나왔다.
> 이날은 소녀가 징검다리 한가운데 앉아 세수를 하고 있었다. 분홍 스웨터 소매를 걷어 올린 팔과 목덜미가 마냥 희었다.

한참 세수를 하고 나더니 이번에는 물 속을 빤히 들여다본다. 얼굴이라도 비추어 보는 것이리라. 갑자기 물을 움켜 낸다. 고기새끼라도 지나가는 듯.

소녀는 소년이 개울둑에 앉아 있는 걸 아는지 모르는지 그냥 날쌔게 물만 움켜 낸다. 그러나 번번이 허탕이다. 그래도 재미있는 양, 자꾸 물만 움킨다. 어제처럼 개울을 건너는 사람이 있어야 길을 비킬 모양이다.

그러다가 소녀가 물 속에서 무엇을 하나 집어 낸다. 하얀 조약돌이었다. 그리고는 훌 일어나 팔짝팔짝 징검다리를 뛰어 건너간다.

다 건너가더니 홱 이리로 돌아서며,

"이 바보."

조약돌이 날아왔다.

소년은 저도 모르게 벌떡 일어섰다.

단발머리를 나풀거리며 소녀가 막 달린다. 갈밭 사잇길로 들어섰다. 뒤에는 청량한 가을 햇살 아래 빛나는 갈꽃뿐.

이제 저쯤 갈밭머리로 소녀가 나타나리라. 꽤 오랜 시간이 지났다고 생각했다. 그런데도 소녀는 나타나지 않는다. 발돋움을 했다. 그러고도 상당한 시간이 지났다고 생각됐다.

저쪽 갈밭머리에 갈꽃이 한옴큼 움직였다. 소녀가 갈꽃을 안고 있었다. 그리고 이제는 천천한 걸음이었다. 유난히 맑은 가을 햇살이 소녀의 갈꽃머리에서 반짝거렸다. 소녀 아닌 갈꽃이 들길을 걸어가는 것만 같았다.

소년은 이 갈꽃이 아주 뵈지 않게 되기까지 그대로 서 있었다. 문득 소녀가 던진 조약돌을 내려다보았다. 물기가 걷혀 있었다. 소년은 조약돌을 집어 주머니에 넣었다.

이 짤막한 단편에 펼쳐진 기호들의 숲은 소박하면서도 아름답다. 예컨대 소녀는 황소 등에 올라타 주변에 펼쳐진 아름다운 들과 하늘, 소년의 얼굴을 본다. 그 기호들은 소녀에게는 단지 '어지러움'으로 요약되어 있지만, 우리는 거기에서 잃어버린 유년의 공간, 아름답고 순수한 그 공간에 대한 그리움으로 어지러움을 느낄지 모른다. 그 아름다운 기호의 숲은 소녀의 죽음으로 마감된다. 마지막 남은 사랑의 기호는 소녀가 유언으로 남긴 '흙물이 묻어 있는 옷'이다. 어른들은 '잔망스럽다'는 논평을 남긴다. 나로서는 '잔망스럽다'는 말의 정확한 뜻을 알지 못한다. 어휘사전을 찾아볼까 하다가 그만두었다. 그 기호의 정확한 의미와 <소나기> 속에 감추어진 기호 사이에, 분명하고 골이 깊은 '틈'을 남겨두는 것도 '게으른 독서가'가 누릴 수 있는 자유이지 않은가.

"글쎄 말이지. 이번 앤 꽤 여러 날 앓는 걸 약두 변변히 못 써봤다드군. 지금 같애서는 윤초시네두 대가 끊긴 셈이지. ……그런데 참 이번 기집애는 어린것이 여간 잔망스럽지가 않어. 글쎄 죽기 전에 이런 말을 했다지 않어? 자기가 죽거든 자기 입든 옷을 꼭 그대루 입혀서 묻어 달라구……."

우리는 말은 정확하고 경제적이어야 한다고 믿고 있다. 그리고 언어는 언어표현과 언어내용이 서로 일대일로 대응되어 있다고 믿고 있다. 그러나 때로는 그 기호들 사이에 틈이 존재한다. <동백꽃>과 <소나기>는 '사랑'이라는 기호내용을 닭싸움, 감자, 흙물 같은 사소한 기호표현으로 대체하고 있다. 이 소설들은 사랑이라는 표현을 단 한 번도 사용하지 않으면서도, 우리를 사랑의 심층으로 안내한다.

우리는 미디어의 기술적 발달이 언제나 표현의 넓이와 깊이를 보장해줄 것이라 믿는 경향이 있다. 그러나 오히려 기호의 빈틈에서, 전달되지 않은 기호내용으로 인해서, 의사소통은 풍부해지고 또한 끊임없이 지속된다. 정보의 정확성보다 정보의 유연한 수용을 강조하는 기호학파의 논의에 귀를 기울여야 하는 까닭은 여기에 있다.

2. 커뮤니케이션 도식의 필요성

전통적인 문학 연구에서는 문학을 보는 네 가지 관점을 제공한다. 작가는 작품을 쓰며, 작품은 독자에게 수용된다. 독자는 작품을 수용할 때 관련상황(맥락)의 도움을 받는다. 그러므로 작가, 작품, 독자, 관련상황은 문학을 구성하는 네 가지 요소이다.

작가 중심의 비평은 표현론, 관련상황을 중시하는 비평은 반영론, 독자를 강조하는 비평은 효용론, 그리고 작품 자체에 내재한 미학을 중시하는 비평은 형식주의, 절대론적 관점 등의 이름으로 불리는데, 이를 M. H. 아브람스의 도식을 빌려 간략하게 도표화하면 다음과 같다.

〈아브람스가 제시한 문학의 네 가지 요소〉

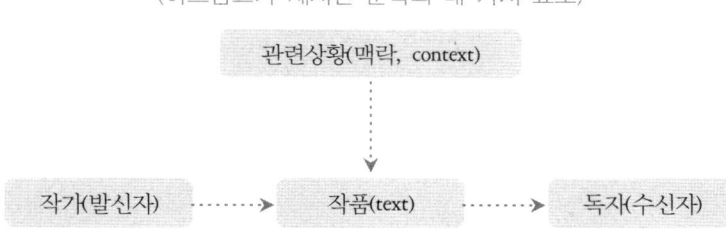

그러나 현대 기호학에서는 의사소통이 이루어지는 '채널(접촉)', 의사소통에 사용되는 '기호체계'를 여기에 부가하여 여섯 가지 요소를 상정한다. 예를 들어, 로만 야콥슨은 언어학의 도식을 시학 연구에 적

용하기 위해 그간 인칭에 의해 규정되어왔던 의사소통 모델을 수정하여 다음과 같은 여섯 가지의 구성요소를 제시한 바 있다. 이를 다시 표로 제시하면 다음과 같다.[2]

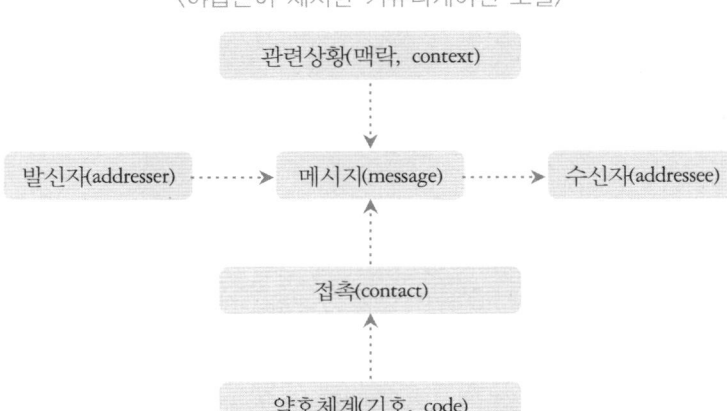

〈야콥슨이 제시한 커뮤니케이션 모델〉

이 도식은 아브람스가 설정한 네 가지 요소에 접촉, 약호체계를 추가하고 있다. 이 도식의 수평적 축을 따라가 보면, 발신자 – 메시지 – 수신자를 만난다. 먼저 '발신자(addresser)'는 '수신자(addressee)'에게 '메시지(message)'를 보낸다. 발신자에서 수신자에 이르기까지의 단선적인 축은 마치 '시간의 화살'과도 같이 한 방향으로 나아가는 것으로 간주된다. 그것은 거의 의심의 여지가 없어 보인다. 그러나 여기에도 몇 가지 문제가 있다. 과연 발신자는 누구인가? 우리는 한 주체를 발신자로 확정할 수 있는가? 메시지는 무엇인가? 메시지는 그저 포장 속의 내용물인가? 아니면 내용을 감싸고 있는 포장까지도 메시지에 포함시킬

---

2. 로만 야콥슨, 신문수 역, 『언어학과 시학』, 문학과지성사, 1989.

수 있는가? 혹시 수신자가 내용물은 그냥 버리고 포장만 취하는 경우는 없을까? 그리고 수신자는 일방적으로 메시지를 받는 사람이 아니라, 때로는 메시지를 거부하기도 하고, 또는 메시지를 잘못 받는 경우도 있지 않을까? 우리가 이런 질문에 충분히 답한 다음에야 비로소 발신자에서 수신자에 이르기까지의 수평적인 의사소통 경로에 대해 말할 수 있는 것이다.

다음은 메시지의 병렬적인 축에 놓일 수 있는 구성요소들, 즉 관련상황·접촉·약호체계에 관한 질문이다. 메시지가 전달되기 위해서는 또한 그것이 지칭하는 '관련상황(context)'이 요구되는 바, 이것은 수신자가 이해 가능한 것이어야 하고, 언어라는 형식을 취하거나 언어화할 수 있는 것이어야 한다. 그 다음은 발신자와 수신자, 다른 말로 하면 메시지를 약호로 전달하는 자와 그 해독자에게 완전하게 아니면 적어도 부분적으로 공통적인 '약호체계(code)'가 필요하다. 마지막으로 필요한 것은 발신자와 수신자 간의 물리적 회로 및 심리적 연결이 되는 '접촉(contact)'으로서 양자가 의사 전달을 시작하여 이를 지속할 수 있게 하는 요소이다. 우리는 간명하게 이러한 도식을 구사하여 의사소통 과정을 모델화할 수는 있지만, 정작 관련상황이 얼마나 자의적이며, 접촉과 약호체계가 얼마나 복잡한가를 감안하지 못한다면, 이 모델만으로 설명할 수 있는 부분은 대단히 제한적이게 된다.

그러므로 우리가 문화 연구에서 해야 할 첫 번째 작업은 위의 여섯 가지 구성요소에 대한 충분한 이해 작업이다. 레이먼 셀던은 로만 야콥슨의 도식을 문예비평에 적용하여 다음과 같은 도표를 제시한 바 있는데, 이러한 도표는 문화연구에도 적용되어야 할 것으로 보인다.

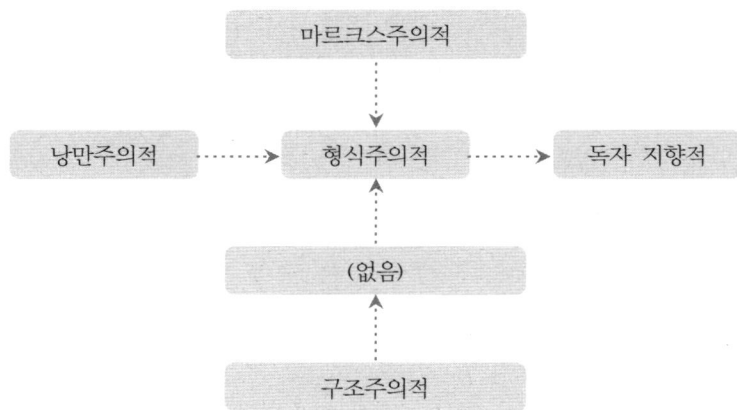

　　그에 의하면, 발신자 중심 비평은 작가(발신자)의 창조적 재능을 중시하므로 낭만주의적 비평에 가깝다. 또한 맥락 중심 비평은 작품이 생산된 사회적 맥락을 중시하므로 마르크스주의적 비평에 가깝다.3 또한 메시지 중심 비평은 작품(메시지, 텍스트)의 형식만을 중시하므로 형식주의적 비평이며, 기호 중심 비평은 개별 작품의 의미를 지우고 작품을 산출하게 한 기호나 구조 자체의 관계들을 중시하므로 구조주의적 비평이며, 수신자 중심 비평은 텍스트에 대한 독자의 재수용, 탈코드화에 주목하므로 독자반응이론, 수용미학에 가깝다는 것이다.4

　　우리는 레이먼 셀던의 도식을 통해서 지금껏 우리의 문학/문화 연구가, 발신자(작가, 예술가) 중심, 혹은 메시지(작품, 텍스트) 중심이었다는 사실을 새삼 깨닫게 된다. 작가의 천재성과 독창성을 찬양하는 낭만주의 이론은 발신자 중심 비평의 대표적인 사례였고, 작품을 작품

---

3. 레이먼 셀던이 사용하고 있는 '마르크스주의적 비평'의 개념은 우리가 이해하고 있는 리얼리즘에 해당한다.
4. 레이먼 셀던, 현대문학이론연구회 편, 『현대문학이론』, 문학과지성사, 1987, pp.15-16.

외적 요소에서 독립시켜 다루고자 하는 형식주의 비평은 메시지 중심 비평이었다고 볼 수 있다. 문학의 정전(canon)을 확정하고, 이에 대한 정밀하고 지적인 분석을 꾀하는 작업이 문학비평의 주류였음은 누구나 실감하는 바일 것이다. 물론 정전을 확정하는 기준은 일정 정도 작가의 위대함에 의존한다. 그러니까 작가의 위대함에서 작품의 위대함을 읽어내고, 이를 수용자에게 일방적으로 교육하는 것이 지금까지의 인문학 교과과정이라고도 볼 수 있는 것이다.

그러나 최근의 문학/문화 연구는 발신자 중심에서 메시지 중심으로, 또 메시지 중심에서 수신자 중심으로 점차 바뀌어 가고 있다. 특히 수신자에 중점을 두는 비평은 독자에 의해서 작품이 다시 쓰인다고 보는 포스트구조주의나 해체이론, 혹은 독자의 의식에 현상되었을 때에만 작품의 의미가 재창조된다고 보는 수용미학의 출현과도 관련되어 있다. 롤랑 바르뜨가 텍스트를 '읽을 수 있는 텍스트'와 '쓸 수 있는 텍스트'로 나누고, 후자에서 '책읽기의 즐거움'을 찾는 것은 그 대표적인 사례이다.

수신자 중심 비평이 이처럼 중요한 비평의 축이 된 이유로는 대중교육의 보편화에 따른 독서대중의 전반적인 수준 향상, 대화적이고 수평적인 민주주의 이념의 확산, 인터넷으로 인한 쌍방향적인 의사소통 수단의 출현, 대중문화의 상대적 비약 등을 지적할 수 있을 것이다. 어쨌든 수신자 중심의 비평은 그간의 발신자 중심, 텍스트 중심의 논의를 벗어났다는 점에서 일보 전진한 논의라고 볼 수 있다. 또한 수신자가 메시지를 해독하는 데 사용하는 수단인 채널, 기호, 맥락을 종합하는 연구로 나아갈 수 있다는 점에서 훨씬 유연하고 생산적인 관점을 제공해주고 있다.[5]

다음은 의사소통에 관여하는 단선적 단계(발신자→메시지→수신자)

와 병렬적 단계(관련상황, 접촉, 약호체계)를 각각 정리함으로써, 문화의 생산과 소비에 이르기까지의 경로에 대한 문화연구의 관점을 유형화하기로 한다.

3. 각 비평의 유형적 특질

(1) 발신자 중심

오랫동안 예술가는 신으로부터 얻은 영감을 옮기는 자, 어떤 광기에 사로잡힌 예술적 천재와 동일시되어왔다. 그러나 한 작품은 전적으로 무에서 유를 창조해내는 개별적인 작가에 의해서만 창조된다는 견해, 혹은 작가가 위대하기 때문에 그 작품도 위대한 것이라는 견해에는 중대한 오류가 담겨 있다고 볼 수도 있다. 작품은 한 작가에 의해 완성되지만, 작품의 모든 요소가 작가에서부터 연원하는 것은 아니기 때문이다. 한 작품이 만들어지는 과정을 예술적 영감이나 광기에 사로잡힌 한 영혼의 고투로 보지 않고, 그저 벽돌을 쌓아가듯 혹은 레고 조각을 차분하게 맞춰가는 공학적 과정으로 이해할 수도 있기 때문이다.

위대한 고전으로서의 문학(Literature)의 개념이 '복수의 문학들(literatures)'

---

5. 우리가 로만 야콥슨과 레이먼 셀던의 도식에 주목하는 또 하나의 이유는 이들이 제시한 도식이 언어학, 시학과 관련되어 있을 뿐 아니라, 의사소통을 노리는 모든 문화적 형태에 적용될 수 있기 때문이다. 로만 야콥슨은 다른 글에서 이에 대해 분명히 밝히고 있다. "언어에서 발견되는 기본적인 기능들 ─ 지시대상, 규약, 발신자, 수신자, 그들의 접촉 및 메시지 그 자체 ─ 의 존재 여부와 그들의 위계도 역시 다른 기호체계에 그대로 적용되어야 한다." 로만 야콥슨, 위의 책, p.270.

에 대한 관심으로 옮겨가는 추세에서 볼 때, 발신자에 대한 개념, 즉 작품 창조의 주체 개념도 '단수의 주체(Subject)'에서 '복수의 주체들(subjects)'로 옮겨진다. 현대의 대중예술에서 창조적인 소수의 개념을 고집하는 것은 더 이상 유효하지 않다. 대중예술은 패러디, 패스티쉬 등의 기법을 원용하여 기존의 텍스트를 모방하는 사례가 많으며, 또 텍스트의 제작이 단일한 작가에 의존하지 않는다. 그리고 단일한 작가에 의존했을 경우에도, 그를 단일한 주체로 확정할 근거는 없다. 좀 더 본질적인 사례로는 하이퍼텍스트(hypertext)를 들 수 있다. 하이퍼텍스트 내에서 단일한 텍스트는 링크를 통해 성격을 달리하는 다른 텍스트와 조합되면서 새로운 텍스트를 만들어낸다. 그러므로 하이퍼텍스트에서는 단일한 주체라는 개념이 아예 성립될 수조차 없다.

우리는 그간 발신자를 단일한 작가로 보는 관점의 편협성으로 인해, 텍스트의 해석에서 상당한 오류를 범했을 수 있다. 현대의 여러 예술 형태 중에서 문학은 아직까지 작가라는 '신화'가 유지되고 있는 장르이다. 원본성(originality)을 강조하는 고급예술로서의 미술작품을 제외한다면, 문학작품만큼이나 작가의 개성이 강조되는 예술은 없다. 이런 이유에서 기존의 문학비평은 상당부분 작가론에 할애되고 있는 실정이다. '한 작가의 생애와 예술'이라는 부제를 붙일 만한 이들 작가론은 결국 작가의 개성은 작품의 개성에, 작품의 독창성은 작가의 독창성에 각각 의존하면서 지루한 동어반복의 형태를 취하게 된다. 요즘의 문학비평이 독자들로부터 외면받는 이유는 한 작가의 창조적 능력이 사실은 작은 주체들의 복합체라는 사실을 잊고, 작가(발신자)의 존재를 확정적으로 다루는 데에서도 일부 기인한다고 본다.

문학작품을 분석할 때에도 이러할진대, 많은 인력과 기술, 자본이 투여되는 다른 형태의 현대예술을 설명할 때 발신자 중심의 비평은 더욱 장애가 커질 수밖에 없다. 이러한 사례는 현대의 문화산업을 분석할 때 유용한 시사를 줄 수 있다. 예컨대 현대 영화의 조류는 크게 작가주의와 장르주의로 나뉜다. 이는 영화의 가장 강력한 발신자가 작가(영화감독)인가, 아니면 그 시대의 주도적인 장르인가 하는 문제이며, 이러한 문제가 논쟁의 대상이 되어 있다는 사실 자체가 영화의 주체를 단일한 발신자로 확정지을 수 없다는 점을 말해준다.

따라서 현대의 문화산업에서 문화 자본과 첨단기술이 얼마나 결정적인가를 감안하지 못한다면, 발신자 중심 비평은 설득력을 얻을 수 없다. 이제 문화를 창조하는 발신자는 예술가(작가)만이 아니라, 자본과 기술, 사회적 맥락의 총합이라는 사실을 감안해야 하는 것이다.

(2) 메시지 중심

작품은 작가, 사회현실, 독자 등과는 무관하게 작품 자체 내의 어떤 질서에 의해 구축된다는 견해, 그러므로 작품을 평가할 때에는 작품 내부에 존재하는 어떤 것에 의해서만 가능하다는 견해에도 중대한 오류가 있다. 정도의 차이야 있겠지만, 어떠한 작품도 역사와 현실의 바깥에 존재할 수 없기 때문에, 작품 자체의 형식적인 특질만을 고집하는 미학들(예를 들어, 형식주의)에는 일정한 한계가 따른다.

메시지 자체의 미학적 특성에 주목하는 연구는 형식주의 문학비평의 뒤를 이은 신비평에 의해 문학비평의 주류가 된 이래, 지금까지 가장 강력한 영향력을 가지고 있다. 신비평의 대가 클리언스 브룩스가 시를 '잘 만들어진 항아리'에 비유한 데에서 알 수 있듯이, 신비평은 텍스트 하나를 완벽한 작품으로 규정한다. 잘 만들어진 항아리는 결점이 있을 수 없기 때문에 결코 수정될 수도 없다는 것이다.

그러나 이 연구가 가지는 일차적인 한계는 메시지를 확정하는 일이 그리 쉽지 않다는 점에서 찾아볼 수 있다. 그것은 마치 움직이는 바늘에 실을 꿰는 일과도 같다. 문학 텍스트는 논리적이고 규칙적인 문자체계에 갇혀 있으므로, 작가 자신의 판단을 신뢰하기만 한다면 텍스트를 확정할 수 있다. 그러나 현대의 다른 매체들은 대부분 텍스트의 생산에서 소비에 이르기까지 많은 변화를 겪는다. 영화는 감독에 의해 생산되나, 영화자본가에 의해 새롭게 편집된다. 감독이 이에 불응하여 감독이 소유하고 있는 판본을 내세우는 경우도 있지만, 이러한 감독판이 흥행에 성공한 예는 거의 없으며, 혹 성공했다 해도 감독판을 유일한 판본으로 확정할 근거는 없다. TV드라마는 아예 기획 작업, 시놉시스 구성과 확정, 극본의 제작과 각색의 과정이 분업화되어 있다.

이런 이유에서 현행의 메시지 중심 비평은 결국 원전 중심비평(textual scholarship)으로 귀결되기 쉽다. 그런데 이러한 원전 중심은 현대의 움직이는 텍스트를 설명하는 데에는 오히려 장애가 되는 경우가 많다. 그 단적인 사례가 조정래의 대하소설 <태백산맥>과 임권택 감독의 영화 <태백산맥>의 비교 연구이다. 몇몇 비평가들은 영화가 원작 소설에 미치고 못함을 지적하였는데, 이들 비판의 중심에는 원전 비평의 오류가 포함되어 있었다. 영화는 어차피 소설과 다르며, 10권에 달하는 소설을 읽어내는 독자와 세 시간 남짓 영화를 보는 관객은 다르다는 점을 염두에 두지 않은 채, 영화와 소설을 텍스트 자체의 단순 비교로 일관하는 것은, 메시지 중심 비평이 범하기 쉬운 잘못 중의 하나이다.

메시지 중심의 비평이 갖는 좀 더 근본적인 한계는 어떤 작품은 메시지가 부족하거나 잘못되어 있어도, 흥행에 성공할 수 있고 때로는 이러한 성공이 의미를 가질 수 있다는 점이다. 어떤 드라마는 배우 자체의 매력이나 음악, 혹은 배경의 아름다움만으로도 의미 있는 성공작이 될 수 있다. 그러므로 메시지에만 의존하여 대중문화를 분석하는 일은 한계에 부딪치기 쉽다. 아리스토텔레스는 장경(spectacle), 음악(melody), 조사법(diction)을 모방의 수단으로 내세웠는데, 이러한 모방 수단이 극의 다른 구성 요소들(예를 들어, 극의 주제)보다 결코 작다고 말할 수는 없는 것과 같은 맥락이다.

벤 에거는 TV에 대한 실증주의 비평을 예로 들면서, 메시지 중심 비평의 한계에 대해 지적한 바 있다. 그의 신랄한 지적에 의하면, 이들 비평은 TV프로그램에 대해 비판하면서도 TV를 넘어선, 또는 TV가 없는 사회에 대해 질문하지는 못한다는 것이며, TV의 표면의 표현들에만 집중하고 작가의 구성적 실천의 은폐를 지적하지 못한다는 것이다.[6] 그러므로 메시지 중심 비평을 넘어서는 일은 문화연구의 전제조건이 되어야 한다.

현재 진행 중인 연구 동향 중의 하나인 신역사주의(New Historicism)는 역사적 상상력을 문학 연구의 출발로 삼음으로써, 맥락의 중요성에 다시 착안한 연구 동향으로 주목된다. 이들은 문화의 성격을 '유동과 통제'의 복합 형태로 간주함으로써 텍스트 바깥에 존재하는 것들, 예를 들어 문자화되지 못한 무의식, 풍속 등의 전복적이고 잠재적인 의미를 읽어냄으로써 텍스트의 틈새를 복원하는 작업을 진행하고 있다.[7] 텍스트의 완결성보다는 텍스트의 틈새에 집중하는 이러한 경향은 테

---

6. 벤 에거, 김해식 역, 『비판이론으로서의 문화연구』, 옥토, 1996, p.279.
7. 스티븐 그린브라트, 「문화」, 프랭크 렌트리키아·토마스 맥로린 공편, 정정호 외 공역, 『문학연구를 위한 비평용어』, 한신문화사, 1994, pp.292-392.

스트를 변용하여 새로운 미디어에 적용하고자 하는 문화콘텐츠 기획 전략과도 관련 깊다.

(3) 수신자 중심

수신자 중심 비평의 큰 약점은 수신자(수용자, 독자, 청중, 관객, 시청자)의 개별적인 수신(예를 들어, TV 시청)이 얼마나 복잡하고 예측할 수 없는 경험인지 밝힐 수 없다는 점이다. 수신자의 코드 해독 능력은 작품의 질과 특성을 규정하는 중요한 요소가 된다. 작품과 독자(수신자)의 관계는 문예사회학의 주된 과제였지만, 문예사회학이 의존할 수 있는 근거는 그 작품이 얼마나 팔렸는가에 대한 계량적 논의가 거의 유일한 자료로 활용될 수 있었을 뿐이다. 그리고 이는 대중예술에 대한 사회학적 접근의 한계였다.

그러나 현대에 이르러서는 전문교육의 활성화로 점차 마니아 집단이 늘고 있다. 이들은 대중예술의 소비자이기도 하지만, 비판자이기도 하고, 때로는 소수예술의 강력한 후원자 역을 담당하기도 한다. 안토니 기든스는 21세기를 생활정치, 지방정치, 소수문화의 시대로 규정하고 있다. 문화의 대량생산과 소비가 지속되는 경우에도, 오히려 소수예술은 늘어난다는 게 그의 관찰의 결과이다. 이들 수신자들은 주로 인터넷 등을 오가면서 발신자, 메시지, 맥락 등에 강력한 영향력을 미칠 수 있다. 제록스 복사기의 발명이 모든 독자들을 작품의 창조자로 변신시켰듯이, '나도 비평가', 혹은 '나도 작가'들은 인터넷을 장악하면서 그 나름의 독특한 존재양식을 보이고 있다. 정치에서 전자 민주주의가 태동하듯, 문화에서도 전자 민주주의가 실현되고 있는 것이다.

그러나 대중들의 참여가 늘어났을 때, 이들에 의해 피드백되는 문화의 수준이 어떠한가에 대해서 찬반 어느 한 편을 단정하기에는 이르다.

문화연구는 선(good)을 다루어야 하는가, 상품(goods)을 다루어야 하는가에 의해 그 성격이 좌우되는데, 대중들의 소비 선택의 능동성을 지나치게 신뢰하는 측에 의해, 수신자 중심 비평이 오도되는 측면이 있다는 점을 잊어서는 안 된다. 현재의 문화연구는 기존의 문예사회학에서 이루어진 계량적 통계방식을 사용하는데, 이러한 통계의 물화적인 측면에 대해서도 근원적인 반성이 필요하다고 본다. 대중들의 숫자를 중시하느냐, 전문가의 전문성(예술성)을 중시하느냐는 문제는 그리 간단하지 않다.

(4) 맥락 중심

작품에 대한 이해는, 작품을 둘러싸고 있는 사회적 맥락, 즉 컨텍스트(context)의 이해를 통해 좀 더 풍부해진다. 컨텍스트는 텍스트(text)를 생성(con-, make)시키는 힘이다. 우리는 텍스트를 해석할 때 컨텍스트의 힘을 빌린다. 그러므로 텍스트를 둘러싸고 있는 컨텍스트에 대한 분석은 여러 차례 강조되어 왔다. '행간 사이를 읽는 일(read between the lines)'이 중요하다는 점은 누구나 강조할 수 있는 내용이다.

이러한 사례를 우리는 70~80년대의 대학가의 마당극 운동현장에서 쉽게 찾을 수 있다. 탈춤의 대략적인 전개는 양반과 말뚝이 등의 갈등으로 전개되는데, 그 메시지 자체는 매우 빈약하다. 가면은 얼굴의 표정을 가리고 있으므로 표정을 통해 전달할 수 있는 다양한 메시지들이 차단되어 있고, 게다가 가면이 배우의 입을 가리고 있어 대사조차 원활하게 전달되기 힘들다. 또 마당은 사방으로 열려 있어 정확한 메시지를 전달하려면 사방으로 돌아가며 같은 대사를 반복해야 한다. 그럼에도 불구하고 탈춤이 가장 민감하게 당대 사회를 풍자할 수 있었던 것은 맥락의 풍부함 때문이다. 관객들은 텍스트에 드러난 양반과 말뚝이의 대립을 독재자와 민중, 혹은 매판자본가와 민중의 대립으로 읽어낼 수 있었기 때문에 압도적인 인기를 누릴 수 있었던 것이다. 사실 탈춤과 비교해볼 때, 무대극의 메시지가 훨씬 풍부한 편이다. 그러나 전문적인 작가에 의해 문학의 형태로 제출되어 있는 무대극이 탈춤에 비해 당시의 관객들의 이목을 끌지 못했던 까닭은 사회적 이슈에 둔감했던 당시의 무대극들이 탈춤에 비해 상대적으로 텍스트와 맥락 사이의 긴장감이 부족했기 때문이었다.

    모든 문화가 결국 정치적이라는 것은 좌파는 물론, 우파의 문화연구론자들도 동의하는 공통된 견해이다. 그러므로 텍스트를 감싸고 있는 맥락에 대한 검토가 필수적인 것은 당연한 일이다. 현재 많은 문화이론들은 이 맥락의 문제에 가장 큰 관심을 기울인다. 프랑스 삼색기 아래서 경례를 하고 있는 흑인 병사의 모습에서 왜곡된 민족주의의 이념을 읽어내는 롤랑 바르뜨의 작업, 매력적인 여성이 물고 있는 담배의 모습에서 비하된 여성과 폭력적인 남성의 이미지를 읽어내는 분석 작업 등이 이러한 예에 해당될 것이다.[8]

    그러나 맥락 중심의 문화연구는 '부분으로 전체를 판단하는 오류', 쉽게 말하자면 작품에 표현되어 있는 것보다 작품에 표현되지 않은 맥락에 의해서 작품을 판단하는 위험성을 내재하고 있다. 메시지와 맥락 사이의 관계가 얼마나 자의적이고 취약한가 하는 문제는 1990년대

---

8. 롤랑 바르트, 김희영 역, 『텍스트의 즐거움』, 동문선, 1997 참조.

들어 메시지와 맥락 사이의 긴장이 사라지고 나면서 탈춤 운동이 급속하게 퇴조한 상황에서 그 사례를 발견할 수 있을 것이다.

(5) 접촉 중심

앞에서 제시한 표에서 알 수 있듯, 레이먼 셀던은 접촉 중심 비평을 생략하고 있다. 그는 문학작품은 늘 책의 형태로 독자와 접촉하므로 문학을 논의할 때에는 접촉에 유의할 필요가 없다고 본 것이다. 그러나 연극, 영화, TV를 논의할 때에는 접촉상황(contact)도 매우 중요하다. 접촉상황, 즉 정보가 전달되는 경로인 채널(channel)이 서로 다르기 때문이다.

맥루한은 '매체가 곧 메시지(the medium is the message)'라고 말함으로써, 매체의 성격이 작품의 메시지(주제)를 결정짓는다는 독특한 이론을 내세운 바 있다. 사실 연극, 영화, TV는 비슷한 속성을 가지고 있는 것으로 보인다. 그리고 초창기의 영화가 연극을 모방하고, TV드라마가 영화를 모방했던 점도 당연한 것으로 보인다. 연극비평가인 마틴 에슬린이 영화와 TV드라마, 라디오드라마 등을 '대중매체 드라마(massmedia drama)'라고 명칭하여 넓은 의미에서 연극의 범주에 넣은 것은 이러한 상식에 근거한 것이다. 그러나 좀 더 유심히 살펴보면, 이들의 성격은 매우 다르다는 점을 알게 된다. 특히 영화와 TV는 비슷해 보이면서도 많은 차이를 가지고 있다. 얼핏 보더라도, 영화가 본격적인 예술에 가깝다면, TV드라마는 좀 더 일상에 가깝다. 이는 채널의 성격 차이에서 비롯된다. 영화는 영화관에 직접 찾아가야 한다는 점, 어두운 곳에서 시야의 전면을 차지하는 크기의 스크린을 지켜본다는 점에서 몰입의 정도가 훨씬 크다. 반면 TV드라마는 불이 켜진 실내에서 일상생활과 함께 접하는 형태이므로 몰입의 정도가 매우 약하다. 또 영화는 필름의 현상과 인화, 재생의 과정을 거치면서 예술적 가공이 가해지는 반면, TV드라마는 뉴스나 스포츠 중계가 그러한 것처럼, 스튜디오에서 찍은 화면을 그대로 생방송하는 구조이다. 이러한 차이들은 영화와 TV드라마가 다룰 수 있는 주제에도 크게 영향을 미친다. TV드라마가 무의미한 수다에 그치고 있다는 비판은 우리의 일상생활이 얼마나 무의미한 일에 소모되고 있는가에 대한 비판과 동어반복일 가능성이 높다. 요컨대, TV드라마는 원래 그런 운명을 가지고 태어났다는 점을 감안해야 한다는 점이다.

접촉(contact)은 채널(channel)이라는 용어로도 사용된다. 우리는 TV의 채널을 돌린다. 채널을 다른 방송국으로 이동시킬 수도 있으며, 심지어는 끌 수도 있다. 이를 쉽게 조작할 수 있도록 한 리모콘의 발명은 TV드라마에도 많은 영향을 미쳤다는 점을 놓쳐서는 안 된다. 맥루한 식으로 말하자면, 리모콘이 TV드라마의 성격을 규정짓는 셈이다. TV드라마의 연출가들은 자신의 프로그램에 채널이 고정될 수 있도록, 매 순간 배려해야 한다. 이러한 채널의 특성이 TV드라마의 성격을 규정한다는 사실을 감안하지 않은 비평은 TV에 대한 윤리적 검열 형식을 취할 수는 있지만, 본격적인 매체비평에는 미달할 수도 있다는 게 필자의 견해이다.

〈영화와 TV의 차이〉

	영화	TV
매체의 조상	사진	라디오
화면	원심적(화면 비율 1 : 1.85) 운동과 속도 표현에 적합	구심적(화면 비율 1 : 1.33) 인물과 안정된 구도 선호
상연장소	극장(예술로서의 관극 체험)	안방(일상으로서의 관극 체험)
상연의 지속	100분 정도의 지속적 체험	일상생활과의 혼재
제작과정	예술적 가공 (촬영, 인화, 편집, 배급)	생중계적 요소 (촬영 후 즉시 전송)
주제	속도, 운동을 동반한 집단적 체험	가정에서 벌어지는 사소하고 일상적인 체험

　채널 중심의 이러한 시각은 연극 읽기에도 적용될 수 있다. 예컨대 문화방송에서 창출한 마당놀이는 기존의 마당극 형식을 빌려오면서 이를 TV채널로 연결시킴으로써, 대중적인 인기를 얻어내고 독자적인 놀이양식으로 자리를 잡아가고 있는 단계인데, 이 마당놀이의 성격을 이해하기 위해서는 TV카메라와 시청자들의 관계를 감안해야 한다.

　마당극의 대사는 사방으로 열려 있기 때문에 빙 둘러앉은 관객에게 전달하는 데 불편하며, 이러한 대사 전달의 어려움이 마당극의 진행과정을 어느 정도 규정한다. 반복적인 대사, 직설적인 표현은 이러한 채널의 성격에서 비롯된다. 마당놀이는 이러한 어려움을 피하기 위해 마당극 전문배우가 아닌, TV 탤런트를 활용함으로써 TV채널의 장점을 활용한다. 요컨대 마당놀이는 두 가지 채널, 즉 마당과 TV로 구성되어 있다. TV는 원래 생중계용이다. TV는 뉴스나 스포츠 생중계에서 위력을 발휘하지만, 예술성은 약하다는 게 TV에 관련된 이론의 공통된 견해이다. 마당놀이가 고전을 가볍게 패러디하되 여기에 시사적인 코멘트를 가미함으로써 관객의 인기를 차지하는 것은 TV의 매체적 속성인 시사성을 잘 이용한 것이다. 마당놀이의 인기배우 윤문식의 개인적인 재능과 인기에 대한 클로즈업도 TV매체이기 때문에 가능하다. 여기에서 강조하고자 하는 바는, 마당놀이의 분석에는 마당과 TV라는 두 경로를 참조할 때 가능하다는 점이다.

이러한 채널 중심의 비평이 바로 '매체 비평'의 핵심이 될 수 있다고 본다. 그런데 지금껏 매체 비평은 문학비평가와 신문기자, 혹은 방송 언론에 대한 시민의 모니터 감시모임 등에 의해 이루어졌다. 이들은 대부분 매체의 속성에 대한 이해가 부족했다. 그래서 이들이 활용하는 잣대는 결국 윤리적·정치적 검열의 개념뿐이었고, 정작 중요한 매체에 대한 심미안을 갖추지 못했다. 우리 매체 비평에서 맥루한 등의 매체에 대한 관찰이 거의 인용되지 않는 점은 우리 매체 비평의 취약점이 아닌가 한다.

(6) 기호 중심

기호 혹은 약호체계(code, sign system)는 의사소통에 관련된 여섯 가지 요소 중에서 가장 메타적인 속성이 강하다.[9]

---

9. 메타(meta)란 '~에 대하여', '~을 넘어서'의 의미를 지닌다. 약호체계(sign system)란 '기호에 대한 기호'를 뜻하는데, 예를 들어 동영상 재생 프로그램인 '코덱(codec)'은 기호를 만드는 작업(encoding)은 기호를 만드는 작업과 기호를 해독하는 작업(decoding)을 함께 진행하는 프로그램으로서 'coder + decoder'의 합성어이다. 다시 말해 코덱은 그 자체의 기호내용보다는 기호를 조합하고 해독하는 작업에 관여하는 약호체계로서의 의미를 가진다.

사실 디지털 신호를 사용하는 기계(인공)언어는 기호의 해독에 별다른 어려움이 없다. 디지털 체제에서는 시각과 청각을 모두 디지털 신호로 변환하고 이를 해독하기 때문에 정보의 유실이나 왜곡이 없다. 그러나 자연언어를 사용하는 문학작품에 이르면 이러한 약호의 해독이 중요한 문제로 대두된다. 서로 언어를 달리하는 문학작품의 번역이 결국 반역(反譯)이나 반역(半譯)에 머물고 마는 것은 약호의 공유가 얼마나 중요한지를 보여주는 사례이다.

그러나 더 큰 문제는 언어 차원이 아닌, 비언어적 기호 차원에서 벌어진다. 문화 텍스트는 항상 어느 정도 모호한 법이며, 비언어적 기호에서는 이러한 양상이 더욱 두드러지게 나타나기 마련이다. 스튜어트 홀은 어느 커뮤니케이션도 자연발생적이지 않다고 주장한다. 즉 메시지는 '전달'되기 전에 '구성'된다는 것이다. 그런데 기호가 매우 자연스러운 것으로 여겨질수록, 그 의사소통 과정은 더욱 교묘하게 은폐된다. 예컨대 사진과 TV와 같은 시각 커뮤니케이션은 전혀 담론으로 구성되어 있지 않은 '자연스러운' 것처럼 보이는데, 이는 그 기호들이 현실세계의 자연적인 이미지로 인식되기 때문이다. 그러므로 시각 언어가 자연스러움을 통해 우리를 '오도'하는 만큼 그 부호를 해체하고 해석하는 데에는 많은 주의가 필요하다는 것이다.

기호체계는 크게 보아 언어적 기호와 비언어적 기호로 나뉜다. 언어적 기호체계의 해독에도 많은 약호가 작용하지만, 비언어적 기호는 비의도적인 배치에서 비롯된 우연성, 이를 해독할 수 있는 약호의 부족 등으로 인해 많은 혼선을 빚을 수 있다. 그리고 이러한 기호의 복잡성 자체를 무시하거나 일원적으로 해석하는 문화연구는 결국 다양한 기호체계를 언어적 기호체계로 환원하는 오류 그리고 비의도적인 기호의 배치에 대한 자의적 해석으로 인한 인간중심적인 해독의 오류를 낳을 수 있다. 자국에서 실패한 어느 영화가 다른 언어권과 문화권 내에서 성공하는 사례 등은 비언어적, 비의도적 기호체계를 해석하는 과정에서, 혹은 이를 약호화하는 과정에서 많은 우여곡절과 왜곡이 일어날 수 있음을 반증하는 사례로 볼 수 있다. 현재의 문화연구가 다양하고 혼선의 가능성이 높은 텍스트에 걸맞은 비평적 잣대로서의 기호체계를 개발하지 않고서는, 시종 문자 중심, 엘리트 중심적인 편견에서 자유로울 수 없다는 주장이 제기되는 것은 이 때문이다. 일단 현 단계에서 중요한 점은 우리의 문화연구가 지나친 문자 중심주의, 엘리트 중심주의의 오류를 범할 가능성에 많다는 점에 대한 의식적인 반성일 것이다.

더 찾아 읽기

> 존 피스크, 강태완·김선남 역, 『커뮤니케이션학이란 무엇인가』(커뮤니케이션북스, 2001)는 기호학의 개념을 커뮤니케이션에 적용한 책이다. 기호학의 기초개념을 익히는 데에도 유용하다.

제 4 장
문화연구의 새로운 방향

내가 쓴 글은 여러 나라의 국경을 넘어 다른 곳으로 전파된다. 시각 예술이나 음악, 패션이나 스포츠는 번역조차 필요 없다. 사람들의 능력은 도처에서 인정받는다. 능력이나 재능이 특정한 나라에서 인정받는 것은 별로 중요하지 않다. 단지 (그 장소가 어디든간에) 재능을 꽃피우는 것이 중요할 뿐이다. 의식하지 못하는 사이에 세계는 조금씩 우리 수중에 들어왔고, 우리는 세계를 행동의 장으로 삼게 되었다. 인간의 활동 영역은 엄청나게 커졌으며, 우리는 세계 도처에 고객과 파트너와 친구들을 갖고 있다. 차츰 세계의 모든 사람과 상대하는 방법을 배우는 셈이다. 우리의 동족은 지구 도처에 있으며, 우리는 세계 시민 사회를 구성하기 시작했다.

— 피에르 레비, 『누스페어』 중에서

우리는 세계 시민 사회 속에서 모든 사람과 상대하는 방법을 배워야 하는 세대에 속한다. 내가 이 세계 내에 포함되고 내가 이 세계 전체를 행동의 장으로 삼아야 하는 이 시대에 우리는 새로운 개념의 '문화'를 형성해야 한다.

작가 박완서는 자신이 한 500년쯤 산 것 같다는 감회를 피력한 적이 있다. 경기도 개성의 전통적인 가문에서 태어나 6·25를 겪었고 근대화의 숨 가쁜 여정을 달려와 이제는 소위 후기산업사회의 초입에 서 있는 셈이니, 이러한 술회가 그저 개인의 감상만은 아닐 터이다. 아마 전근대·근대·탈근대의 시대를 100년 남짓의 세월에 통과한 우리 사회의 모습이 작가의 예민한 감각에는 그저 한 500년쯤의 긴 역사로 받아들여졌을 것이다. 10년이면 강산도 변한다 했지만, 우리 사회는 변해도 너무 변했다. 물론 이러한 변화는 우리 사회에만 국한된 것은 아닐 터이니, 안토니 기든스가 현재 인류의 삶을 마치 힌두교 신화에 나오는 '크리시나의 수레'에 비유한 것도 실감난다.[1] 이 수레는 막대한 힘을 가진 폭주 차량으로서, 우리가 어느 정도까지는 운전할 수 있지만 동시에 통제 한계를 벗어나서 질주할 수도 있으며 따라서 언제 산산조각이 날지 모르는 위험성을 가지고 있다. 그럼에도 불구하고 우리 모두는 크리시나의 수레를 조종하려는 시도를 포기해서도 안 되고, 또 포기할 수도 없다는 것이다. 여기에 현대 사회의 고민이 있다.

이 장에서는 문화란 무엇인가, 문화는 시대에 따라 어떻게 달리 규정되어왔는가, 문화와 커뮤니케이션의 관계는 어떠한가, 문화는 커뮤니케이션의 변화에 따라 어떻게 달라지는가에 대해 배우게 된다. 현대의 인문학이 '문학에서 문화연구'[2]로 중심축이 이동하고 있음에 대해 생각해보고, 문화연구에서 다루어야 할 대상이 무엇인지에 대해서도 탐색해보자.

---

1. 안토니 기든스, 이윤희·이현희 역, 『포스트모더니티』, 민영사, 1991, p.9.
2. 안토니 이스트호프, 이은호 역, 『문학에서 문화연구로』, 현대미학사, 2000.

- 비분석적이기로 유명한 패션 디자이너들이 앞으로 벌어질 상황을 예견하는 데에 때때로 직업적 예언가들보다 더 잘 성공하는 이유는 무엇인가.
- 문화는 전통적으로 좋은 것(good)으로 간주되었다. 그러나 현대사회에서의 문화는 좋아하는 것, 즉 상품(goods)으로 기능하기도 한다. 문화/상품, 문화/산업의 모순에 대해 설명해보자.

1. 문화란 무엇인가

우리가 '문화'라고 부르는 것의 실체도 최근 100년간 많은 변화를 겪었다. 유길준의 『서유견문』(1895)에서 문명국과 야만국의 이분법이 제시된 이후, 문화는 문명의 상태를 의미하는 개념으로 두루 쓰였지만, 그것이 내포하는 바는 시대에 따라 조금씩 다르게 표출되었다. 춘원 이광수의 문화론은 단재 신채호의 투쟁론에 맞서 민족개량주의의 의미로 사용되었고, 3·1운동 직후 부임한 사이토 총독의 문화정치는 이전의 무단정치를 넘어서는 듯 하면서도 기실은 순응과 개량으로서의 문화자치론의 틀이 되기도 했다. 또 1930년대에는 독일과 일본의 파시즘에 대항하기 위한 보편논리로서의 문화론('문화옹호 국제작가대회' 등의 등장)이 제시되기도 했고, 해방 직후의 '국수주의 문화의 척결과 새로운 세계문화에의 제휴'론자들이 내세운 문화 개념은 자본주의를 극복한 최종 단계로서의 사회주의 문화를 통칭하는 개념이기도 했다. 또 1960년대 이후의 문화는 도시화를 일컫는 용어이기도 했다. '문화촌 건설', '문화주택의 보급', '문화생활의 보급' 등의 구호 등이 그 예일 것이다. 최근 문화의 개념은 더욱 복잡해졌다. 여가문화, 교통문화, 음주문화 등의 표현이 마구잡이로 사용되면서, 문화는 삶의 한 패턴이라는 의미를 가지게 되었고, 이제 이러한 용어의 복잡함은 X세대의 등장 이후 더욱 가속화되고 있다.[3]

2. 문화연구의 방법과 대상

우리는 대체적으로 사회의 각 분야를 말할 때 정치·경제·사회·문화 순으로 언급한다. 이러한 언급의 순서는 곧 사회 시스템의 위계를 뜻하는 것으로, 정치가 가장 중요한 인자이며 문화는 가장 덜 중요하다는 뜻을 담고 있는 것으로 보인다. TV뉴스가 정치권에 대한 언급에서 시작하여 마지막 순서에 비로소 문화적인 이슈를 다루는 것은 이에 대한 반증일 것이다. 다시 말해 문화는 중요하지 않거나 없어도 되는 것으로 치부되는 듯한 느낌이다. 그러나 한편으로는 문화에 대한 과장된 인식도 병존한다. 21세기는 문화의 시대이므로 문화를 개발하는 자만이 21세기의 진정한 승자가 될 수 있다는 식의 문화 패권주의(앨빈 토플러)에는 이러한 과장이 숨어 있다.

우리가 이러한 극단의 견해를 덜어놓고 보더라도, 문화의 개념은 여전히 중요하면서도 모호한 개념으로 남아 있다. "문화는 영어에서 의미가 가장 복잡한 두세 개 단어들 중 하나다"는 레이먼드 윌리엄스

---

[3] X세대는 수학에서 해(解)를 모르는 대상을 X라고 하듯이, 도대체 정의하기 어렵고 정체를 모른다는 뜻의 X로 대표되는 세대를 말한다.

의 고백은 '문화'에 대한 개념 규정의 어려움을 잘 요약하고 있다. 문화의 개념을 규정하기 어려운 첫 번째 이유는 문화의 개념이 시대에 따라 변하기 때문이다. 서구의 사례에 국한된 것이지만, 역사의 흐름에 따라 문화의 개념이 어떻게 바뀌고 있는지 먼저 살펴보는 것도 유용할 것이다.

가장 오래된 '문화'의 개념은 15세기의 저작에 '농업(agriculture)'과 '원예(holiculture)'와 같은 단어로 남아 있다. 두 번째 의미는 16세기 초반에 발전되었는데, 이는 '경작(cultivation)'의 관념에서 인간 정신의 경작과 같은 좀 더 추상적인 것으로 확장되었다. 이 의미는 18세기에 이르러 예술가와 지식인, 교양을 갖춘 엘리트들이 추구하는 것, 즉 예술의 범주를 포함하게 된다. 이것이 곧 18세기 계몽주의자들이 보편화시킨 관념, 즉 유럽은 문명 발전 혹은 문화적인 인간 발전의 정점에 있기 때문에 유럽의 계몽주의적 이성이 중심적이고 보편적인 역할을 수행한다고 보는 관점으로 연결되었다. 그러나 헤르더는 "세계 전체에 대한 유럽중심적인 종속화와 지배"를 비판하였고, "우월한 유럽 문화라는 생각 자체가 자연의 주권에 대한 주제넘은 모욕"이라고 언급함으로써 단일한 문화가 아닌, '복수의 문화들'을 내세우게 된다. 마지막으로 최근에 출현한 문화에 대한 의미는 문화를 하나의 사물(예술)이나 상태(문명)라기보다는 오히려 사회적 실천으로 간주한다. 즉 한 집단이 문화를 공유한다는 것은 언어를 사용하는 실천을 통해 구축되고 교환되는 공통의 의미집합을 공유한다는 것을 뜻한다. 이 정의에 따르면, 문화는 한 집단 안에서 생산되고 교환되는 실천들의 집합이 되는 것이다.

이상 언급한 문화에 대한 역사적 인식의 변화 과정을 간략하게 정리하면 ① 토지, 곡식, 가축의 경작, ② 정신, 예술, 문명의 배양, ③

사회발전의 일반적 과정, 그리고 보편적 과정으로서의 문화(문화에 대한 계몽주의적 관념), ④ (헤르더에 근거한 문화의 정의) 특수한 민족, 집단, 계급, 시간 속에서 공유되고 있는 의미, 가치, 생활방식, ⑤ 의미를 생산하는 실천, 의미화하는 실천으로 요약될 수 있을 것이다.[4]

우리가 이러한 역사적 단계에서 특히 주목해야 하는 부분은 ③에서 ⑤에 이르기까지의 변화 과정이다. 문화는 ③에서 엘리트에 의한 위대한 단일문화로 규정되었다가, ④에 이르러 대중문화의 출현 등에 기인한 '복수의 문화들'로 범위가 넓어졌으며, ⑤에 이르러서는 문화의 일방적인 생산과 소비가 아닌, 새로운 생성으로서의 문화 개념을 접하게 되기 때문이다. 이와 같은 맥락에서 위의 ①과 ②를 제외하고 문화를 다시 분류하자면, 첫째는 지적·심미적 교양으로서의 문화, 둘째는 교육·여가·축제들과 같은 생활방식으로서의 문화, 셋째는 문화적 실천행위이다. 그리고 이러한 분류방식에서 마지막 단계인 문화적 실천행위를 새삼 강조하는 이유는 문화도 결국 이데올로기의 한 형식으로, 특정집단의 사고체계를 담아내고 때로는 이를 왜곡·은폐하기도 하며, 때로는 이러한 이데올로기를 재생산하는 데에도 이용되기 때문이라는 점이다.

문화연구는 위의 세 가지 주제를 다루는 담론이다. 최근에 들어 문화연구가 새삼 학문적 주제로 떠오른 이유는 인구 증가에 따른 다양한 문화의 형성, 대량생산과 도시화를 통한 대중문화의 형성, 보통교육의 보급과 전자매체의 혁명에서 기인한 지식과 정보의 폭발적인 증가 때문일 것이다. 우리나라에서도 문화, 문화과학, 문화연구에 관련된 논의가 급증하고 있는 바, 『문화과학』, 『현실문화연구』 등 문화연구를

---

[4] 로버트 보콕, 「현대사회의 문화적 형성」, 스튜어트 홀 외, 진효관·김수진·박병영 역, 『현대성과 현대문화』, 현실문화연구, 1996, pp.111-117.

표방하는 정기 비평지들이 속출하고 있고, 문화비평가를 자처하는 비평가들이 우리 문화의 한복판에 서서 새로운 논의를 시작하고 있는 듯하다. 또한 기존의 학계에서도 기호학을 통해 문화연구에 근접하려는 노력이 한국기호학회를 중심으로 활성화되고 있다.

이러한 문화연구는 대체적으로 다음과 같은 합의에서 출발하고 있다.[5]

- 정전의 독선과 횡포에 제동을 걸고 비정전 타자를 포용한다.
- 고급 문화/고급 문학과 동시에 대중 문화/대중 문학도 인정한다.
- 경직되고 닫혀 있는 남성적인 문학 연구에 반해 유연하고 열려 있는 여성적인 문화 연구를 제안한다.
- 외국 문화/외국 문학에 대항해 민족 문화/민족 문학을 고양·함양시킨다.
- 그와 동시에 국제적인 시각으로 문화를 읽고, 국수주의적인 태도를 지양한다.
- 지배 계급(제도) 대신 피지배 계급(제도의 억압 대상)을 조명한다.
- 문화 속에 감추어진 이데올로기와 담론 행위를 읽어 내며, 기본적으로 모든 것을 정치적인 것으로 파악한다.
- 탈중심적이고 상대적이며 다성적이다.
- 학문 및 장르 간의 경계를 해체하고 학제 간 연구와 비교문화/비교문학적 접근을 장려한다.
- 아카데미(학문, 상아탑)와 비아카데미(일상, 커뮤니티)의 조화를 추구한다.
- 저자(예술가) 중심 텍스트를 독자(대중) 중심 텍스트로 전환시킨다.
- 문학과 예술의 특권과 신비성을 부인하고 그것을 대중이 공유하는 문

---

5. 김성곤, 「<미디어 문화 연구>와 <문화 연구> : 문학 연구 확장의 새로운 가능」, 『외국문학』, 1997. 겨울, pp.30-31.

화로 끌어내린다.

이러한 합의를 검토해보면, 문화연구는 결국 대중문화, 민중문화, 대량문화, 매체문화, 민속문화, 계급문화, 세대문화, 대중예술의 영역에 대한 연구[6]로 귀착됨을 알 수 있다. 그리고 그 대상은 영화, 인터넷, 랩, MTV, 광고, 마돈나, 패션, 사이버 펑크, TV, 라디오, 건축물, 화폐, 시계, 인쇄술, 만화, 사진, 신문, 게임 등은 물론, 문화와 권력의 관계, 문화라는 이름으로 포괄되는 일상생활에 대한 연구 등으로 확장되고 있다.[7]

이들 문화연구는 '탈 중심적인 것(off center, ex-centric)'을 '탁월한 것(eccentric)'으로 보고자 하는 포스트모더니스트들의 경향과도 일치한다. 문화의 중심이 엘리트 중심에서 대중 중심으로, 유럽 중심에서 탈제국주의 담론으로, 남성 중심에서 여성 중심으로, 이성 중심에서 감성 중심으로 이동하면서, 중심에서 벗어날수록 더욱 탁월한 것이라는 새로운 질서가 태동하고 있는 셈이다.[8]

---

[6] 이러한 용어에 대한 개념정리는 박성봉 편역, 『대중예술의 이론들』, 동연, 1994에서 친절하고 상세하게 이루어졌다.
[7] 더글라스 켈너, 김수정·정종희 역, 『미디어 문화』, 새물결, 1997. 마샬 맥루한, 박정규 역, 『미디어의 이해 : 인간의 확장』, 커뮤니케이션북스, 1997. 안토니 이스트호프, 임상훈 역, 『문학에서 문화연구로』, 현대미학사, 1994. 현택수 편, 『문화와 권력 : 부르디외 사회학의 이해』, 나남출판, 1998. 존 피스크·존 하트리, 이익성·이은호 역, 『TV읽기』, 현대미학사, 1994 등이 대표적이다.
[8] Linda Hutcheon, *A Poetics of Postmodernism : History, Theory, Fiction*(Routledge, 1988). pp.57-74.

3. 문화연구의 현황

문화연구는 그 말 자체로도 모순어법이라는 지적이 있다. 우리는 문화의 바깥에서 문화를 분석할 수 없다. 아르키메데스는 충분한 규모의 지렛대와 받침이 있다면 지구라도 들어 올릴 수 있다고 장담했지만, 자신이 지구라는 장을 벗어날 수 없다는 점을 놓치고 있다는 점에서 오류인데, 문화연구도 이러한 아르키메데스의 오류를 범하고 있다는 것이다. 밴 애거는 해체적 문화비평의 한계를 논하는 자리에서, 이 점을 지적하고 있다.[9] 그러나 이러한 난점에도 불구하고, 문화연구는 20세기 인문학과 사회과학의 가장 예민한 부분을 담당하고 있으며, 사안이 예민한 만큼 이를 다루는 지역간, 세대간, 계층간의 차이가 심하게 나타난다. 문화연구가 처음 형성된 영국에서 독일, 프랑스, 미국 등으로 점차 문화연구가 파급되고 변형되는 과정을 간략하게 살펴보자.

영국은 문화이론의 역사가 가장 길다. 영국은 산업혁명의 시작과 함께 도시화가 진전되고, 노동계급이 출현함으로써 계급문화와 도시문화에 대한 정리가 필요했기 때문이다. 영국 문화이론은 메슈 아놀드, 리비스, 호가트, 레이먼드 윌리엄스, 톰슨의 논의를 거쳐 지속되었는데, 현재로서는 버밍햄 대학의 현대문화연구센터의 논의가 주축이 된다. 영국 최초의 문화연구는 다수의 대중문화에 대한 소수 권력층의 걱정, 즉 정치권력을 쥔 자들은 항상 권력이 없는 자들의 문화를 정치적 불안의 징후로 보고, 보호와 간섭을 통해 끊임없이 조정하고 규제해야 한다는 생각에서 출발했다. 산업화와 도시화를 통해 노동계급이 그들만의 주거지역을 형성하고 새로운 노동관계(계약관계)를 형성하고,

---

9. 벤 에거, 앞의 책, pp.308-309.

또 이들 노동자들을 향해 새로운 문화기업이 영리를 위해 그들을 위한 문화를 제공함으로써 영국은 '두 개의 국가' 혹은 '두 개의 문화'가 형성되기 시작했던 바, 이에 대한 문제의식이 문화연구의 출발이 되었다는 것이다. 19세기 후반의 메튜 아놀드가 문화의 목적을 대중문화를 비판하고 제거하는 것에 두었다든지, 리비스가 귀족의 소수문화를 지키기 위해 대학의 인문학이 '문화적 선교단'의 역할을 해야 한다고 주장했을 때, 이들의 내건 문화의 목적은 거칠고 가공되지 않은 대중들을 계도하는 것이었으며, 이들에 의해 특별히 지목된 대중문화의 개념은 '무정부'의 의미와 중복되는 것이었다. 이들에 의하면, 대학에서 인문학을 공부시키는 목적은 대학에서 양성한 문학적 교양인이 중세의 신분질서를 지탱할 수 있게 해주었던 종교의 역할, 즉 사회적 통합의 기능을 대신할 수 있다는 믿음에서였다.

그러나 노동자 출신의 문화연구가 레이먼드 윌리엄스는 이러한 문화의 관점을 넘어서서 고급문화 혹은 예술의 분야를 특별히 독자적으로 다루지 않고 다른 문화행위와 같은 것으로 취급하여 "예술은 생산, 교역, 정치, 가족부양 등과 똑같은 하나의 활동"이라는 관점을 제시함으로써, 개인주의로서의 부르주아 문화와 집단주의로서의 노동계급 문화를 양립시키는 민주적 해석을 강조했고, 그의 강조는 톰슨에 이르러 문화는 결국 '통합과 차별'로서의 계급 형성과 함께 이루어진다는 시각으로 이어졌다. 이와 같은 윌리엄스와 톰슨의 연구는 결국 영문학, 역사학, 사회학의 전통을 연계하여 평범한 남녀의 살아 있는 문화로 규정될 수 있는 일상적 대중문화가 연구의 가치가 있다는 점을 보여주었고, 문화를 특정한 집단이나 계급 또는 전체 사회의 역사적 경험과 가치체계와 연계시켰다는 점에 의의가 있다. 존 스토리는 영국의 문화연구를 정리하는 자리에서 메튜 아놀드와 리비스에 의해 주도되었던 전 단계를 '문화와 문명의 전통' 단계로, 레이몬드 윌리엄스 이후에 해당하는 최근의 주류를 '문화주의'라는 이름으로 각각 포괄하고 있다.[10]

독일의 문화연구는 주로 프랑크푸르트 학파의 논의에 집중되어 있다. 프랑크푸르트 학파는 독일의 중산층이 대중문화의 세례에 의해 이성을 포기하고 광적인 맹종에 휘둘리기 시작한 1930년대 독일 파시즘 사회에 대한 비판의식에서부터 시작된다. 주로 유태인 계의 학자들로 구성된 프랑크푸르트 학파는 파시즘의 독재를 피해 미국으로 망명을 시도하지만, 미국 망명 후에도 독일 파시즘의 악몽에서 오랫동안 자유롭지 못했으며, 파시즘의 억압적인 분위기가 1950년대 이후 미국의 대중사회에도 지속되고 있다는 점을 발견한다. 프랑크푸르트 학파는 미국 사회에서조차 삶의 표준화가 결국 문화적 획일화로 귀결하고 있다고 보고 이를 '일차원적 사회'라 규정짓기도 했는데, 이는 1950년대의 미국이 1930년대의 독일을 재현할지도 모른다는 위기감에서부터 비롯된 문제의식이다. 벤야민과 아도르노, 마르쿠제와 하버마스 등 프랑크푸르트 학파에 속한 학자들의 개인적인 차이점에도 불구하고, 이들의 논의는 대부분 고전적 마르크스주의의 전통에 서 있으며, 이러한 연구 경향은 미국 내에서의 '비판이론으로서의 문화연구', 즉 급진적 / 사회주의적 문화연구로 이어지고 있다. 특히 이들 중의 호르크하이머와 아도르노는 『계몽의 변증법』(1947)에서 '문화산업(cultural industry)'이라는 용어를 처음 사용하고, 이에 대해 표준화되고 대량생산되는 상업적인 문화로 규정했다.

미국의 대중문화 연구는 대중문화로 인한 고급문화의 쇠락을 걱정

---

10. 임영호 편역, 『스튜어트 홀의 문화연구』, 한나래, 1996, pp.37-106.

하는 미학적 자유주의적 입장, 대중문화의 출현이 사람들을 소비의 즐거움 속으로 끌고 들어가 이들을 사회화시키는 친절한 기능을 한다는 통합적 자유주의 또는 진보적 진화론자들의 태도, 대량문화가 사회 통제의 수단으로 사용된다는 급진적/사회주의적 태도로 대별되는 바, 이는 크게 보아 순응주의적 문화연구와 급진적인 문화연구로 대별될 수도 있다.[11]

한편 프랑스의 후기구조주의는 대중문화 자체를 유일한 연구대상으로 확정하지 않으나, 기호의 생산과 소비에 이르는 기호학적 도식을 적용함으로써 비판적 문화연구의 맥락을 이어가고 있는 것으로 평가된다. 프랑스 후기구조주의자들이 강조하는 의미화 실천(signifying practice)은 기호의 해석자들이 수동적인 입장이 아니라, 능동적이고 비판적인 시각에서 문화를 해석하고 창출한다는 입장에 서 있다. 롤랑 바르뜨와 미셸 푸코는 이러한 흐름의 중심에 서 있다.

이상 간략하게 현대의 문화연구 경향을 조감해보았는데, 문화연구는 인문사회과학에서 중요한 이론적, 실제적 분야로 자리 잡고 있긴 하지만, 아직 명확하고 통합된 이론 구조라고는 볼 수 없으며, 정의하기도 용이하지 않다는 점이 문제시된다. 이는 우리의 경우에도 마찬가지인 것으로 보인다. 우리나라에서 문화연구를 지속하고 있는 사람들의 숫자는 극히 한정되어 있으며, 이들은 대부분 문학, 사회학, 언론학의 종사자들로 진정한 의미에서의 학제간 연구에 참여하고 있지는 못하다. 따라서 이들의 논의는 연구 대상 자체가 한정되어 있으며, 따라서 이들이 모두 텍스트 위주, 혹은 맥락 위주의 제한된 시각에서 문화를 읽어내고 있다는 점은 현행 문화연구의 한계로 지적될 수 있다. 이

---

11. 벤 에거, 앞의 책, p.55.

들은 모두 분과학문의 전문가들이지만, 문제를 총체적으로 읽어내는 방법론은 아직 정착되지 못한 것으로 보인다. 문화의 일상성, 다양성을 읽어내기에는 현재 인문학자들의 방법론이 아직 너무 딱딱하거나 규범적이지 않은지 반성해볼 일이다.

4. 대중문화와 문화 엘리트주의

우리 교육의 위기는 "19세기의 교실에서, 20세기의 교사들이, 21세기의 학생들을 가르치고 있다."는 조롱조의 표현 속에 잘 요약되어 있다. 이를 두고 '교실 붕괴 현상'이라고 부른다. 이러한 현상은 우리의 문화 연구 수준에서도 비슷하게 발견되고 있다고 본다. 이를 문화 붕괴 현상이라고 불러도 달리 할 말이 없을 것이다. 우리는 지구촌화되어가는 세상에서 세계 표준의 문화를 습득하고 있으면서도, 한편으로는 세대별·지역별·문화별로 서로 대화 없는 우물 속의 개구리로 살아가고 있다. 우리가 문화를 공부하는 이유는 여기에 있다.

한글학회의 『우리말 큰 사전』은 '문화'를 "① 학문이 나아가서 사람이 깨어 밝게 됨. ② 형벌이나 위력보다도 문덕으로서 백성을 가르쳐 인도함. ③ 사람이 본래 가지고 있는 이상을 실현하려는 인간 활동의 과정 또는 성과. 특히 예술·도덕·종교·제도 따위 인간의 내면적·정신적 활동의 소산을 일컫는다."라고 설명하고 있다. 굳이 우리 사전의 예를 드는 이유는 아직까지도 우리의 문화 개념은 "야만에서 문명으로, 혹은 칼에서 펜으로의 이동"이라는 내포에 머물고 있다는 느낌 때문이다. 그것은 우리의 관념이 아직까지도 문화의 엘리트주의에서 자유롭지 못하다는 점과도 통한다.

그러나 이러한 엘리트주의는 참으로 위험한 일이다. 글을 통해 세상을 바꾼다는 것이야말로 동양의 유교적 전통에 깔려 있는 사상이지만, 곰곰이 생각해보면 글을 통해 세상을 바꾸는 일이 얼마나 지난한 것인가. 한 어리석은 송인(宋人)이 있어 덜 자란 조의 이삭을 뽑아 빨리 자라도록 했다는 알묘조장(揠苗助長)의 우화는 성급한 지식인에 의해 세상의 흐름을 바꿔보려는 어리석음과도 통하는 것. 우리는 과연 문(文)의 힘으로 세상을 바꾸는 일이 얼마나 힘든 것인가를 실감하는 세상이 살고 있지 않은가. 프란츠 카프카와 보들리야르는 각각 <아메리카>라는 이름의 책을 쓴 바 있다. 그들은 희망의 대륙이라는 아메리카에서 하나의 어두운 그림자를 찾아내었던 바, 아메리카에는 지식인이 필요 없다는 절망이 그것이었다. 1930년대의 예리한 풍자가였던 카프카, 1980년대의 탁월한 문명비평가 보들리야르가 각각 다른 자리에서 아메리카의 운명을 이렇게 읽어내었다는 점은 유독 흥미롭다. 자본주의 국가에서 지식인이 할 수 있는 일이란 별로 없다는 게 그들의 관찰이다. 지식인 없이도 자본주의 문명을 자기의 힘으로 달려가고 있는 것. 여기에는 동양적인 의미의 '문화'가 필요 없을지 모른다. 어설픈 지식인의 어설픈 문화연구는 그저 '조장'에 불과한 것인지 모른다. 이제 어리석은 송인을 비웃는 자의 시선으로 돌아가서, 우리의 문화연구 방법을 다시 한번 반성해볼 필요가 있다.

문(文)은 결국 무늬[紋]의 일종이다. 글은 세상에 존재하는 많은 무늬 중의 하나일 뿐이지, 유일한 무늬는 아니다. 기호학이 텍스트(text) 연구이자 무늬(texture) 연구임을 강조하는 것은 이 때문일 것이다. 무늬는 자연을 질서화하고 양식화한 하나의 약속이다. 무늬의 양식성, 무늬의 다양성이야말로 우리 시대 문화연구의 핵심 화두에 해당한다.

더 찾아 읽기

인하대학교 문과대학 특성화사업단, 『현대 문화론의 이해』(인하대학교출판부, 2005)는 레이먼드 윌리엄즈, 발터 벤야민, 데오도르 아도르노, 롤랑 바르뜨, 미셸 푸코, 맥루언, 피에르 부르디외, 장 보드리야르, 프란츠 파농, 질 들뢰즈, 에드워드 사이드, 가야트리 스피박, 마리아 미즈 등 13명의 현대문화이론가에 대한 균형 있는 해설을 제공하고 있다. 존 스토리 편, 백선기 역, 『문화연구란 무엇인가』(커뮤니케이션북스, 2000)는 영국, 호주, 미국의 문화연구 현황을 소개하고 있으며, 이 분야에 관한 가장 균형 있는 연구서로 손꼽힌다.

제 5 장

미디어 : 인간의 확장

우리는 미디어의 홍수 속에 살고 있다. 이러한 미디어는 기존의 인간형을 새롭게 변화시키고 있다. 미디어는 언제나 좋은 것인가. 만약 미디어의 홍수 속에 익사할 운명의 사람이 있다면, 그에 대한 처방은 무엇일까? 미디어와 인간 사이의 조화로운 공존을 위해서 준비해야 할 일은 무엇인가.

- 미디어의 발달로 인해 인간은 더욱 행복해졌는가. 아래 언급된 항목과 자신의 경험을 중심으로 논의를 시작해보자.
    - 고립감과 지식의 과부하 : 모니터 화면 앞의 일상적인 작업과 커뮤니케이션으로 인한 스트레스
    - 종속감 : 정보의 바다에서의 과도한 항해와 가상현실 속에서의 게임 중독

- 지배 현상 : 결정과 통제 센터 기능의 강화, 인터넷의 주요 기능에 대한 일부 세력의 경제적 독점 현상
- 착취 현상 : 제3세계의 경우, CCTV 등 원격 통제 장치 감시하의 노동과 작업의 탈지역 편중화
- 우매성 : 루머, 가상공동체와 인터넷상의 타협주의, 정크 자료의 유포, 대화형 TV

— 피에르 레비, 『사이버 문화』 중에서

- 다음 지문을 중심으로, 과학기술의 한계와 위험성에 대해 토론해 보자.

황우석 교수는 윤리문제를 해결하기 위해 앞으로 '인공배아'를 개발해 사용하겠다고 밝혔다. 듣자 하니 소의 난자에 인간의 유전자를 넣은 것이라 한다. 황소와 인간 사이에서 태어난 미노타우로스, 이 신화적 모티브가 오늘날 생명공학의 버전으로 부활하고 있는 것이다. 이렇게 신화적 상상력은 테크놀로지에 힘입어 현실이 되고 있다. 배아복제 기술을 오직 치료목적으로만 사용한다고 말하나, 사실 그것이 다른 목적으로 사용되지 말라는 법이 어디 있는가. 미친 과학자가 어디 공상과학영화 속에만 있겠는가? 생명공학의 쾌거 속에서도 우리가 어렴풋이 느끼는 불안감은 바로 여기서 비롯된다. 이 괴물을 두려워한 고대인들은 그를 다이달로스가 만든 미로 속에 가둬버렸다. 반신반수에 대한 신화적 공포감은 오늘날 생명공학 앞에서 느끼는 기술적 공포감으로 전환했다.

— 진중권, 「미노타우로스」, 『씨네21』, 2005. 5. 31.

1. 그리스 신화 속에 숨겨진 현대문명에 대한 경고

(1) 그리스 신화 속의 에피소드들

그리스 신화는 인간과 신, 혹은 인간과 자연의 관계에 대한 흥미로운 관점을 제공한다. 지중해성 기후의 따뜻함과 그리스 반도의 풍요로움은 그들로 하여금 자연이나 초월적인 현상에 대한 사유를 가능하게 하였고, 그들은 이러한 사유를 통해 인간의 위치를 정립하였다. 인간은 제법 훌륭한 존재이지만, 신과 자연 앞에서는 겸손해야 한다는 점, 필자는 그리스 신화의 주제를 이렇게 소박하게 정리한다.

다음은 필자가 추려낸 세 편의 에피소드이다. 이들 에피소드들은 인간의 가능성과 한계, 다가올 미래의 문명에 대한 경고를 담고 있다.

(가) 이오(Io)의 입에서 나온 것은 말이 아니라 나지막한 소 울음소리였다. 이오는 제 목소리에 몹시 놀라 다시는 입을 열지 않았다.(……) 아버지 이나코스(Inachos)는, 풀을 뜯어 암소로 둔갑한 이오에게 먹여주기도 했다. 이오는 아버지의 손을 핥다가, 아버지의 뺨에 입을 갖다대다가는 그만 더 참지 못하고 눈물을 흘리고 말았다. 말이라도 할 수 있었다면 도움을 구할 수 있었을 것…… 정체를 밝히고 하소연할 수 있었을 것을…… 이오는 하는 수 없어서 발굽으로 땅바닥에다 제 이름을 써서 암소로 둔갑하게 되었다는 슬픈 소식을 전했다. 이나코스는, 애통해하는 암소 이오의 뿔을 부여잡고 백설 같은 그 등을 쓸면서 울부짖고 또 울부짖었다.[1]

---

1. 오비디우스, 이윤기 역, <변신 이야기>, 민음사, 1994, p.43.

첫 번째 에피소드는 이오(IO)에 관한 것. 신 중의 신 제우스가 아름다운 여인 이오를 납치하여 불륜을 저지른다. 아내에게 그 현장을 들킬 뻔한 제우스는 죄 없는 이오를 암소로 변신시켜 위기를 모면한다. 이오는 사람의 언어로 자신의 억울함으로 호소해 보지만, 이오의 가족들에게는 그저 소의 울음소리로 들릴 뿐이다. 그러나 이오는 발굽으로 I 모양과 O 모양을 그려 가족들에게 자신의 사연을 하소연한다.

가족들이 0과 1로 구성된 이오의 기호 전달 시스템을 알았을까? 어쨌든 의사소통은 성공한다. 이오가 사용한 대립적인 기호쌍인 I/O는 숫자 0/1, 전기신호 ON/OFF와 유사하며, 동양의 고전인 『주역』에서 사물의 생성과정을 설명하기 위해 사용한 음/양(陰陽)의 대립쌍과도 유사하다. 0과 1의 조합으로 모든 문자와 음성, 영상 메시지까지 구현해내고 있는 현대인들 또한 모두 이오의 자손들이다. 그들은 0과 1의 조합으로 새로운 세상을 건설하고 있다. 이 에피소드는 인간의 언어(더 나아가서는 문명)가 어떤 단순한 대립쌍에서부터 파생되어 발전되어 갔는지에 대한 시사를 던져준다.

(나) 곰곰 생각하던 불카누스(Vulcanos) 신은 즉시 청동을 두드려, 눈에 보이지도 않을 만큼 가는 실을 만들고 이 실로 사슬과 그물과 올가미를 만들었어. 불카누스가 손수 베틀에 걸어 짠 이 그물은, 천장의 들보에 매달린 거미줄보다 더 가늘고 정교했대. 게다가 건드리기만 해도 탁 걸려들게 되어 있었어. 불카누스는 이렇게 만들 사슬과 그물과 올가미를 자기 침대에다 쳐놓고는, 또 자기 아내가 다른 남신(男神)을 불러들이기만을 기다렸지.

그런 줄도 모르고 베누스(Venus)는 또 마르스(Mars)를 그 침대로 꼬여와 사랑을 나누었겠지? 불카누스가 손수 만들었는데 여부가 있어? 이 간부간부(姦夫姦婦)는 꼼짝없이 이 사슬과 그물과 올가미에 걸리고 말았어.

렘노스의 신 불카누스는, 옳다구나 하고, 신들을 모두 불러다놓고 침실 문을 열었어. 발가벗은 채 서로를 껴안고 있는 베누스와 마르스의 모습…… 신들에게는 참으로 볼만한 구경거리였을 테지. 신들 중 한 분은, 치욕을 당해도 좋으니, 자기도 발가벗은 채로 베누스와 그렇게 갇혀보았으면 좋겠다고 말했다니까…… 신들은 이 둘의 꼴을 보고는 배를 잡고 웃었는데, 이게 천궁에서는 두고두고 이야깃거리로 신들의 입에 올랐더란다.[2]

두 번째 에피소드는 불카누스(헤파이스토스) 이야기. 그는 대장간의 일을 맡고 있는 신으로, 불을 다루는 제련의 능력으로 인해 기술자와 장인의 상징으로 알려져 있다. 그는 안에서는 바깥이 보이지 않지만 밖에서는 안이 훤히 들여다보이는 황금 그물을 짠다. 그리고 그 그물 속에 마르스(아레스)와 아내 베누스(아프로디테)를 가둔다. 선남선녀에 해당하는 두 신은 그 그물 안에서 유치한 사랑 놀음을 벌인다(사랑은 원래 유치한 것일까). 물론 그들은 누가 자신들을 훔쳐보고 있다는 사실을 모른다. 보는 사람이 아무도 없다는 위안감이 그들을 한없이 유치하게 만들었던 것. 그러나 바깥세상은 엄연히 존재한다.

서구 무대극에서는 '제 4의 벽'이 존재한다. 네 개의 벽으로 구성된 공간의 한쪽 벽을 뜯어내고 거기에 가상의 벽을 만들었을 때, 가상의 벽은 무대와 관객 사이에 존재하는 것으로 간주된다. 그러나 배우들은 벽으로 막혀 있어서 관객이 전혀 자신을 보지 못한다는 가정 하에 자연스럽게 연기한다. 관객 또한 무대와는 벽으로 차단되어 있으며, 단지 가상의 투명한 벽을 통해 그들을 훔쳐보고 있다는 가정을 받아들인다. 이러한 '제 4의 벽'은 영화에서 좀 더 강화된다. 영화는 '제

---

2. 같은 책, pp.124-125.

4의 벽' 대신 숨겨진 카메라의 눈을 활용한다. 관객은 카메라의 눈 뒤에 숨어 카메라에 포착된 피사체를 훔쳐보는 구조인 셈이다. 영화의 본질적인 미학을 '관음증(觀淫症, voyeurism)'[3]에서 찾는 이유는 여기에 있다. 우리 시대의 새로운 현실인 '사이버 스페이스' 속에서 현실을 잃고 맹목적으로 몰입하는 현상은 황금 그물의 포획에 걸려 현실과 연극을 구분하지 못하는 마르스와 베누스를 연상시킨다.

(다) 겨루기 상대의 솜씨가 인간의 도를 넘은 데 격분한 이 금발의 여신은, 신들의 비행(非行)을 낱낱이 폭로한 이 베폭을 찢어버리고는, 들고 있던 퀴토로스 산 회양나무 북으로 아라크네(Arachne)의 이마를 서너 번 때렸다. 아라크네는 그제야 신들로부터 용서받을 수 없는 죄를 얻을 줄 알고는 들보에 목을 매었다. 여신은, 제 손으로 들보에 목을 맨 아라크네를 가엾게 보고 그 끈을 늦추어주면서 이렇게 일렀다.

"이 사악한 것아, 네가 누구 마음대로 네 목숨을 끊으려 하느냐? 목숨을 보존하라. 보존하되 늘 이렇게 매달려 있어야 한다. 이것은 벌은 벌이나 겁벌(劫罰)로서 끝이 없을 것인즉, 네 일족, 네 후손들까지 이 벌을 받아야 할 것이다."

---

3. 다른 사람의 성교 장면이나 성기를 몰래 반복적으로 보면서 성적인 만족을 느끼는 성도착증. 도시증·절시증·암소공포증이라고도 한다. 이 증세의 환자는 그 대상자와 성관계는 하지 않으면서 다른 사람의 나체나 성교 장면을 몰래 보면서 자위행위를 통하여 성욕을 해소하거나 후에 그 장면을 회상하면서 자위행위를 한다. 이 증세가 6개월 이상 지속되었을 때 관음증 환자로 진단한다. 이러한 공상, 성적 충동으로 인하여 임상적으로 심각한 고통을 받거나 사회·직업적 또는 기타 중요한 기능 영역에서 장애를 초래한다. 또 강간이나 피학증으로도 발전할 수 있다. 일반적으로 남자에게 많이 나타나고, 15세 이전에 발병하며 만성화하는 경향이 있다. 이를 정면으로 다룬 영화가 <섹스, 거짓말, 비디오테이프>이다.

이 말 끝에 여신은 헤카테 약초즙을 한 방울 이 아라크네의 몸에 뿌렸다. 이 독초 즙이 묻자 아라크네의 머리에서는 머리카락이 빠지면서 코와 귀가 없어졌다. 머리는 눈에 보이지도 않을 만큼 줄어들었다. 갸름하던 손가락은 양 옆으로 길어져 다리가 되었다. 나머지 부분은 모두 배가 되었다.

　아라크네는 꽁무니로 실을 내어놓기 시작했다. 이때 거미가 된 아라크네는 지금도 옛날과 다름없이 실을 내어 공중에다 걸고는 거기에 매달려 산다.[4]

　세 번째 에피소드는 아라크네 이야기. 베를 잘 짜는 여인 아라크네가 아테나(Athena) 여신에게 감히 도전한다. 아라크네는 신들보다 베를 더 잘 짤 수 있다고 장담한다. 마침내 신과 인간의 대결에서 아라크네는 거의 3차원에 가까운 가상현실을 재현해낸다. 아라크네는 베를 짜면서 거기에 신을 모욕하는 내용을 그려 넣기도 한다. 베 짜기에서 아라크네는 승리를 거두지만, 화가 난 아테나는 아라크네를 거미로 변신시킨다. 인간에 대한 저주인 셈. "너는 실을 잣는 데에는 능숙하지만, 그러나 평생 그 실에 매달려서 살아야만 한다는 것." 거미는 수없이 많은 실들은 만들어내지만, 집도 절도 없이 그저 실에 매달려 거미의 일생을 산다.

　이는 인터넷에 매달려 살고 있는 현대인에 대한 경고가 아닐까. 우연히도 월드 와이드 웹(world wide web)은 아테나의 저주인 거미줄(web)을 연상시킨다. 몸은 비대해지고 팔과 다리는 가늘어서 간신히 줄에 매달려 살고 있는 거미야말로, 뜬 눈으로 밤을 새우면서 인터넷에 매달려 있는 현대인들의 허약한 육체를 연상시키기도 한다. 끔찍한 일이다.

---

4. 같은 책, pp.189-190.

그리스 신화는 이미 2천여 년 전에 현대인의 비극적 운명을 암시하고 있는 듯하다.

(2) 기술 숭배인가, 기술 혐오인가

우리는 기술지배(technopoly)의 위험에 대해 성찰할 때가 되었다. 분방하고 통제불능인 기술에 대한 공포는 러다이트 운동으로 거슬러 올라간다. 17세기 영국에서 네드 러드가 이끄는 무리들은 수공업과 가내 공업을 보호하기 위해 제니 방적기를 파괴하였다.

> 러다이트 운동은 근대의 특징인 사회적 갈등의 최초의 도화선이었다. 보다 나은 내일을 위해서 전통과 과거로부터의 합의와 관행이 오늘 희생되어야 했던 것이다.(……) 기술지배의 세상에서, 문제의 일부는 언어학적인 것에서도 비롯된다. 컴퓨터 종사자들은 그들만의 언어를 만드는데, 다른 어떤 인류언어와도 다르다. 컴퓨터 교재를 통해 하나의 언어를 간신히 습득하고 나면, 그 시스템 혹은 모델 전체가 변해버린다. 우리는 퇴출을 강요하는 전자시대에 살고 있다. 오늘 우리가 가진 것이 무엇이든 그것은 내일까지 가지 못한다. 그것만을 확실히 장담할 수 있다.[5]

19세기 말부터 20세기 초에 걸쳐 많은 마법이 있었다. 3T로 불리는 텔레그라프, 텔레폰, 타이프라이터가 기반을 마련했다. 그런 다음 코닥 카메라(1880), 축음기(1888), 라디오(1895), 디젤엔진(1897), 포드 대중용 자동차(1908)가 뒤를 이었다. 모든 발명품이 선보일 때마다 우리의

---

5. 마샬 W. 피쉬윅, 황보종우 역, 『대중의 문화사』, 청아출판사, 2005, pp.214-219.

삶을 변화시킬 것이라는 평가를 받았고 실제로 그런 변화가 일어났다. 특히 교육자들은 새 발명품이 나올 때마다 새 세상이 열렸음을 선포했다. 이제는 컴퓨터의 시대가 왔다. 그들의 반응은 대체적으로 다음과 같은 요지다.[6]

- 흥행업자들은 막대한 선전비와 거창한 약속을 담은 극적인 선언을 한다.
- 여론과 학교당국의 압력 때문에 교사들은 새로운 발명품을 채택하지만 학업성취도에 별 영향을 주지 못한다는 사실을 곧 발견하게 된다.
- 그러면 신제품을 대신할 희생양이 만들어진다. 무능한 교사, 부족한 예산, 학생들의 가정 문제, 비효율적인 관료제도 등등.
- 결국 모두가 신기술의 문제를 인정하게 된다.
- 그러면 때마침 더욱 새로운 신기술이 나타난다. 이 신기술이 똑같은 상투성으로 위의 과정을 반복하게 된다.

우리는 위의 과정에서 우리가 선택하는 것이 과연 옳은가에 대해 질문해야 한다. 우리는 '크리시나의 수레'를 탄 운명에 있을지 모르지만, 전면적으로 그 운명을 거부할 수 있는 선택도 가능하다.

'사이버(cyber)'라는 말은 원래 키잡이 또는 안내인을 뜻하는 그리스어였다. 사이버라는 말은 이제 컴퓨터의 트레이드 마크처럼 되었다. 그리고 사이버와 컴퓨터는 너무도 우리 일상생활에 근접하게 되었다. 많은 사람들에게 컴퓨터는 우상이지만, 위협이기도 한 것이다. 타이타닉 호는 건조될 당시 최첨단 기술이 낳은 걸작이었다. 그러나 불침선(不沈船)으로 불리던 타이타닉 호는 침몰했고, 그 결과 1,500명의 사람이 목숨을 잃었다. 가장 앞선 기술을 적용한 현대적인 배에서 가장 규

---

6. 같은 책, p.55.

모가 큰 비극이 발생한 셈이다. 사이버 스페이스에서는 모든 것이 눈 깜짝할 순간에 변한다. 불통과 고장의 원인을 분석하기도 전에, 그 재앙은 순식간에 전 세계에 파급된다. 월드 와이드 웹에서는 재앙조차 월드 와이드(world-wide)하다. 보다 심각한 사고가 발생한다면 어떻게 대처할 것인가? 예를 들어 요격미사일이나 무인비행기를 관제하는 위성이 고장난다면? 해군 함정의 위치판독기가 오류를 일으킨다면? 만일 적들이 준동하는 상황에서 그러한 사태가 발생한다면? 우리는 기계문명의 발달에 대해 심각한 반성의 자리에 서 있어야 한다.

우리는 이러한 상황에서 어느 자리에 서 있는가. 한 디지털 칼럼니스트는 우리 사회의 인간형을 디지털 원주민(Digital Native), 디지털 이민자(Digital Immigrant), 디지털 지체자(Digital Lagger), 탈디지털주의자(Out Digital)로 분류한 다음, 디지털 신인류의 특성을 다음과 같이 요약한다.[7] 네스케이프가 상용화된 1995년을 기점으로, 이후의 세대들은 디지털 원주민, 이전의 세대는 디지털 이민자, 혹은 디지털 지체자로 분류될 것이며, 10여 년이 흐르면 디지털 원주민이 우리 사회의 주역이 될 것이다. 문제는 이들 디지털 원주민들이 탈디지털주의자와 함께 어떠한 문화적 패턴과 삶의 방식을 취할 것인가에 있다. 아래의 표에서 분류된 63개의 유형에는 긍정적인 부분과 부정적인 부분이 공존한다. 또한 긍정적인 부분에도 몰입의 정도에 따라 많은 위험요인이 개입될 가능성이 있다.

---

[7] 김용섭, 『디지털 신인류』, 영림카디널, 2005.

9개 그룹	63개 유형	그룹의 특성
convergence	Digital Prosumer, Digital Nomad, Job Nomad, Global Man, Ubiquitous Man (Utizen), Fusion Tribe(Crossover Tribe), Multi Tribe, Mobile Tribe, Ana-digi Tribe	기술의 융합, 문화적 융합, 경제적 융합의 형태를 보인다. 이들은 다양한 결합에 능동적으로 대처하며 생산적이고 도전적이다.
pathfinder	Hacker, Digital Innovator, Early Adapter, Business Venturer, Trend Watcher, Homo Knowledgian, Techno-intelligence, Digital Homo Politicus, Digital Artist	디지털화의 여러 현상과 기술적 진보를 주도하는 인간형으로 개척자적 마인드를 가진다. 자기 과시와 성취욕도 작용한다.
communicator	Me Media Tribe / One Man Media Tribe, Parody Tribe, 펌족(Taker), 디카족, 댓글족, 입소문 전파자(WOM Tribe), Digital Storyteller, 안티족	표현하고자 하는 욕구를 인터넷을 통해 실현한다.
Lemmings	Digital Lemmings, Website Cracker, Flash Mobber, 짱문화 추종자, Trend Blinder	획일성이 난무하는 사회에 많다. '빨리빨리', '냄비근성' 등이 그것인데, 장점이 될 수도 있다.
Comrade	Online Community Tribe, 사이버 의병, Smart Mobber, Private Connector, P2P족, 그리드 컴퓨팅족, Copyleft Tribe	자기중심적, 이해타산적, 정치적, 사회적 연대 등으로 나타난다.
Individual	개인형 인간, Cocoon Tribe, eLancer, One Man Company / Me Company, 싱글족, Display Tribe	'조직형 인간'에서 변화된 형태로 직장이나 조직에 영향을 미친다.
Neo-Gender	Digital Eve, Metrosexual, Contrasexual, Nonsexual, Neo-Macho.	사회적인 범주로서의 성(gender)을 둘러싼 담론들.
Holic	사이버 폐인(廢人), 디지털 히키코모리, Web Holic, Cyber sexholic, Cyber Voyeur Tribe, Digital Admirer, Digital Dementia, Abatur Tribe, Reset Tribe	중독 / 몰입의 유형. 디지털 신인류의 치명적인 약점이 될 수 있다.
Knowledgian	Homo Knowledgian, Gold Collar, Digera-ti, Mania, KnowWhere Tribe, Knowledge Commodity Tribe	실용적 가치를 중심으로 한 지혜의 비중이 높아짐.

2. 미디어-인간의 확장

디지털 혁명이 진행되고 인터넷이 사람들의 일상생활에 파고들면서 '맥루한 이해'의 붐이 일고 있다. 맥루한의 주요 저서인『미디어의 이해』(Understanding Media, The Extension of Man)는 이 책이 처음 발간된 1964년보다 오늘의 현실에 더 큰 호소력을 지니고 있다. 우리나라에서도 1970년대에 번역된 맥루한의 주저『미디어의 이해』가 최근에 재발간된 바 있다.[8] "책은 활판 인쇄술 이전으로 돌아가 제작자가 소비자를 겸한 시대로 복귀할 것이며 일정한 주제로 순서를 찾아 구성되는 선형적인 책은 점차 사라질 것"이라는 맥루한의 예언이 네트의 하이퍼텍스트를 통해 현실로 나타나고, '공간의 소멸'과 '지구촌(global village)'에 대한 그의 유토피아적 신비주의가 인터넷을 통해 구현되며, "우리는 도구를 만들었지만 앞으로는 도구가 우리를 만들 것이다."라는 경구가 사실로 드러나는 오늘의 현실 자체가 맥루한 르네상스를 가져온 직접적인 원인일 것이다.[9]

맥루한은 미디어의 독자적인 특성에 주목했다. 지금까지 커뮤니케이션 이론가들은 미디어 자체는 별로 중요하지 않은 것으로 간주했다. 그러나 맥루한은 현대과학이 만들어낸 기술이나 도구 자체는 그리 중요하지 않고, 그것을 얼마나 유용하게 사용하느냐에 관건이 있다는 식의 전통적인 사고방식을 맹렬하게 비난한다. 미디어는 환경을 변화시킴으로써 우리 내부에 있는 특정 부위를 자극하여 지각하게 한다. 그야말로 감각의 확장은 우리의 사고와 행동유형(우리가 세계를 인식하는

---

[8] 맥루한, 박정규 역,『미디어의 이해 : 인간의 확장』, 커뮤니케이션북스, 1997 참조.
[9] 백욱인,『디지털이 세상을 바꾼다』, 문학과지성사, 1998, p.180.

방법)을 변화시킨다. 즉, 이런 부분이 변화함에 따라, 인간도 변화한다.

그의 관점은 '미디어는 바로 메시지(The medium is the message)'라는 말로 요약된다. 그는 미디어는 메시지를 담는 부차적인 그릇에 불과하다는 상식에 도전하면서, 테크놀로지와 직결된 미디어 자체가 내용인 메시지보다 중요하다는 점을 수시로 강조한다. 원래 커뮤니케이션 이론에서 매체라는 개념은 매우 다양하게 정의된다. 그러나 맥루한의 개념은 단순한 매스미디어에 국한되지 않고 훨씬 넓은 의미에서 인간이 고안한 도구나 기술까지도 포함하고 있다. 그에 의하면, 미디어는 인간의 제한된 육체와 감각을 확장시키는 도구이다. 자동차는 타조보다도 느리게 달리는 인간의 능력을 확장시키는 미디어이고, 옷은 다른 동물에 비해 예민하고 약한 피부를 가진 인간의 약점을 개선하기 위한 '확장된 피부'이다. 전자회로는 중추신경 계통의 확장이며, 라디오는 귀의 확장이며, 텔레비전은 눈의 확장이다. 감각 기관의 확장이라는 그의 생각은 곧 '미디어는 마사지다'는 선언에까지 이르게 된다. 이런 의미에서 본다면, 인류사는 미디어의 발달사라고 해도 과언이 아니다. 전기, 전자, 통신, 컴퓨터 등의 기술 발달은 미디어의 비약적인 발전에 기여했다. 그 결과 우리는 사이버 현실이 실재 현실보다 더 현실적으로 느껴지는 세상에 살고 있다.

맥루한이 제시한 또 하나의 중요한 척도는 핫(hot) 미디어와 쿨(cool) 미디어의 구분이다. 그는 두 매체를 구분하기 위하여 정세도(精細度, definition)와 참여도(參與度, participation)라는 개념을 사용한다. 정세도란 원래 사진 용어로서 사진에 나타난 영상의 선명도를 뜻한다. Hi-Definition TV는 정세도를 극도로 높인 텔레비전이며, 최근 디지털 카메라는 수백만 화소의 높은 정세도를 자랑하고 있다. 반면 참여도란 메시지의 의미를 재구성하는 데 필요한 상상력의 투입의 정도를 뜻한다. 인물사진은 초상화에 비해 정세도가 높다. 만화적 기법을 활용한 캐리커처는 사실적 기법에 충실한 초상화보다도 정세도가 낮다. 그러나 참여도의 척도에서 보면, 만화가 초상화에 비해, 초상화는 인물사진에 비해 각각 높은 정도를 나타낸다. 몇 개의 단순한 선으로 그려진 만화를 읽을 때, 우리는 더 많은 상상력을 필요로 하기 때문이다.

인문학자인 맥루한은 과학기술의 비약적인 발달에 대해 찬사를 아끼지 않으면서도, 그것이 내재한 위험을 경고한다. 마이크로칩의 처리능력이 18개월마다 2배로 늘어난다는 '무어의 법칙(Moore's Law)'[10]은 현대 컴퓨터의 발달과정에 어김없이 적용되고 있는 것에서 확인할 수 있듯, 현대의 과학기술은 정세도를 높이는 데에 크게 기여하였다. 그러나 이러한 기술 발달은 정세도만 높여줄 뿐, 인간의 참여도를 오히려 반감시키는 측면이 있음을 경고해야 한다. 맥루한은 미디어가 인간의 감각을 확장시켜주지만, 결과적으로는 인간의 잠재적인 능력을 감소시킬 수도 있다는 점을 강조한 셈이다. 예컨대 자동차를 이용함으로써 생활의 편리를 얻었지만, '다리의 확장'인 자동차가 인간의 다리 근육을 약하게 한다는 점을 잊어서는 안 되는 것이다.

맥루한이 제시한 핫(hot)과 쿨(cool)이라는 용어는 혼동을 일으키기 쉽다. 우리는 '핫 디베이트(hot debate)' 하면 열띤 토론, 즉 토론에 참가한 사람들이 깊이 관여하여 참여하고 있다는 것을 뜻하고, '쿨'에 대해서는 냉정한, 비인간적인, 잔인한 등의 수식어를 연상해왔다. 그러나 현대에 와서는 '쿨'한 태도도 사람이나 사물에 깊이 관여하여 그 속에

---

[10] '인터넷은 적은 노력으로도 커다란 결과를 얻을 수 있다'는 메트칼프의 법칙, '조직은 계속적으로 거래 비용이 적게 드는 쪽으로 변화한다'는 가치사슬을 지배하는 법칙과 함께 인터넷 경제 3원칙으로 불린다. 또한 컴퓨터의 성능은 거의 5년마다 10배, 10년마다 100배씩 개선된다는 내용도 포함된다.

몰입한다는 뜻을 담게 되었다. 현대인들에게 '쿨'이라는 용어는 이제 '현대적'이라는 의미를 담고 있다. '쿨한 도시 감성' 등의 광고문이 이제 우리에게는 전혀 생경하지 않다.

맥루한은 TV를 '바보상자'라고 부르는 우리의 통념을 역전시킨다. 책은 논리적으로 씌어졌기 때문에 읽기만 하여도 다 흡수할 수 있으나, 움직이고 명멸하는 TV의 화면은 가만히 있으면 이해할 수 없다는 것이다. 그의 관점에 따르면, TV를 보는 사람보다 책을 읽는 사람이 더 수동적이다. 맥루한은 이미 『구텐베르크의 은하계』라는 그의 저서를 통해서 문자문화에 대한 신랄한 비판을 가한 적이 있다. 인쇄술이 발명되면서부터 서구문명은 고도로 '핫'하게 되었고 지식인은 객관성을 존중하고 논리적 지식을 추구하고 단편적인 지식만을 강조하는 전문가적 속성을 지니게 되었다는 것이다. 맥루한은 텔레비전의 발명 이후 '핫' 문화가 점차 '쿨'한 방향으로 변하고 있는 점을 지적한다. TV처럼 적극적인 감각 참여를 요구하고 수용자의 상상력 동원을 강요하는 미디어에 오래 접촉하게 되면 인간은 복수감각형인 원시인으로 돌아가게 된다. 그에 의하면 미개국은 쿨하며 문명국은 핫하고, 도시인은 핫하고 농촌 사람은 쿨하며, 서양 문명은 핫하고 동양 문명은 쿨하다. 서양인이 동양적인 요소에 향수를 느끼고, 원시적인 음악에 영향을 받고 전위적인 피카소의 그림이 선풍적인 인기를 끄는 등 서양 몰락의 소리가 높아지는 것은 인쇄 문명의 퇴조와 더불어 전자 문명의 출현이 가져온 현상이라고 본다.

요즘 유행하고 있는 '쿨'한 유머, '썰렁' 개그 등은 정보량을 극도로 줄임으로써 유머에의 참여도를 높인다. 필자는 이러한 유머의 유행 요인을 오히려 핫 미디어의 범람에서 찾는다. 현대인들은 너무나 핫 미디어에 시달리고 있다. 치열한 입시 경쟁 때문에 책에 시달리고, 인터넷 게임에서 이기기 위해 밤을 새워 컴퓨터에 매달린다. 우리 눈앞에는 하루 평균 3,000개의 광고가 스쳐 지나가고, 휴대폰에는 끊임없이 물건 구매를 요청하는 전화가 걸려온다. 인간의 몸은 신체의 균형을 유지하기 위해 '항존성(恒存性, Homeostasis)'[11]을 유지하려는 경향이 있다. 인체의 외부에서 과도한 정보가 공급될 때, 인간의 몸과 마음은 정보량이 적은 상태로 돌아감으로써 균형감각을 회복하고자 하는 본능을 보이는 것이 아닐까 생각해본다. 친구들과 만나는 휴식의 시간만이라도 정보량이 적은 말을 하고 싶은 것. 이것이 '썰렁' 개그 유행에 대한 필자 나름의 분석이다.

쿨한 감성의 대표적인 사례는 만화이다. 만화는 여타의 뉴미디어에 비해 정세도가 극히 낮다. 만화 속의 인물과 사건들은 어쩐지 현실과는 어긋난다. 만화를 부정하고자 하는 일부 어른들은 만화라는 매체가 극히 정세도가 낮다는 사실을 연상하고 있는지도 모른다. 지금의 세대들은 책 읽기에 익숙하지 않다. 어쩌면 책이 담고 있는 극도의 정세도에 신물을 내고 있는지도 모른다. 그들은 만화 속의 여백과 과장된 표현에 참여하길 원한다. 심지어 그들은 만화 속의 주인공 복장을 하고 그들의 흉내를 내는 축제를 기획하기도 한다. 최근 만화를 원작으로 삼는 영화가 증가하고 있는 이유도 쿨한 감성이 우리 시대의 얼마나 지배적인 문화 코드인가를 짐작하게 한다.

몇 년 전부터 TV에 자막이 무차별적으로 도입되기 시작하였다.

---

11. 항상성이라고도 한다. 항존성은 생태계의 특징 중의 하나로 정상 상태를 유지하려는 성질을 말하기도 한다. 한편 항존성은 생체의 생리를 나타내는 용어로도 사용된다. 생체는 끊임없이 환경의 영향을 받고 그것에 반응한다. 동시에 장해를 받고 생체의 변화를 일으키고 있지만 항상 개체로서 생존하고 있기 때문에 자동제어에 의해 일정한 폭의 범위에서 항상성을 유지하고 있다. 이와 같은 현상은 생체의 모든 부위, 계통에서 나타난다.

TV의 자막은 원래 청각 장애인을 위한 서비스, 뉴스의 요약, 외국영화의 대사 처리 등을 위해 제한적으로 사용되었다. 그러나 최근에는 각종 오락 프로그램에 무차별적으로 사용되면서 TV화면을 거의 만화적 구도로 이끌어가고 있다. 만화의 말풍선이 인기 연예인의 실수에 대한 논평, 조롱 등에 자주 활용되면서, 만화의 매력 중의 하나인 '말과 그림 사이의 아이러니'가 가장 오락적인 요소로 활용되고 있다. 예전의 TV 시청자들은 멀리 있는 현실을 정보의 왜곡없이 그대로 전달받는 것을 원했지만, 지금의 TV 시청자들은 '높은 정세도의 현실'보다는 화면 편집자에 의해 왜곡된 '높은 참여도의 만화적 구성'을 원하고 있는 셈이다.

3. 정보사회와 개인의 역할

MIT 미디어랩의 소장 네그로폰테는 『와이어드』(Wired)라는 잡지의 칼럼을 보완하여 『디지털이다』(Being Digital)를 펴낸다. 1995년에 출판된 이 책은 '인간이 디지털로 되어가는(being)' 현상을 포착한다. 돌이킬 수도 없고 멈출 수도 없는 이 디지털 혁명의 물결은 이제 컴퓨터가 더 이상 계산기가 아니라 우리의 삶 자체임을 강조한다. 이 책은 서문 '종이책의 패러독스'에 이어, 아톰(atom)에서 비트(bit)로의 변화, 사람과 비트가 만나는 곳으로서의 인터페이스(interface), 디지털 삶에 대한 낙관론적인 전망 등으로 구성되어 있다. 그는 디지털 세상의 특징으로 탈중심화(decentralizing), 지구촌화(globalizing), 조화력(harmonizing), 권력 강화(empowering) 등을 들고 있다.

그가 한국어판 서문에서 한국에 대해 언급한 부분을 인용하기로 한다. 이 인용문은 우리가 얼마나 정보사회에 근접해 있는가에 대한 반성을 제공한다.

나는 한국인들과의 공동 작업에 자부심을 느낀다. 당신들의 조국이 번창하리라는 것을 확신한다. 반도체 분야에서의 리더십과 디지털 세계에 대한 한국의 공헌은 부인할 수 없는 것이다. 그러나 이런 이유로 내 책의 한국어 출간을 기뻐하고 있는 것은 아니다. 전해들은 것이기도 하고 직접 체험하지 않은 경험이긴 하지만 한국에는 또 다른 얼굴이 있다. 바로 당신들의 교육체제, 내가 이 책에서 가장 크게 중점을 두었던 바로 그 문제에 대해 말하고 싶다. 내가 받은 인상으로는 당신들은 교육 분야에서 극히 위험한 길을 걷고 있다. 창의적이고 유연한 교육의 길 대신에 주입식 암기교육에 극단적으로 가치를 부여하고 있기 때문이다.[12]

네그로폰테는 이 서문에서 '정보의 홍수' 상황에서 정보에 대한 주입식 암기교육이 얼마나 무용한가를 강조한다. 정보가 넘치는 상황에서는 정보를 암기하는 대신, 창의적이고 유연하게 정보에 접속하는 방식이 더 중요하다는 것이다. 어쨌든 21세기는 정보사회로 규정할 수 있다. 전통사회, 산업사회에 이은 정보사회는 기존의 사회와 인간의 모습을 혁명적으로 바꾸어놓고 있다. 개인들은 이 과정에서 많은 기회와 위기를 겪는다. 정보사회는 많은 정보를 공유할 수 있게 한다는 점에서 인간의 행복 증진과 능력 개발을 가능하게 하는 측면도 있지만, 정보의 빈익빈 부익부 현상이라는 어두운 그늘도 가진다. 정보사회의 특성과 장단점을 간단하게 정리하기로 한다.[13]

---

12. 니콜라스 네그로폰테, 백욱인 역, 『디지털이다』, 커뮤니케이션북스, 1998, p.7.
13. ① 권태환·조형제·한상진 편, 『정보사회의 이해』, 미래M&B, 2000, pp.20-26. ② 앤터니 기든스, 김미숙 외 역, 『현대 사회학』, 을유문화사, 1994. ③ 앨빈 토플러,

(1) 규모의 경제에서 범위의 경제로

정보사회에서는 인간의 창의력이 산업사회에서의 자본의 역할을 상당 정도 대치한다. 또한 하드웨어에 비해 소프트웨어의 비중이 커진다. 이와 함께 규모의 경제가 정보 상품에는 적용되지 않기 때문에 '조직의 유연성'이 높은 중소기업이 '규모의 경제'를 지향하는 대기업 못지않은 경쟁력을 가지게 된다. 창의적인 중소기업들은 소수의 고객을 대상으로 개성을 중시한 제품, 철저한 서비스를 지속적으로 제공하는 시스템을 개발함으로써 고객과의 네트워크를 형성하며, 이러한 기업은 '범위의 경제'를 실현한다.

조직의 유연성은 상품 생산 이외의 국면에서도 전면적으로 이루어진다. 관료제적 경직성, 폐쇄성, 거대한 규모로 대표되는 산업사회의 조직은 축소되고, 재택근무의 선택, 노동 시장의 유연성 등이 중요해진다. 정보사회의 조직과 개인은 지배와 종속의 관계가 아닌, 독자적인 주체로서 상호작용해야 할 필요성에 직면한다. 정보사회에 빨리 적응한 사람들에게는 많은 기회가 주어지는 반면, 산업사회의 조직과 노동윤리에 머물러 있는 사람들은 정보사회에서 숱한 고통과 소외를 겪게 된다.

(2) 다양성에 대한 욕구

정보사회의 진전은 일반인들의 소비행태에 근본적인 변화를 가져온다. 시장에서 생산품을 직접 보고 한정된 시공간 내에서 물건을 구

이계행 감역, 『권력 이동』, 한국경제신문사, 1990 참조.

입하는 방식에서 탈피해, 자기의 기호에 맞는 제품이 어떤 것인지 먼저 생각하고, 그러한 상품을 정보통신을 통해 찾은 다음, 생산자나 유통업체에 주문하는 방식이 선호된다. 더 나아가서는 주문을 받은 후 주문 내용에 따라 생산하는 주문자 생산방식도 확산된다. 또한 소비자가 컴퓨터상에서 가상으로 주어진 상품을 먼저 사용해보고, 그의 취향을 반영해 조건과 용도에 맞는 제품을 생산하는 가상기업도 등장하고 있다. 이러한 생산방식은 과거 장인시대의 개별주문방식과도 유사하다고 볼 수 있다.

이러한 전통사회로의 복귀 경향은 현재의 문화적 경향이 중세의 엽기, 그로테스크 등에 대한 호기심, 복고취향, 신화적 세계에 대한 관심 등으로 확산되는 현상과도 연결된다. 게임시나리오, 영화 등에서 신화적 취향, 리얼리즘에서 벗어난 환상성의 강조가 두드러지는 예에서도 이를 확인할 수 있다. 문화적 다양성과 원시문화에 대한 동경, 현대문화에 대한 일탈의 욕구 등을 주요 콘셉트로 삼는 이탈리아의 패션 기업 베네통은 이러한 심리에 호소하고 있다. 아프리카를 연상시키는 강렬하고 원색적인 색상, 마치 기워 입은 듯한 투박한 디자인, 금기시되던 토픽을 과감하게 상업 광고에 삽입하는 베네통 회사의 광고 전략은 다문화사회에 대한 관심의 표현이기도 하다. 소비자들은 베네통을 통해서 원시와 문명 속에 감추어진 원시에 대한 향수를 느끼게 된다.

(3) 다원화와 분권화

산업사회에서는 대중들이 지배자들에 의해 조작된 대중매체를 통해 일방적이고 강요된 상징의 지배를 받을 위험성이 높았다. 정보와 매체의 독점은 대중민주주의를 위협하는 요소이다. 반면 멀티미디어는 쌍방향 통신매체의 성격을 갖고 있으므로, 모든 분야에서 시민 참여의 신장을 기대할 수 있다. 원거리 투표제도의 도입, 주어진 쟁점에 대한 온라인 토의가 가능해짐에 따라 대중민주주의에서 참여민주주의로의 전환이 이루어질 수 있다.

분권화는 정치뿐만 아니라, 사회의 조직 전체에 파급되고 있다. 상명하달 식의 수직적 위계질서는 축소되고, 네트워크의 연결을 통한 각종 연대사업들이 새로운 운동 주체로 떠오르는 현상도 한 사례가 된다. 2002년, 2006년 월드컵의 거리 응원, 미군 장갑차에 의한 효순 양의 사망사건에 대한 촛불시위 등은 자발적이고 수평적인 네트워크에 의해 촉발된 운동이었다.

숱한 포털사이트들은 물론, 미니홈피, 블로그 형식으로 다원화된 개인의 매체들은 이 세상이 더 이상 획일화되고 일사불란한 명령체계에 의해 통제될 수 없는 사회로 진전되고 있음을 보여주는 한 예이다. 조지 오웰은 <1984년>과 <동물농장>을 통해 '대형(大兄)'에 의해 중앙 통제되는 우울한 미래를 예견하였지만, 인터넷 사이에서 이루어지는 관계들은 대형의 위력에 맞설 만한 잠재력을 보여주고 있다.

(4) 시간과 공간의 의미 변화

우리가 살면서 경험하는 세상은 감각의 틀에 갇혀 있다. 우리는 가시광선 바깥의 자외선과 적외선을 보지 못하며, 우주의 엄청난 규모와 '겨우 존재하는 것'들로서의 나노(nano) 세계를 경험할 수도 없다. 지수와 로그(logarithm)는 이러한 세계의 표현을 수학적으로 가능하게 한 사건이다.14 19세기 수학에서 지수와 로그가 담당했던 시공간의 압축은 비로소 20세기에 들어와 반도체 기술에 의해 좀 더 현실화된다. 디지털의 정보단위인 디지트(digit)는 분자(atom)의 세계로는 설명하기 힘든, 매우 작거나 매우 큰 영역으로 확산될 수 있었다.

반도체 기술의 발달에 따라 엄청나게 많은 양의 정보가 조그마한 공간에 수록될 수 있게 되었다. 이러한 정보공간의 소형화(downsizing)와 함께 광케이블의 개발은 전송 속도를 높임으로써 기존의 거리 관념을 바꾸고 있다. 광케이블망의 구축으로 대표되는 정보고속도로의 건설은 시공간의 압축 현상을 보여주며, 따라서 정보에서 뒤처지는 기업이나 국가는 경쟁에서 살아남을 수 없게 된다.

광학의 발달로 인해 가시광선(可視光線) 바깥의 적외선·자외선이 발견된 것처럼, 반도체 기술의 발달은 기존의 교통, 운송체계 바깥의 세계를 조망할 수 있게 해주었다. 세계를 분자(atom)의 집합으로 이해하는 기존의 관점은, 세계를 디지털(digital)의 조합으로 이해하는 새로운 관점을 낳았다. 디지털의 세계는 아톰보다 매우 작은 것이기도 하지만, 디지털의 조합을 통해 재현한 세계는 아톰의 세계로서는 상상할 수 없을 만큼 거대한 것이 되기도 한다. 예를 들어, 해리포터 시리즈는 영국의 한 작가에 의해 씌어졌지만 영국에서 종이책을 제작하여 해외로 수출하는 방식을 선택한다면 곧 '아톰'의 한계에 부딪치게 될

14. 로그는 대수(對數)라고도 한다. a가 1이 아닌 양수일 때, x, y 사이에 $x=a^y$이라는 관계가 있으면, y를 a를 밑으로 하는 x의 로그라 하고, $\log_a X$로 나타낸다. 이때 x를 y의 진수라 한다. 또 $y=\log_a X$를 x, y 사이의 함수관계로 볼 때 y를 x의 로그함수라고 한다. 로그는 영국의 J. 네이피어가 창안한 것이다. 이러한 로그의 발견에 의해서 큰 수의 계산을 쉽게 할 수 있게 되었는데, 당시 매우 성행하고 있던 천문학 등에 크게 이용되었다. 지수와 로그가 컴퓨터의 발전에 기여했음은 물론이다.

것이다. 종이책을 수출하는 대신 원고를 '디지털'의 상태로 수출하는 편이 훨씬 더 효율적이라는 사실을 이해하게 될 때 그는 좀 더 디지털의 세계에 근접하게 된다. 이처럼 디지털은 '지구촌(global village)'의 개념을 확장하는 데 크게 기여했다.

(5) 새로운 커뮤니티의 형성

전통적인 사회에서 나타나는 인간관계를 1차적 관계, 현대 도시 산업사회의 대표적인 인간관계를 2차적 관계라고 한다면, 정보사회를 특징짓는 인간관계는 3차적 관계이다. 재택근무, 원거리 진료, 화상회의, 컴퓨터를 통한 행정처리 등이 보편화된다면, 이제 사람들이 서로 얼굴을 맞대고 만날 가능성은 희박해진다.

사르트르가 "인간들 사이가 바로 지옥이다."고 말했듯, 우리가 이해하고 있는 인간관계는 상당히 복잡하다. 우리는 타인들과 만나는 관계에서 신뢰와 오해, 사랑과 증오 등의 복잡한 감정들을 갖는다. 그러나 3차적 관계에서는 이러한 인간적 관계보다는 기계적인 컴퓨터 언어와 문법에 의한 상호작용이 선호된다. 우리는 같은 내용의 의사소통을 전화를 통해서 혹은 문서를 통해서 이룰 수 있다. 그러나 좀 더 복잡하고 미묘한 문제는 직접 얼굴을 맞대고 해결하려는 경향이 강하다. 국가 간의 정상회담을 생각해보자. 그들이 만나는 시간은 매우 짧다. 그러나 두 정상들은 직접적인 대면을 통해 다른 접촉으로는 해결하기 힘들었던 문제를 일거에 해결하고자 한다.

3차적 관계의 우세는 1차적 관계에 대한 욕구를 증가시킬 수 있다. 사회적 통합을 이루고 인간 사이의 친밀감을 느끼고자 하는 감정은 인간의 보편적인 욕구이다. 인터넷상의 각종 커뮤니티가 지향하고 있는 공동체의식은 이와 관련되어 있다. 온라인과 오프라인 커뮤니티의 병존도 그 대안 중의 하나이다.

더 찾아 읽기

> 앤터니 기든스, 김미숙 외 역, 『현대 사회학』(을유문화사, 1994)은 사회학 분야의 책이지만, 21세기의 중요한 변화를 포괄적으로 서술하고 있어, 정보사회 속의 인간에 대한 시사를 얻을 수 있다. 피쉬윅의 『대중의 문화사 : 동굴에서 태어나 사이버 공간으로 걸어나오다』(청아출판사, 2005)는 원시시대에서 현대까지의 문화변동을 통괄하는 시각을 제공하고 있어 흥미롭다.

제 6 장

네트워크의 사회

    일기예보를 신문에서 읽을 때와 TV를 통해 볼 때, 어떤 차이점을 가지는가. 아마도 신속함이나 간편함을 내세우는 쪽에서는 TV를 택할 것이다. TV의 일기예보는 기상캐스터의 복장만으로도 오늘의 날씨를 짐작하게 할 수 있다. 기상캐스터가 우비 차림을 하고 있다면, 바쁜 출근길의 직장인들은 TV화면을 잠시 스쳐 지나면서도 우산을 챙기게 된다. 반면 신문은 정보의 전달 자체가 느리다. 아침에 배달된 신문은 이미 어제 저녁에 마감된 정보로 채워져 있다. 신문은 '지금 이곳'에서 일어나는 사실의 전달 면에서 TV와 경쟁할 수 없다. 그러나 이런 측면도 도외시할 수는 없다. 신문에 기상도가 실렸을 경우, 기상도를 독해할 수 있는 사람들은 저기압과 고기압의 이동이 향후 며칠 동안 어떻게 전개될 것인지에 대해 분석할 수 있을 것이다. 이러한 두 가지 측면들을 생각하면서, 우리의 목전에 펼쳐지고 있는 멀티미디어 세계의 한 측면을 살펴보기로 한다.

- 20세기 최대의 발명품은 무엇인가. 다음 매체들의 중요성에 대해 각각 설명해보자.
    (1) 라디오
    (2) 텔레비전
    (3) 컴퓨터
    (4) 인터넷

- 다음 사이버스페이스를 접속해 보고 그 특성을 파악해보자.
    (1993) Web / Browsers
    (1998) Google
    (2001) Wikipedia
    (2002) Technorati(blogsphere)
    (2003) Delicious(special bookmarks)
    (2004) Facebook, Flickr
    (2005) YouTube, RSS
    (2006) Twitter

1. 방송, 통신의 생성

    19세기 후반부터 20세기에 걸쳐 인류는 전화, 영화, 라디오, 텔레비전, 컴퓨터 인터넷 등의 미디어를 향유할 수 있게 되었다. 이들 미디어들은 현대인의 삶을 크게 변화시켰다. 먼저 20세기에 이루어진 가장 중요한 미디어 발달의 역사를 정리하기로 한다. 멀티미디어의 다양한 차원을 미디어, 지각방식, 사용 언어, 코드화, 통신장치에 따라 각 분류하면 다음과 같다.

	정 의	설 명
미디어	정보와 통신매체	인쇄물, 영화, 라디오, TV, CD롬, 인터넷(컴퓨터 + 텔레커뮤니케이션)
지각방식	정보 수용에 관련된 감각	시각, 청각, 촉각, 후각, 미각, 내적 감각
언 어	표현 유형	언어, 음악, 사진, 그림, 동영상, 기호, 춤 등
코드화	정보의 기록과 전달시스템의 원리	아날로그, 디지털
통신장치	커뮤니케이션 참가자들 간의 관계	• 일 대 다 : 신문, 라디오, TV • 일 대 일 : 우편, 전화 • 다 대 다 : 월드 와이드 웹, 전자화상회의, 다중참여적 가상세계, 기타 학습이나 협력작업을 위한 시스템

우리는 간혹 미디어를 멀티미디어에 한정하는 경향이 있다. 그러나 책이나 언어야말로 가장 훌륭한 미디어에 속하는 것이며, 단지 정보통신의 발달로 인해 이러한 미디어의 내용들이 다른 형식으로 바뀌고 있다는 점을 알아야 한다.

위의 표에서 알 수 있듯, 아날로그도 훌륭한 미디어에 속하는 것이며, 이목구비(耳目口鼻)와 피부로부터 얻는 물리적 감각, 즉 청각·시각·미각·후각·촉각은 물론 머릿속에서 상상된 내적 감각도 정보수용에 관련되는 감각인 만큼 미디어와 관련된다. 위의 표에서 가장 주목할 점은 커뮤니케이션 참가자들 간의 관계이다. 20세기의 대중문화는 단일한 중심에서 보낸 정보가 다수의 수용자에게 전파되는 일대다의 형식이 지배적이었다. 그러나 21세기 웹 중심의 문화에서는 다수의 발신자와 다수의 수신자가 함께 공존하는 다대다의 형식이 일반화되고 있다. 라디오와 TV가 일대다 형식의 방송문화를 지배했다면, 컴퓨터를 활용한 웹의 진화는 다대다 시대의 방송-통신 융합 문화를 이끌고 있다.

(1) 라디오

무선통신 시대가 마르코니가 일방적으로 주도한 전파 응용의 시대였다면, 본격적인 방송의 시대는 바로 1901년을 기점으로 하는 목소리, 즉 보이스(voice) 시대다. 그리고 5년만인 1906년 페센덴은 크리스마스 메시지와 함께 음악 두 곡과 시 한 편을 방송을 통해 송출하는 실험에 성공하면서 최초의 라디오 방송은 시작된다. 일반인들이 무선커뮤니케이션의 위력을 실감한 것은 1912년의 타이타닉 호 사건이었다. 무선전신회사에 근무하던 21세의 한 청년은 타이타닉 호의 침몰을 세계에 알리고 72시간 동안 혼자 교신함으로써 통신의 위력을 함께 보여주었다. 1925년에는 아시아에서 최초로 일본이 라디오 방송을 개시하고, 1927년에는 경성방송국이 개국한다.

20세기 커뮤니케이션 역사에서 가장 큰 사건은 방송미디어 특히 라디오의 출현이었다. 라디오는 출현과 함께 우리가 살고 있는 시공간의 개념을 송두리째 바꾸어놓았다. 라디오는 애초부터 방송이라는 테크놀로지가 필요해서 개발된 것이 아니라, 다른 목적과 용도로 개발된 기술을 이용하여 방송이라는 새로운 문화적 유형으로 나타나 자리 잡았다. 이는 인쇄술의 개발과정과도 유사한 대목이다. 인쇄술이 금속가공업의 중심지인 독일 등지에서 품질 보증 마크를 찍기 위해서 연질 금속 주형에 글자모양을 새겨 넣고 찍다가 이것이 활판 인쇄술로 바뀐 과정과 유사하다는 의미다. 즉 무선통신으로 정보를 교환하고자 했던 무선기술의 발전이 뉴스와 오락을 무선에 담음으로써 방송이라는 미디어로 옮아가는 과정에서 형성된 것이다.[1]

라디오는 소리가 들리는 범위의 청각적, 기계적 한계를 무너뜨렸으므로, 라디오의 영향을 가장 크게 받은 예술은 음악이었다. 구두 커뮤니케이션을 구속하는 육체라는 감옥을 탈출한 마지막 예술인 음악은 1914년 이전에 축음기가 도입됨으로써 이미 기계적 재생산의 시대에 돌입했다. 음반은 기술적 성능이 개선되기는 하였지만, SP 음반은 3분, LP 음반은 30분 정도의 물리적 한계에 갇혀 있었다. 라디오는 최초로 음악을 일정한 거리에서 끊이지 않고 무제한으로 들을 수 있게 해주었다. 따라서 라디오는 고전음악을 비롯한 소수파 음악의 유일한 보급자이자 음반 판매의 가장 강력한 수단이 되었다. 라디오는 음악을 변화시키지는 않았지만, 현대생활에서 음악이 차지하는 역할은 라디오가 없었다면 상상할 수도 없었을 것이다.[2]

(2) 텔레비전

그림을 전류로 바꾸어 송신하는 통신법 연구는 소리의 전송보다 앞섰다. 1842년 영국의 알렉산더 베인이라는 사람이 사진 전송을 고안

---

1. 김정탁, 『미디어와 인간』, 커뮤니케이션북스, 1998, pp.44-45.
2. 에릭 홉스봄, 이용우 역, 『극단의 시대 : 20세기 역사(상)』, 까치, 1997, p.279.

했다. 프랑스 출신의 산레그는 베인의 방법을 도입하여 텔렉트로스코프(telectroscope)라는 TV방식을 고안했는데, 이때가 1878년이었다. TV기술의 획기적 전환은 주사원판(走査圓板) 개발이 독일의 파울 니프코(Paul Nipkow)에 의해 실현된 1884년이었다. 이런 이유에서 니프코를 'TV의 아버지'라 부른다. TV드라마가 등장한 것은 1928년 미국에서이며, 영화의 출현인 1895년에 비해 상당히 늦다.

TV는 '영화'의 후예라기보다는 '라디오'의 후예다. TV는 케이블을 통해 소리를 전송하게 한 라디오의 기술에 사진을 전송할 수 있는 기술이 더해짐으로써 탄생했다. TV는 출생부터 영화나 연극과는 다르며, 이런 이유에서 TV의 드라마는 영화와 연극 등의 드라마와는 다른 방식으로 구성된다. 그리고 TV드라마는 기존의 드라마와는 다른 '동시성'과 '일상성'으로 인해 전혀 새로운 예술 개념을 생성시켰고, 이러한 TV드라마의 속성은 TV매체와 유사한 메커니즘을 지닌 인터넷 등의 멀티미디어 속에서 고스란히 이어지고 있다.

TV드라마는 전통적인 드라마와는 차별되는, 독특한 특성이 있다. 전통적인 드라마는 암흑 속에 묻혀 있다가 빛을 동반한 발광체로서 탄생하였다. 드라마가 자신의 맥박과 호흡을 획득하기 위해서는 상당한 '어둠과 침묵'을 전제하였다. 한 편의 영화나 연극 관람을 위해서는 다만 몇 분간이라도 어둠 속에 빠져들어야 한다. 극장의 존립 목적은 바람이나 이슬을 피하는 것이 아니라 빛을 차단하는 것이었다. 드라마는 어둠을 강요하고 어둠을 초대하며 어둠 속에서 그 강력한 힘을 기른 후 자신의 빛을 발하며 나타난다. 관객이란 일단 어둠 속으로 빠지기 위해 일상에서 벗어나 극장 안으로 들어간다. '어둠과 침묵 속의 기다림'이란 관극(觀劇)의 첫 조건이자 관문이었다.

결론적으로 말하면, TV드라마는 어둠을 물리친, 그래서 전통의 극

체제를 거부하는 드라마 족보상의 이단자로 존립한다. 즉 암흑 속에서 드라마를 해방시킨 것이다. TV드라마는 그간 예술 형태에서 소외되어 왔던 '일상'의 세계를 다시 불러들인 것이다. 우리는 TV드라마를 통해 두 가지를 얻었다. 하나는 '멀리서 본다(tele-vision)'는 차원에서의 시공간의 확대이며, 다른 하나는 일상성의 회복이었다. '안방극장'인 TV드라마의 탄생은 극장예술의 총아였던 연극과 영화의 가장 강력한 경쟁상대가 되었으며, 연극은 이내 소수예술로 전락하였다.

(3) 컴퓨터

컴퓨터는 원래 단순한 수식 계산을 위해 발명된 전자계산기였다. 그러나 점차 군사적 용도로 영역을 넓혔고, 이후에는 대학과 연구소의 실험실로, 각 가정과 교실의 개인용 컴퓨터로 그 영역을 넓혔다. 이제 컴퓨터의 용도는 수식 계산, 문서 편집에서 벗어나 개인 간의 의사소통을 결정하는 가장 중요한 수단으로 확장되었다. 현대인의 일상에서 하루 한 시간 정도를 컴퓨터 내의 인터넷 서핑과 온라인 게임에 몰두하는 것은 전혀 이상스러운 일이 아니다.

컴퓨터 혁명이 라디오나 TV 혁명보다 더 위력적인 이유는 컴퓨터의 언어들이 다른 의사소통 수단들을 끊임없이 자기의 영역으로 끌어들이고 있다는 점에 있다. 우리는 컴퓨터를 통해서 라디오, TV 등의 음악, 드라마 등의 콘텐츠를 접할 수 있고, 전화와 편지의 기능도 컴퓨터를 통해 대행할 수 있다. 이러한 속성이 바로 멀티미디어 탄생의 배경이 된다.

컴퓨터의 진화과정을 이 자리에서 자세하게 서술하는 것은 거의 적절하지 않다. 컴퓨터의 진화과정은 예상을 뛰어넘어 말과 글의 속도 바깥에 존재하기 때문이다. 간단하게 그 과정을 정리하면 다음과 같다.[3]

17세기 파스칼(B. Pascal)에 의해 기계적 장치로 고안된 계산기는 19세기 초 영국 수학자 찰스 배비지가 설계한 계산기계로 상용화된다. 배비지는 사회문제에 대한 데이터를 정부가 효과적으로 수집하고 처리하는 것을 돕기 위해서 계산기를 설계했지만, 충분한 예산을 확보하지 못해 작은 모델과 설계도로만 남게 된다.

최초의 전자 디지털 컴퓨터는 미국 펜실베니아 대학의 무어학교에서 완성한 에니악(ENIAC)이다. 1만 8천여 개의 진공관을 사용한 이 기계는 30톤에 가까운 무게, 10미터에 달하는 길이로 유명하다. 상당수의 과학적 발명이 그러하듯, 에니악은 군사적 용도, 즉 포탄의 탄도를 계산할 목적으로 만들어졌다. 에니악을 설계했던 에커르트와 모클리는 곧바로 컴퓨터를 만드는 작은 회사를 설립하였으며, 이들은 최초의 상업 컴퓨터라고 할 수 있는 유니백(UNIVAC, Universal Automatic Computer)을 만들어서 1951년 미국 육군에 판매한다.

컴퓨터 발전의 배후에는 미국 군부가 있었다. 미국 군부에서는 자본주의와 공산주의 각 블록을 '닫힌' 블록으로, 그리고 전 세계를 두 막강한 선악의 힘 사이에 영속적인 대립과 긴장이 지배하는 '닫힌' 구조로 파악했다. 군부는 세상을 수학적인 분석을 가할 수 있는 맞물린 시스템들로 간주하고, 컴퓨터·수학적 시뮬레이션이나 게임이론을 통해서 거대한 세상의 정치·외교·군사적 전략을 만들어내는 방식을 취했다. 컴퓨터는 실시간 작전의 군사적 통제를 가능하게 했으며, 세

---

3. 홍성욱·백욱인 편, 『2001 : 싸이버스페이스 오디쎄이』, 창작과비평사, 2001, pp.14-46.

상을 시뮬레이션과 같은 방법을 통해서만 조작 가능한 것으로 파악하게 함으로써, 닫힌 세상의 담론을 형성하고 유지하는 데 실질적으로 중요한 몫을 담당했다. 시뮬레이션으로 만들어진 닫힌 세상의 주인은 인간이 아니라 컴퓨터와 자동기계이며, 인간의 활동은 시스템의 효용을 증가시키는 방식으로 이에 종속된다. 예컨대 베트남전에서 미군은 월맹군이 자주 다니던 길에 전자센서를 뿌려놓고, 적의 부대나 트럭의 움직임을 중앙컴퓨터센터에서 한눈에 볼 수 있도록 장치한 다음에, F4 전투기의 미사일을 컴퓨터로 조작해서 적을 살상하는 방식을 사용했다(물론 이러한 성공은 상당부분 의심스러운 것으로 판명되었다. 베트콩과 월맹군은 저공비행하는 미군 비행기를 전혀 레이더 장치를 사용하지 않고, 세숫대야에 담긴 물의 떨림만으로 포착했다. 세숫대야에 포착된 징후는 어떤 컴퓨터보다 정확했다).

　　메인프레임(mainframe) 컴퓨터의 시장은 곧 IBM에 의해 점유됐다. 1950년대 중반 이래 시장의 선두를 달리던 IBM은 1964년 호환성이 뛰어나고 부피가 작은 IBM OS / 360으로 사무용 컴퓨터 시장을 확장함과 동시에, 진공관 대신 트랜지스터를 사용하고 메모리 집적회로(ROM과 RAM)를 사용하면서 과학기술자에서 기업까지 다양한 고객의 필요를 충족시킨 최초의 전천후 컴퓨터가 되었다. 그리고 INTEL 8080은 컴퓨터와 정보통신의 역사에서 처음으로 알테어를 장착한 '개인용 컴퓨터(personal computer)'의 역사를 열었다.

　　알테어가 시장에 나오기 전인 1974년에 하버드 대학을 다니던 빌 게이츠가 친구 폴 엘런과 함께 8주간 밤낮없이 작업을 해서 알테어를 위한 베이직(BASIC)을 프로그램함으로써, 베이직이 소형컴퓨터의 표준언어가 되고 이후 마이크로소프트사의 부상으로 이어진 것은 컴퓨터 발전의 역사에서 찾아볼 수 있는 하나의 작은 신화다. '작고 부드러운 것(micro-soft)'이 크고 단단한 대기업들을 물리친 셈이다.

　1970년대 중반 개인용 컴퓨터가 등장하던 시대의 사회문화적 배경은 공군의 지원을 받아 MIT의 엘리트 엔지니어들을 중심으로 쎄이지 계획이 추진되던 1950년대와 60년대 초엽의 그것과는 달랐다. 개인용 컴퓨터에서는 첩보나 통제 따위 군사적인 영향력은 찾아보기 힘들고, 오히려 여기에는 1960년대의 급진적 사회운동의 이념이 짙게 깔려 있었다. 해커의 윤리(Hacker Ethnic)는 이러한 믿음과 상응하는 것이었다.

　인터넷의 진화과정에서 중요한 기여를 한 것은 '분산 네트워크'의 방법이었다. 1967년 당시 컴퓨터를 네트워킹하는 방법은 중앙에 통제 컴퓨터를 두고 다른 컴퓨터들을 마치 우산살 모양처럼 중앙컴퓨터에 연결하는 방법이었다. 그러나 이 방식을 중앙컴퓨터가 파괴되면 전체가 마비된다는 약점이 있었다. 폴 바란은 모든 컴퓨터가 다른 컴퓨터에 그물망처럼 얼기설기 엮여진 '분산 네트워크' 방식을 제창했는데, 이러한 네트워크에서는 '중심'이라는 개념이 의미가 없으며 따라서 적의 공격으로 인해 몇 개의 통신선이나 컴퓨터가 파괴되어도 남아 있는 것들을 이용해서 통신이 가능할 수 있었다.

　바란의 분산 네트워크 개념은 아파넷의 기초로 수용되어 UCLA·스탠퍼드·산타바바라·유타대학의 네 곳에 있는 컴퓨터를 연결할 수 있었다. 서로 다른 컴퓨터 사이의 통신규약인 프로토콜(protocol)은 NCP(Network Control Program)였다. 1993년 일리노이대학의 학생인 안드리쎈이 HTML문서들을 쉽게 볼 수 있는 모자익(Mosaic)이란 프로그램(이는 1994년 Netscape로 발전했다)을 제작하면서 많은 사람들이 인터넷으로 몰리게 되었고, 이제 보통 사람들이 집이나 사무실에서 개인용 컴퓨터와 모뎀을 이용하여 인터넷에 접속하게 되었다.

2. 컴퓨터 매개 커뮤니케이션(CMC) 커뮤니티

(1) 나무체계에서 리좀체계로

현재 오프라인과 온라인은 서로 대체재나 보완재의 기능을 담당한다. 온라인 수업이 정착되면서 교실에서 이루어지던 전통적인 수업은 온라인으로 대체되거나 온라인을 병행하는 수업으로 진화되고 있다. 이제 오프라인과 온라인 중 어느 쪽을 선택하느냐 하는 문제가 산업계와 교육계, 그리고 우리가 살고 있는 공동체 전체의 문제로 확대되고 있다. 예를 들어, 사이버 반상회가 정부의 시책을 동네로 전달하는 가장 낮은 단위의 행정조직인 반상회를 대체할 수 있다.

대부분의 오프라인 커뮤니티는 철저한 트리(tree) 체계로 형성된다. 트리 체계에서 모든 의미의 생성은 중앙부를 통해서 이루어지며, 내용 하달의 방식으로 의미가 전달되는 위계적 방식에 의존한다. 오프라인의 군대, 기업, 정부 등 대부분의 커뮤니티가 이 같은 나무 체계를 표방하고 있다. 반면에 사이버 커뮤니티는 나무 체계가 아닌 리좀(rhyzome) 체계에 의존한다. 리좀은 식물학 용어로 대나무의 뿌리 줄기와 같이 줄기가 변해서 생긴 땅속 줄기를 일컬으며, 계층화된 나무 체계와는 그 시발점 자체가 다르다. 중심이 있고 그곳에서 의미가 생성되어 하부로 전달되는 나무 체계와 달리 리좀 체계에서는 아예 중심의 개념이 존재하지 않는다.[4]

들뢰즈와 가타리가 말한 바와 같이, 리좀 체계에서는 나무처럼 유기체적 조직이 하나의 완벽한 개체를 이루는 것과 달리 각각의 배치

---

[4] 질 들뢰즈・펠릭스 가타리, 김재인 역, 『천 개의 고원』, 새물결, 2001, pp.11-58.

물들이 다양체로 존재한다. 대부분의 사이버 커뮤니티는 이 같은 리좀 체계를 기반으로 생성된다. 그렇기 때문에 사이버 커뮤니티의 중심은 군대나 정부처럼 확연히 드러나는 경우가 없다. 언뜻 보기에 사이버 커뮤니티는 회원들의 자발적인 활동에 의거해서 존속되는 것으로 여겨진다. 커뮤니티의 회원들은 스스로 새로운 콘텐츠를 제작하거나 잘라붙이기(cut-up), 리플(reply 문화) 등 다양한 기법으로 커뮤니티 구성에 기여한다. 커뮤니티의 회원 중에서 일부는 시솝(sysop, system operator)의 형태로 커뮤니티에 적극적으로 참여하기도 한다. 시솝은 커뮤니티에서 일종의 의장, 조정자의 역할을 수행하는데, 시솝의 성격에 따라서 커뮤니티가 원활하게 운영되기도 하며 경우에 따라서 회원들을 관리할 수 있는 자격이 주어지기도 한다. 그러나 기본적으로는 시솝도 커뮤니티의 일원이기 때문에 수직적인 체계에서 회원을 관리할 수는 없다.

들뢰즈는 리좀 체계에서는 체계적인 트리 체계와 달리 지극히 미미한 틀만 존재할 뿐이며 단지 다양체의 바깥을 감싸는 추상적인 바깥 판인 '고른 판'만 존재한다고 본다. 이면의 제작자는 커뮤니티를 제작할 때 최소한의 골격만 구성하는 것을 원칙으로 삼아야 한다. 실질적으로 영향력을 행사할 수 있는 이면의 제작자가 표면으로 드러날 경우, 회원들의 거부 반응으로 오히려 역효과를 낳을 수 있다. 흔히 공공 기관의 게시판이 활성화되지 못하는 이유가 바로 여기에 있다. 기관장이 사이트에 명확하게 드러나고 이들의 명령 하달식 정보가 게시판에 채워졌을 때, 커뮤니티는 형성되지 않는다. 자유로운 발언권과 의사소통, 익명성을 원칙으로 구성되는 사이버 커뮤니티에서 이면의 제작자가 과도하게 노출될 경우 커뮤니티의 존재 자체가 위협을 받을 수 있다.[5]

리좀 체계에 의해 구성된 세계에서는 영토의 구획이 바뀐다. 영토의 소유를 주장했던 정착민들보다는 유목민(nomad)에 의한 재영토화가 중요한 과제가 된다. 들뢰즈에 의해 '천 개의 고원'으로 표상화된 이 세계에 대한 분석은 향후 사회학과 인간학의 중심 과제가 될 것이다.

(2) 끝나지 않는 이야기(never-ending story)로의 유도

오프라인의 모든 콘텐츠에는 시작과 끝이 있다. 오프라인의 콘텐츠는 종이, 필름 등 물질적 구조물을 외벽으로 삼기 때문이다. 이러한 이유 때문에 콘텐츠는 제작 준비 단계에서부터 후반 작업 단계에 이르기까지 다양한 편집과 수정의 과정을 거친 다음에 비로소 완성품의 형태로만 독자나 관객에게 전달된다. 이 과정에서 콘텐츠는 그 자체로 절대적인 지위와 믿음을 획득하게 된다. 아리스토텔레스가 조화(harmony)와 통일성(unity)을 드라마의 절대적인 조건으로 내세운 이래, 이러한 완결성의 개념은 모든 근대예술에 적용되었다.

그러나 이처럼 중요한 '완결성'의 개념이 온라인에서는 별다른 의미를 갖지 못한다. 사이버 커뮤니티에서는 끊임없는 커뮤니케이션이 이루어지는 까닭에, 여기에서는 '내용'보다도 무엇인가 계속되고 있다는 '과정' 자체가 중요한 의미를 가진다. 여기에서는 모든 것이 과정일 뿐, 결과는 없다. 최근의 문학 논의에서 '대문자로서의 문학(Literature)'에서 '소문자로서의 문학들(literatures)'로 위치가 옮겨지고 있는 현상도 흥미롭다. 최근의 문학이론에서는 잘 만들어진 작품(well-wrought

---

5. 한혜원, 「컴퓨터 매개 커뮤니케이션(CMC)을 통한 커뮤니티 스토리텔링」, 이인화 외, 『디지털 스토리텔링』, 황금가지, 2003, pp.224-225.

urn)보다는 끊임없이 쓰이고 고쳐지는 텍스트의 의미를 강조하기 위해, 작품(work)이라는 개념을 버리고 텍스트(text)라는 개념을 사용하고 있다.

사이버 커뮤니티에서는 아이디(ID)라는 대체 수단을 통해서 자신을 표현하기 때문에 익명성(匿名性)이 보장된다. 익명성 덕분에 회원들은 사적인 영역의 소재를 공개하는 데 부담감과 거부감을 느끼지 않게 되고 그만큼 콘텐츠는 실재감을 갖게 된다. 오프라인에서는 공개의 대상이 될 수 없었던 일기, 동인지, 고민 상담의 글 등이 사이버 커뮤니티에서는 모두 공개되고 논의의 대상이 된다. 이들은 정기적으로 업데이트하는 형식으로 글을 전개해 나간다. 이 과정에서 독자는 실시간으로 자신의 반응을 덧붙일 수 있는데, 이 글이 작가에게 영향을 미치기도 하며, 경우에 따라서는 독자가 콘텐츠의 일부를 자르고 붙이는 형식, 혹은 퍼오는 형식으로 새로운 콘텐츠를 생성시키기도 한다. 대중적으로 널리 인기를 끄는 작품을 모태로 팬(fan)이 직접 자신의 뜻대로 원작을 패러디하거나 전혀 다른 방향으로 내용을 전개시켜 나가는 방식의 팬 픽션(fan-fiction)은 이러한 경로를 통해서 탄생된다.

인터넷에서 폭발적인 인기를 얻어 오프라인에서 드라마나 영화로 영상화된 작품들은 모두 연재소설의 형식을 취하고 있는 점도 흥미롭다. 우리나라 인터넷 소설 열기의 효시라고도 볼 수 있는 이우혁의 <퇴마록>이 1994년 컴퓨터 통신을 통해서 연재된 이래 영화로 제작되었으며, 1999년 나우누리 유머란에 연재되던 <엽기적인 그녀>는 김호식이라는 실제 인물이 자신의 이야기를 극화시켜 올린 글로, 역시 영화화되어 흥행에 성공했다. 그 밖에도 <동갑내기 과외하기>, <옥탑방 고양이> 등을 들 수 있다.[6] 최근에는 인터넷만화도 이러한 대열에

---

6. 한혜원, 위의 글, pp.226-227.

합류하고 있다. 예를 들어 강풀의 웹툰은 영화 <바보>와 <순정만화>의 원작으로 활용되었다. 앞으로 문학, 영화, 만화 사이에서는 이런 종류의 크로스오버(crossover) 현상이 보편화될 것으로 예상된다.

(3) 하이퍼텍스트의 출현

이상의 특성을 잘 반영한 글쓰기의 개념으로 부각되는 것이 바로 하이퍼텍스트(hypertext)이다. 하이퍼텍스트는 하나의 사건에 다발적인 사건의 가능성을 열어둔다. 텍스트의 개념이 확장되고 디지털 기술과 네트워크가 발달하면서 전통적인 텍스트와는 달리 새로운 텍스트로 하이퍼텍스트가 등장한 것인데, 어원적으로 하이퍼(hyper)는 '~에 대해서', '~을 넘어서' 등의 의미를 가지고 있다. 하이퍼텍스트는 '텍스트에 대한 텍스트'로서 사용자의 선택에 따라 관계된 문서로 옮겨갈 수 있도록 조직화된 시스템을 말한다.

하이퍼텍스트에는 두 가지 중요한 구성요소가 있는데, 링크(link)와 마디(node)가 그것이다. 마디는 인터넷상에서 한번 클릭으로 볼 수 있는 화면 전체, 하나의 페이지를 말하는 것으로 하이퍼텍스트 정보의 기본 단위를 이룬다. 하이퍼텍스트에는 또한 정보의 표시를 위해 문자뿐만 아니라 소리, 그림, 사진, 동영상 등도 함께 나타나는데, 이것이 우선 하이퍼텍스트가 인쇄 텍스트와 크게 차이를 보여주는 부분이다. 이러한 마디들은 또한 일정 정도 독립적인 성격을 유지하면서 링크를 통해 서로 연결된다. 링크는 마디 안에 존재하는 개별적 텍스트들을 서로 연결시켜 주는 기능을 담당하는데, 하이퍼텍스트가 문학적으로 응용되었을 때 가장 중요한 점이 링크를 통한 텍스트들 간의 연결이

다. 이제 텍스트는 홀로 존재하는 게 아니라 함께 존재하는 것이다.[7]

재래의 글쓰기	하이퍼텍스트
지구적(Durable)	순간적(Ephemeral)
선형적 구성(Linear Organization)	공간적 구성(Spatial Organization)
권위적 작가(Authorial Authority)	독자의 자유(Reader Freedom)
결정된 의미(Predetermined Meaning)	떠오르는 의미(Emergent Meaning)
텍스트에 초점 (Attention focused on textual World)	언어에 초점 (Attention focused on Language)
텍스트의 깊이 (Text experienced as depth : immersion)	텍스트의 표면 (Text experienced as surface : surfing)
중심적 구조(Centered structure)	해체적 구조(Decentered structure)
상하 구조(Hierachial)	자유 연결(Rhizome)
하향 디자인(Top-down Design)	상향 디자인(Bottom-up Design)
총체적 일관성/응집력(Global Coherence)	부분적 일관성/응집력(Local Coherence)
목표 지향적 독서 (Reading as goal-centered navigation)	자유로운 산책 같은 독서 (Reading as free wandering)
조직적 접근 (Systematic approach)	잡종의 땜질적 접근 (Thinkering with the Heterogeneous)
논리적 사고(Logical Thinking)	유추적 사고(Analogical Thinking)
작업(Work)	놀이(Play)
통일성(Unity)	다양성(Diversity)

---

7. 김요한, 「하이퍼텍스트의 구조적 특성과 하이퍼텍스트 문학」, 우정권 편저, 『한국문학콘텐츠』, 청동거울, 2006, p.248.

질서 (Order)	혼돈 혹은 내부질서 (Chaos or self-organizing system)
단일화(Monologism)	다양잡종화(Heteroglossia)
연속된 발전 (Continuous Development)	도약 내지 불연속 (Jumps or discontinuity)
순차성(Sequentiality)	평행성(Pararallism)
고형성(Solidarity)	유동성(Fluidity)
설득을 위한 수사적 텍스트 (Text as rhetoric for persuation)	자료로서의 텍스트 (Text as resource)
정적인 재현(Static Representation)	동적인 활동(Dynamic Situation)
몰입하는 텍스트(Immersive Text)	상호작용 텍스트(Interactive Text)

3. 디지털 네트워크에서의 콘텐츠

　디지털 네트워크 시대에 있어서 핵심적인 경쟁력은 콘텐츠에 있다. '시나리오의 빈곤', '콘텐츠의 부족' 등은 우리 문화콘텐츠 산업을 분석할 때, 자주 언급되는 사항들이다. 콘텐츠란 문자, 영상, 소리 등의 정보를 제작하고 가공해서 소비자에게 전달하는 정보 상품을 말한다. 책, 신문, 영화, 비디오, 텔레비전 프로그램, 컴퓨터게임은 물론 우리가 매일 접속하는 인터넷의 모든 정보도 콘텐츠이다. 현재의 멀티미디어는 멀티형, 축적형, 쌍방향형, 실시간 정보형, 수집·갱신형 콘텐츠의 양상을 보이면서, 이들 간의 경계가 허물어지고 있다. 디지털화가 진행되면서 전통적인 아날로그 형태의 정보조차 디지털 정보로 전환되고 있기 때문이다. 앞으로 모든 미디어는 디지털이라는 하나의 표준화된 코드로 통합되리라는 것이 일반적인 예측이다. 따라서 디지털화된 문화적 자원, 즉 콘텐츠를 얼마나 확보하는가가 핵심적인 과제가 된다.

여기서 주목할 점은 첫째, 디지털 자체가 콘텐츠라는 점이다. 디지털이란 물질로 구성되어 있는 아날로그 세계를 논리적인 이진법으로 코드화해서 재구성한 표현물이며, 콘텐츠이다. 따라서 디지털 기술 그 자체가 콘텐츠의 제작과 유통, 소비와 직결된다.

둘째, 인터넷과 같은 상업적인 네트워크의 발전은 콘텐츠의 확산에 기여한다. 전통적인 아날로그 환경에서 문화적 콘텐츠는 신문, 방송, 출판 등의 미디어 기업 중심이었지만, 오늘의 인터넷 환경에서는 과거의 제작·유통·소비의 분업화된 구조에서 벗어나 제작·패키징 - 서비스 제공(네트워크 공유) - 소비자 인터페이스(네트워크 소비)를 포함하는 형태로 융합되고 있으며, 그에 따라 콘텐츠는 그 자체로 부가가치를 산출하는 최고의 산업으로 성장하고 있다.

셋째, 디지털 기술의 확장에 따른 IT 부문과 통신, 방송 네트워크 등의 확장은 콘텐츠 산업의 규모를 크게 확장시켰다. 특히 제3세대 미디어로 불리는 디지털 미디어의 확장은 과거 수직 분업형으로 통합되어 있던 콘텐츠 제작환경을 수평 분업형으로 재편시키고 있으며, 수없이 다양한 콘텐츠 출구를 만들어냄으로써 새로운 콘텐츠 산업으로 떠오르고 있다. 새로운 영역들을 열거해보면 다음과 같다.[8]

① 인터넷 영화 : 극장용의 긴 영화는 인터넷이라는 매체로 전송하기에는 적합하지 않은 것으로 생각되었지만, 이제 이러한 용량의 한계는 문제되지 않는 상황에 이르렀다. 다만 저작권의 문제가 따르고, 역시 극장을 둘러싼 '아우라'도 무시할 수 없다. 가정에서 음식을 먹는 것

---

8. 유승호, 『디지털 시대와 문화콘텐츠』, 전자신문사, 2002, pp.59-61.

과 외식은 같은 음식이라도 맛과 기분이 다를 수 있다. 영화는 오랫동안 극장이라는 외식 문화의 틀 속에서 형성되어왔다. 친구와 함께 외식을 하고 영화를 보는 것의 즐거움을 인터넷 영화가 담당할 수는 없다. 인터넷은 아마 당분간은 다른 윈도를 통해 소진된 콘텐츠의 마지막 리사이클링 창구로 활용될 가능성이 높다는 견해는 이러한 이유와도 관련되어 있다.

② 음반 : 음악의 역사에서도 몇 차례의 위기가 존재했다. 1차 충격은 축음기와 음반의 등장. 음반은 19세기 공연예술의 총아였던 거대한 '음악 공장'으로서의 오케스트라와 오페라를 위협했다. 그러나 음반은 생음악의 저장에 성공함으로써 음악의 대중화에 가장 크게 기여했다. 2차 충격은 라디오와 TV의 등장. 이러한 매체로 인해 소리의 전송이 가능해짐에 따라, 음악은 특정 장소의 특정 시간에 존재하는 게 아니라, 가정과 작업장에 항상 존재하는 유비쿼터스(ubiquitous)가 되었다. 최근에 찾아온 3차 충격은 'MP3'의 등장에서 시작되었다. 무료로 음원을 다운로드할 수 있게 됨에 따라 음악의 저작권 개념이 송두리째 흔들리고, 가수와 음반 업계, 방송 업계가 동시에 큰 충격을 받게 되었다. 음반 시장은 90년대 중반의 서태지에 이르러 정점에 이르렀다가 2000년 이후에는 김건모 등의 분발에도 불구하고, 국내 음반시장은 국내 소비 10만 장 이하의 수준으로 급락했다.

음반 산업은 저작권 문제가 가장 첨예하게 대립된 분야이다. 소리바다 등의 사이트를 통해 무료로 음원을 다운로드하는 행위가 법적으로 문제되고, 이러한 무한 복제가 기존의 음반 시장을 크게 위축시키고 있음도 사실이다. 그러나 저작권 문제가 해결되고, '듣는 음악'에서 '보고 듣는 음악'으로의 전환이 조만간에 이루어질 가능성이 높다.

③ 출판 : e-book 시장의 전제 조건은 소비자가 단말기를 구입하고, 이렇

게 형성된 소비자 네트워크가 투자의 규모를 상쇄할 수 있을 때 가능해진다. 지금까지 e-book의 시장이 침체에서 벗어나지 못한 이유는 여기에 있다. 그러나 조만간 전자책을 읽을 수 있는 단말기 기능이 다른 멀티미디어에 통합되는 시점에 이를 것이고, 그 시점에서는 다시 한번 기회를 맞이할 것이다. 그러나 좋은 필자를 발굴하여 좋은 종이책을 만드는 것이 출판의 가장 기본적인 요소라는 점도 잊어서는 안 된다.

4. 인터넷의 두 가지 법칙

(1) 링크의 법칙

문화산업과 문화콘텐츠에 대한 낙관적인 전망만을 펼치는 것은 매우 위험하다. 인터넷의 기술지배에 대한 비판적인 관점에도 귀를 기울여볼 필요가 있다. 인터넷이 파생한 새로운 세계 질서는 우리의 기대와 상식과는 너무도 판이한, 충격적인 변화를 담고 있다는 점을 간과해서는 안 된다. 현재 전 세계적인 차원에서 벌어지고 있는 양극화 현상, 예를 들어 '20 대 80의 사회'가 인터넷 내에서는 더욱 극단적으로 이루어지고 있기 때문이다.

자연 속의 대부분의 양(量)은 종형 곡선(bell curve) 분포를 따르는 반면, 인터넷 웹 페이지에서 벌어지는 '링크'의 분포는 멱함수[9]에 따른

---

[9]. 멱함수(power function)는 자연과 인간에게 있어서 상당히 많은 부분 공통적으로 나타난다. 인터넷 웹 페이지 수의 증가, 두뇌의 신경망의 성장(유아와 아동의 시각, 언어의 발달 초기), 수정란의 발달에 따른 세포수의 증가, 암세포의 증가 등을 예로 들 수 있다.

다. 예를 들어, 성인 남자의 키는 5피트와 6피트 사이에서 정점(頂点)을 갖게 되는데, 여기에 적용되는 종형 곡선은 IQ의 분포에서 기체의 분자 속도, 주사위 던지기의 확률에 이르기까지 자연에 널리 분포해 있어서 많은 사람들이 종형 곡선에 익숙하다. 그러나 멱함수 법칙 분포는 종형 커브와는 매우 다르며 낯설게 느껴진다. 우선 멱함수 분포에는 정점이 없다. 멱함수를 따르는 막대그래프는 감소 커브로서, 다수의 작은 사건이 소수의 큰 사건과 함께 발생한다. 아래 표는 종형 곡선과 멱함수 법칙 분포를 각각 보여준 다음, 이를 고속도로 망과 항공 노선의 네트워크에 적용한 예이다.[10]

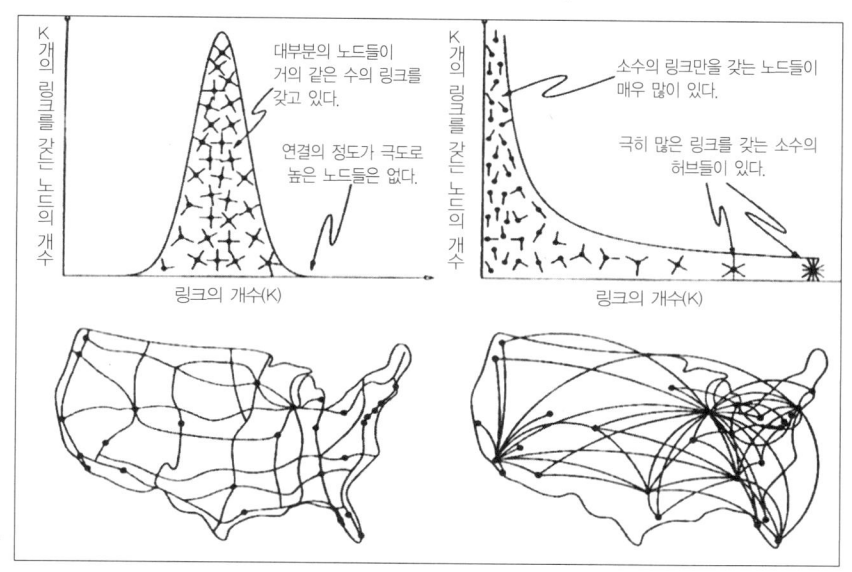

〈종형 함수와 멱함수의 관계〉

---

10. A. L. 바라바시, 강병남·김기훈 역, 『링크』, 동아시아, 2002, p.119.

불평등, 혹은 불균등성을 처음으로 경제학에 도입한 파레토는 80%의 완두콩이 20%의 콩깍지에서 생산되고, 이탈리아 땅의 80%는 인구의 20%가 소유하고 있다는 사실을 발견하고 이를 정식화한다. 80 / 20이라고 알려진 파레토의 이러한 법칙은 21세기의 네트워크 과학이라고 스스로 칭한 '링크'의 법칙에서 더욱 극단적으로 드러난다. 이에 따르면, 고속도로의 연결망보다 항공기의 연결망이 좀 더 멱함수에 가깝고, 항공기보다 인터넷의 연결망이 좀 더 멱함수에 가깝다. "80 / 20 법칙"이라는 문구는 80%의 네트워크가 20%의 기능밖에 담당하지 못하고, 20%의 네트워크가 80%의 링크를 점하는 '불균등성'이 인터넷을 중심으로 하나의 규칙을 이룬다는 점을 설명해준다. 예를 들어 마이크로소프트는 숱한 노드 중의 하나에 불과하지만, 실제적으로 노드 시장을 독점하고 있다.[11]

멱함수로 대표되는 이러한 독점의 원리는 인터넷이 지배하는 현재의 문화산업에 어김없이 적용된다. 서너 개의 인터넷 서점이 수천 개의 오프라인 서점을 대체할 때, 그리고 몇 개의 이러닝 수업이 수백 명의 교사를 대체할 때, 우리가 택할 수 있는 방법은 상당히 제한적이다. 우리가 할 수 있는 일은 무엇인가. 우선은 인터넷의 기술지배(technopoly)에 대한 비판, 좀 더 극단적으로 표현하면 인터넷에 대한 러다이트 운동을 들어야 한다.[12] 인터넷이 얼마나 위협적인 존재인가를 실감할 수 있는 기회는 얼마든지 있다. 게임 중독, 정보의 편중화 현상 등이 그 예이다. 이제는 건강한 사회의 근간을 지킨다는 의미에서 인터넷의 오용과 남용 사례를 중심으로 비판과 감시를 지속하는 일이 필요하다. 새로운 시대에 걸맞은 '교양' 교육이 필요한 이유도 여기에 있다.

---

11. A. L. 바라바시, 위의 책. pp.111-132.
12. 마샬 W. 피쉬윅, 황보종우 역, 『대중의 문화사』, 청아출판사, 2005, pp.214-219.

(2) 롱테일의 법칙

그러나 '2006년의 빅 아이디어'로 불리는 '롱테일(Long Tail)의 법칙'[13]이 인터넷 사회의 새로운 가능성을 보이고 있다는 점에도 착안할 필요가 있다. 1년에 백만 권이 팔리는 책이 한 종 있다면, 1년에 한 권만 팔리는 책이 백만 종 존재하며, 이러한 수요 곡선의 정점에서 멀리 떨어진, 거의 0에 수렴되지만 무한대로 이어지는, '긴 꼬리'에 해당하는 상품의 경제적 가치는 베스트셀러, 블록버스터, 대규모 포털사이트보다 더 크다는 주장이 그것이다. 미국의 현실주의 문화 이론가 크리스 앤더슨의 『The Long Tail』이란 책이 2006년 미국과 한국의 IT 산업계에 선풍을 불러 일으켰다. 그 핵심의 개념은 Long Tail, 즉 직역하자면 '긴 꼬리'이다.

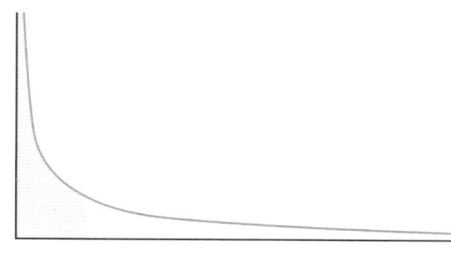

이 그림에서 끝도 없는 가늘고 긴 꼬리, 그것이 바로 롱테일이다. 즉 과거의 문화 상품 판매에서는 소수의 베스트셀러들이 전체 매출액의 80% 가까이를 점유했다. 그러나 근래의 문화 상품 판매는 베스트셀러는 여전히 존재하지만 1년에 10개 미만으로 팔리는 상품들이 끝도 없이 존재한다는 것이다. '랩소디'라는 미국의 온라인 음원 판매 사이트는 150만 가지의 음원을 가지고 있다. 오프라인의 월마트 음반 섹션은 5만 5천 개의 음원을 가지고 있다. 월마트 음반 섹션에서는 최신 히트곡 10여 곡이 판매

13. 이하 '롱테일의 법칙'에 대한 논의는 Chris Anderson, *The Long Tail : How endless choice is creating unlimited demand*, Random House Business Books, 2007.

량의 대부분을 차지하고 있는 반면, '랩소디' 사이트에서는 물론 최신 히트곡이 많이 팔리고 있지만, 1930년대 희귀 곡에서부터, 클래식, 헤비메탈, 아프리카 토속 음악, 재즈, 민속음악 등이 소량이나마 끊임없이 팔리고 있다. 결국 오프라인 음반가게가 1개를 1백만 개씩 판다면, 온라인 음악 사이트는 1백만 개를 한 개씩 팔고 있는 것이다. 온라인 사이트가 보관, 유통, 전시의 비용이 거의 들지 않는 것을 생각하면 그 이익의 차이는 거의 없는 것이다. 크리스 앤더슨은 '랩소디'로 대표되는 온라인 음원 시장의 최신 히트곡(hits) 판매, '월마트'로 대표되는 오프라인 음반 시장의 음반 판매에 못지않게 온라인 시장의 소수 음악(misses) 판매가 크다는 점을 놓치지 않았다.

이는 다른 영역에도 마찬가지로 적용된다. 사실 1년에 한 권이 팔리는 서적은 기존의 온라인 서점의 관심사가 아니었으며 오프라인 서점에서조차 배제되었다. 과거 문화 산업의 논리는 베스트셀러의 개발이었다. 출판도 영화도 음악도 베스트셀러를 만들어 내는 것이 창작자들의 강박관념이었다. 오프라인의 서점들 매출의 대부분은 베스트셀러가 전시된 서가였다. 그래서 그들은 그토록 다양한 베스트셀러 서가를 만들기 위해 심혈을 기울여 왔던 것이다. 금주의 베스트셀러, 소설 베스트셀러, 비소설 베스트셀러, 올해의 베스트셀러 등등. 베스트셀러의 노출은 결국 전체 매출의 증대로 이어지는 셈이다. 영화 역시 제작자, 배급업자, 극장이 합심하여 노력한 것은 블록버스터의 생산이었다. 블록버스터 생산에 한 해 한국 영화산업의 성패가 걸려 있었던 것이다. 언론까지 합심한 이 블록버스터 강박증이 1천만 관객의 신화로 이어지는 것이다. 영화업계의 속설은 5백만이 넘으면 1천만이 넘는다는 것이다. 인터넷의 출현으로 가장 타격을 받은 재래형 문화 산업인 음반도 마찬가지다. 조용필, 이문세, 신승훈, 김건모로 이어지는 베스트셀러 행진은 곧 음반 산업의 역사이기도 했다. 문화 산업의 중요한 축인 방송 역시 매일 매일 전날 방송의 시청률 결과가 담당 직원들의 책상에 놓이는 베스트셀러 전쟁의 한 가운데 있기는 마찬가지이다.

그러나 디지털 기술과 인터넷이 결합한 브로드밴드의 시대가 오면서 모든 것은 바뀌었다. 신문, 방송, 거대 출판사, 거대 영화사 등이 갖던 문화 산업에서의 독점적 지위는 사라지게 되었다. 대신 그 자리에 수많은 의미 있는 개미들이 감각과 취향의 틈새(niche)를 파고들었다. 수십 년 전에 나와 사라졌던 노래가 인터넷상의 마니아들에 의해서 다시 살아나고, 퀴어 취향의 영화들이 인터넷 다운로드로 되살아나고, 서점에서는 구경할 수도 없었던 책들이 사람들에게 알려지기 시작했다. 롱테일 시장의 현상들을 정리하면 다음과 같다.

- 히트한 상품보다 훨씬 더 많은 틈새(niche) 상품이 나오게 되었다.
- 인터넷의 발달로 틈새 상품에 대한 접근 비용이 급격히 절감됐다.
- 틈새를 발견하는 필터들(추천, 순위매기기 등)이 발달하게 되었다.
- 여전히 베스트셀러는 있다. 그러나 그들은 예전보다 적은 수요를 갖는다.
- 어떤 것도 엄청난 숫자로 팔리진 않지만, 종류가 많기 때문에 결국 더 많은 상품을 판다.
- 결국 이 모든 것의 결합으로 우리는 그간 배급 정체로 왜곡된 우리의 취향과 요구는 그 본성적인 자연스런 형태를 띠게 되었다.

이상의 롱테일 현상을 가능케 한 세 가지 조건들을 열거하면 다음과 같다.

첫째, 생산수단의 민주화 : 디지털 카메라, 비디오카메라, 편집 소프트웨어, 블로그와 미니홈피 등의 제작 툴과 아이템들이 증가했다.

둘째, 배급의 민주화 : 배급업자들이 누리던 독점적 지위가 사라지고 모든 정보가 모든 사람들에게 노출 가능한 형태로 드러내는 사이트들이 생겨났다. 아마존, 이베이, 아이튠, 알라딘, 벅스뮤직, 각종 불법 다운로드 사이트들이 그것인데, 앞으로는 '틈새' 시장을 겨냥한 전문검색엔진이 급격하게 증가될 것으로 보인다.

셋째, 수요와 공급을 연결하는 다양한 필터들의 개발 : 각종 판매 사이트의 교묘한 추천장치들, 예를 들어 대부분의 인터넷 서점에서 활용하는 프레임인 "이 책을 산 사람은 이런 책도 샀습니다", 개인 블로그들의 자발적 홍보, 각종 사이트의 댓글들, 나만의 애장 영화 리스트 등등이 자발적인 입소문(WOM : word of mouths) 마케팅 전략으로 활용되고 있다.

단일 문화 상품에 고비용을 들이는 창작의 방법론은 이 시대를 견디어 낼 수 없다. 적은 비용은 적은 매출로도 손익분기점을 맞출 수 있다. 저 이율은 종류의 다양화로 결국은 베스트셀러에 못지않은 수익을 내는 것이 가능하다. 출판에서는 다양한 인터넷 사이트에서 아마추어 출판을 유도하는 것이 시도되고 있다. 저자에 대한 비용을 줄이고, 웹상에서 먼저 책을 출판하여 제작비를 줄이는 것이다. 영화는 저예산 영화의 체계적인 양산이 한 방법이다. 이미 일본에서는 자국의 블록버스터 영화들은 점점 자취를 감추어 가고 있다. 대신에 스타를 기용하지 않고, 필름이 아닌 디지털 카메라로 찍으며, 비용이 많이 드는 야간 촬영을 배제하고, 세트를 짓지 않고 기존의 장소들을 이용하여 전체 제작비를 10억 원 이내에서 맞추어가는 소형 영화들을 양산하고 있고, 이러한 시스템에 맞춰 2009년에는 저예산 영화 <워낭소리>와 <똥파리>가 주목을 끌었다. 이것은 할리우드의 블록버스터 전략에 대응하는 국가적인 롱테일 전략이라고도 볼 수 있다. 현재 한국 영화의 평균 제작비는 대략 30억 원 선이고, 마케팅 비용까지 합하면 50억 원까지 든다고 할 수 있다. 극장 상영으로 이 이상의 수익을 내려면 대략 150만 명의 관객이 필요하다. 그러려면 역시 스타가 필요하고 자극적인 내용이어야 하며 전국에 수많은 스크린을 잡아야 한다. 일본 소형 영화들의 비용은 마케팅까지 합쳐 15억 원 선, 이 정도면 30만 명 정도의 관객만으로 손익 분기점 도달이 가능하며, 적은 스크린 개수로 장기간의 상영하는 것이 적절한 전략이 될 수도 있다.

더구나 최근 한국에서 부는 UCC 열풍은 더 혁명적인 비용의 절감이 가능하다는 실례를 보여주고 있다. <디워>가 몇 주간 천만 명의 관객을 모으는 동안에 서울 어느 가난한 옥탑 방을 배경으로 뚱뚱한 여자 중학생이 이효리 춤을 흉내 내는 UCC는 하룻밤에 30만 명에 가까운 사람들이 보고 갔다. 그 작품의 제작비를 넉넉히 잡아서 10만 원이라고 칠 때 100원의 다운로드 수수료를 받으면 3천만 원의 매출이 발생하는 것이고, 거의 같은 규모의 이익이 발생하는 것이다. 이런 작품이 10개면 3억 원이고 100개면 30억 원이다. 이러한 순이익은 한국 블록버스터 영화들의 경우 3백만 명 이상의 관객이 들어야 가능하다. 단지 슬픈 것은 한 해에 3백만 명 이상의 관객이 드는 영화는 5편 정도. 평균 제작 편수를 100편으로 치면 20분의 1의 확률인 것이다. 롱테일 시대의 틈새 상품들이 훨씬 더 안정적인 경제적 확률을 갖고 있는 것이다.

베스트셀러 시대의 문화는 철저하게 강자의 논리에 의해 지배된다. 이 공룡은 수많은, 의미 있는 개인들의 자연스런 취향을 잡아먹어 왔다. 서점의 베스트셀러 코너는 그 뒤의 수많은 양서들로의 접근을 차단하는 성벽이다. 천만 관객 동원 영화가 대부분의 스크린을 장악한 극장에는 베스트셀러가 아닌 영화들은 관객에게 보일 기회조차 갖지 못한다. 라디오와 TV는 경쟁적으로 히트곡만 틀어댄다. 따라서 산업은 당연히 고비용 고수익의 구조로 흘러간다. 유명필자가 아니면 책을 쓸 기회조차 없다. 연예인, 아나운서 등을 비롯해서 대중매체로 반짝 인기를 얻은 사람들이 어김없이 책을 내는 이유도 같은 논리이다. 영화와 TV는 베스트셀러의 가장 확실한 조건을 스타에게서 찾는다. 할리우드가 아닌 한국에서도 스타의 몸값은 이미 웬만한 영화의 제작비를 넘어선 지 오래다. 당연히 문화의 수준은 얕아져 간다. 깊이는 대중의 반대말이 된 지 오래다. 수많은 사람들의 취향을 동시에 만족시키기 위해서는 그들 정서의 최대 공약수를 공략해야 한다. 단순한 시각적 볼거리나 섹스, 의미 없는 웃음이 그것이다. 지성 있는 TV드라마들이 번번이 시청률에서 참패를 당하면서, 우리의 안방에서 점점 사라지게 되었다.

그러나 새롭게 도래한 롱테일 시대는 전 시대의 모든 것을 바꿔 놓는다. 전술했듯이 그것은 산업의 논리가 먹어 삼킨, 인류의 취향과 욕구의 가장 자연스런 향유를 가능케 했다. 난초를 키우는 사람에 대한 영화는 베스트셀러가 될 순 없지만 난초에 관심이 있거나 식물의 성장에 특별한 호기심을 느끼는 사람들을 감동시킬 수 있다. 여기에서는 집단의 논리가 아니라 개인의 논리이고 세계 어느 곳에 있든 취향이 같은 사람들은 사이트나 블로그에서 급속히 뭉쳐간다. 인터넷은 서로가 서로를 찾고 서로가 서로를 가르치고, 서로가 서로를 위해 제작하고 소비하는 것을 가능하게 한 것이다. 그리하여 문화 전체가 강자가 아니면 살아남을 수 없었던 배제(OR)의 구조에서 다양한 취향이 존재하는 공존(AND)의 구조로 바뀌어 가는 것이다.

문제는 창작의 방법론이다. 새로운 문화적 환경은 새로운 창작의 방법론을 필요로 한다. 그것은 강자의 스토리텔링에서, 약자의 스토리텔링으로 가는 것이고, 보편의 스토리텔링에서 특수의 스토리텔링으로 가는 것이자, 객관의 스토리텔링에서 주관의 스토리텔링으로 가는 것이다. <타이타닉>과 같은 스토리는 저비용으로는 도저히 만들 수 없는 스토리이다. 또한 영상적 기술적 완성도가 중시되는 스토리들도 적절하지 않다. 적은 인물과 적은 장소, 적은 기술들을 갖고 있는 대신, 적은 수의 예상 관객에게라도 강한 정서적 유대감을 보여줄 수 있는 스토리텔링이 고려되어야 한다. 동성애 영화, 송도 사랑 이야기, 난초는 어떻게 사랑을 키우는가 등등의 소재가 그것이다.

여기에서 우리는 '소박주의 스토리텔링'을 생각해볼 수 있다. UCC의 스토리텔링이 좋은 예이다. 많은 UCC에서 나타나는 비전문성, 미숙함, 어설픔 등은 창작자들의 숙련도나 제작 여건에서 자연스럽게 나온 것이다. 그러나 이런 요소들은 곧 친밀감, 진정성, 의도하지 않은 유머 등을 생산해내며 웹상에서 많은 관객들을 모았다. 소박주의 스토리텔링은 이러한 자연발생적 비전문적 요소들을 의식적으로 구사하는 방식이다. 역설적이게도 이것은 전문적으로 비전문성을 구사하려는 필요한 스토리텔링의 방식이다. 최근 몇 개의 TV광고는 UCC의 스토리텔링을 모방하고 있다. 비전문 모델의 기용, 소박한 세트, 연출의 실수 등을 전문적으로 모방하고 있는데, 이는 크게 보아, 소박주의 스토리텔링의 한 경향을 보여준다.

이 바탕에 깔린 미학은 상호작용적(Interactive) 스토리텔링이다. 롱테일 시대의 작품은 그 자체로 완성품이 아니다. 그것은 관객의 요구를 받아 끊임없이 수정하는 게 가능하고, 또한 수용자가 직접 참여해 수정하기도 하면서 끊임없이 발전한다. 완성이란 완전한 캐릭터, 결점 없는 구조, 닫힌 결말의 스토리텔링을 뜻한다. 상호작용성은 관객에게 미완성을 느끼게 할 때 발생하기 시작한다. 불완전한 캐릭터, 느슨한 구조, 열려진 결말이 그것을 위한 요소이다. 그러나 또 그것은 완전한 정체성을 가진 하나의 스토리여야 한다. 상호작용성은 한 스토리에서 정체성과 상호작용성의 긴장에 의해서 발생하는 끊임없는 유동감이다. 2006년 전 세계에서 가장 많은 사람들이 본 UCC는 일명 <스타워스 UCC>이다. 한 평범한 남자가 걸레 자루를 들고 스타워스의 광선검 싸움을 흉내 내는 것이 내용이다. 이 동영상은 수용자들의 참여로 수천수만 번 개작되어 다시 전시됐다. 어떤 사람은 그 남자에게 스타워스 주인공의 의상을 입혔고, 어떤 사람은 걸레 자루를 진짜 광선검으로 바꿨다. 어떤 사람은 맞서 싸우는 사람을 애니메이션으로 그려 넣었고, 심지어 어떤 사람은 그 사람의 몸에 원래 주인공 배우의 얼굴을 붙여 넣었다.[14]

우리는 이상 링크의 법칙과 롱테일의 법칙을 통해 현대 인터넷 사회의 양면을 함께 조망할 수 있었다. 앞으로 인터넷이 인류의 행복과 복지에 어떻게 활용되고 기여할 것인가에 대해서는 개인의 노력은 물론, 참여자 모두의 중지를 모아 관련 제도를 보완하려는 노력이 요구된다.

더 찾아 읽기

> 니콜라스 네그로폰테, 백욱인 역, 『디지털이다』(커뮤니케이션북스, 1995)는 아날로그 시대에서 디지털 시대로의 혁명적인 변화에 대한 가장 중요한 안내서이다.

---

14. 이상의 내용은 김만수·육상효, 『한국 연극, 영화, 문화콘텐츠의 융합』, 한국공연문화학회, 2008년 2월 학술대회 발표문.

제 7 장
영상미학, 아는 만큼 보인다

카메라가 신의 눈을 대신한 것일까? 종교의 쇠퇴는 사진의 발흥과 일치한다. 자본주의 문화는 신을 사진 속에 끼워넣어 왔던 것일까? 카메라는 우리에게서 기억이라는 부담을 덜어주는 것이다. 그것은 마치 신처럼 우리를 꼼꼼하게 살피며, 그리고 그것은 우리를 대신하여 꼼꼼하게 다른 것들을 살펴주게 된다. 하지만 이제까지 그 어떤 신도 그토록 냉소적인 적은 없었는데, 그 까닭은 카메라는 잊기 위해 기록하는 것이 되기 때문이다.

― 존 버거, 박범수 역, 『본다는 것의 의미』, 동문선, 2000 중에서

아는 만큼 본다. 이러한 격언은 영화 읽기에 어김없이 적용된다. 우리는 영화를 보고나서 이를 줄거리로 환원한다. 그러나 영화는 언어적 내러티브 외에 영화 고유의 형식적, 스타일적인 내러티브를 가진다. 영화를 구성하는 미장센(mise-en-scene), 편집, 촬영, 조명 등을 이해하면 영화를 보는 즐거움이 배가된다. 이 장에서는 영화의 기본적인 미

학을 다루고자 한다.[1]

여기에서 언급된 영화의 미학은 TV드라마, 멀티미디어 등 다른 시각매체들의 속성을 이해하는 데에도 기초를 제공해줄 수 있을 것이다. '스펙터클 시대'의 총아인 영화를 다루는 순간, 우리는 현대사회의 다양한 뉴미디어를 이해하는 첩경을 얻게 되는 셈이다.

- 영화, 연극, TV드라마는 유사한 듯하면서도, 매우 다른 측면이 있다. 공통점과 차이점을 설명해보자.

1. 영화의 모순

(1) 과학, 예술, 산업

영화는 과학적 발명의 산물이었다. 그러나 20세기 들어, 문학과 연극의 풍부한 소재를 끌어들여 영화 자체가 하나의 독립된 예술, 하우저의 표현을 빌면 '제 7의 예술'로 자리 잡았다. 이제 영화는 문학이나 연극에 기웃거려도 되지 않을 만큼 위대한 예술, 대중적인 파급력이 큰 현대예술의 한 주류로 인정받기에 이르렀다. 한편 메이저 영화

---

1. 다음 개론서들을 참조했다. ① 이효인, 『영화미학과 비평입문』, 한양대출판부, 1999. ② L. 자네티, 김진해 역, 『영화의 이해』, 이론과실천사, 1990. ③ 한국영화학교수협의회, 『영화란 무엇인가』(증보판), 지식산업사, 1994. ④ 볼프강 가스트, 조길예 역, 『영화』, 문학과지성사, 1999. ⑤ 토마스 소벅, 비비안 C. 소벅, 주창규 외 역, 『영화란 무엇인가』, 거름, 1998.

사를 중심으로 영화에 대량 자본이 투입되면서, 영화는 매우 부가가치가 높은 상품으로 자리 잡았다.

그러므로 영화는 과학이자 예술이며 산업이다. 영화사는 과학과 예술과 산업이 어떻게 유기적으로 협력하여 발전해왔는지를 보여준다. 초기의 무성영화에서 토키로, 흑백 필름에서 컬러로, 그리고 애니메이션과 3D 그래픽을 이용한 합성화면에 이르기까지 영화의 발달은 상당부분 과학기술의 발전에 도움 받았다. 그리고 영화가 자본과 결합함으로써 대형화, 대량화 등의 규모의 경제를 이루기도 했다.

그러나 이 세 요소가 늘 행복하게 결합하는 것만은 아니다. 기술의 발달이 꼭 영화의 예술성을 높이는 방향으로 연결된 것은 아니었고, 대규모 자본의 투입이 영화의 긍정적인 발전에 도움을 주지 못한 경우도 허다하다. 어쨌든 이 세 가지 요소는 영화의 성격을 결정짓는, 일종의 숙명으로 작용했다.

(2) 연속과 불연속

영화는 '동사(verb)의 예술'이다. 영화가 움직임을 표현하는 방식은 크게 세 가지로 나뉜다. 첫째, 배우의 움직임을 통해 움직임을 보여줄 수 있다. 둘째, 배우가 움직이지 않더라도 카메라가 움직임으로써 동사적인 표현을 얻을 수도 있다. 카메라가 돌리(dolly)라는 이동도구 위에 얹혀 움직일 수도 있고, 카메라 렌즈의 줌(zoom) 기능을 이용해 공간감각의 동적인 표현을 얻을 수도 있다. 움직임을 표현하는 세 번째 방식은 컷과 컷 사이의 단절이다. 연속되던 화면이 멈추고 다른 화면으로 바뀔 때, 그 움직임은 대단히 크게 나타날 수 있다.

영화는 컷(cut)의 예술이라고도 한다. 컷을 통해 화면은 단절되지만, 관객들은 단절된 공백을 상상력으로 채워나가면서 영화의 동적인 매력에 끌려가는 것이다. 이처럼 영화에서 연속과 불연속이라는 모순개념은 매우 중요하다.

영화는 1초에 24장의 사진을 겹쳐 보여줌으로써 움직임을 표현한다. 우리는 착시에 의해 그 움직임의 전체상을 파악하지 못한다. 영화는 '빛의 예술'이지만 24장의 연속된 사진 사이에는 24번의 단절이 존재한다. 어둠이 규칙적으로 빛을 차단함으로써, 우리는 둘 사이의 연속을 느끼는 아이러니를 경험하는 것이다. 다시 말해, 영화는 단절을 통해 연속을 구현한다.

이러한 아이러니는 신(scene)의 구성에서도 나타난다. 연인이 인천공항에서 작별하는 장면을 찍는다고 가정해보자. 티켓을 사고 좌석 배정을 받고 수화물을 부치고 보완검색을 받고 대기실에 앉아 있다가 비행기에 타기까지의 과정을 연속적인 필름으로 구성한다면, 그 영화는 너무 지루해서 거의 숨 막힐 지경에 이를 것이다. 영화는 현실에서 이루어지는 연속적인 사건들을 몇 개의 컷(cut)로 나누어 구성할 때 비로소 영화적인 매력을 얻는다. 인천공항에서의 이별 장면을 찍을 때 서너 개의 신으로 구성해야 한다는 점을 우리들은 너무도 잘 알고 있다. 왜냐하면 우리들은 많은 영화를 보았기 때문이다.

영화의 촬영대본을 콘티(conti)라고 부르는 것도 흥미롭다. 영화의 콘티는 불연속적인 필름의 연결을 통해 연속성(continuity)을 표현한다. 서울과 부산을 배경으로 사건이 전개될 때, 감독은 서울에서의 촬영과 부산에서의 촬영을 각각 나누어 진행한다. 촬영 작업을 분절하기 위한 장치가 콘티라는 사실은 영화에 있어서 연속과 불연속이 지닌 아이러니를 재삼 생각하게 한다.

(3) 사실주의와 표현주의

우리는 영화를 사실의 재현이라 생각한다. 사진을 피사체를 그대로 필름 위에 옮겨놓은 것으로 생각하는 것과 같은 맥락이다. 그러나 카메라는 독특한 방식으로 사실을 왜곡한다. 단적인 예를 들자면, 인간의 눈이 두 개인 반면, 카메라의 눈은 단 하나뿐이다. 이러한 구조적 차이는 인간의 눈이 자연스러운 원근감각을 가질 수 있도록 하는 반면, 카메라의 눈은 극도의 왜곡을 가져오게 하는 원인이 된다.

영화가 현실을 그대로 옮긴 것이라면, 우리는 굳이 영화관에 갈 필요가 없다. 우리가 영화 속에서 보는 것은 현실과 닮은 어떤 것이지만, 현실과는 다른 어떤 것이기도 한다. 노벨문학상 작가 보르헤스는 어느 글에서 이렇게 말한 바 있다. "지도는 세상의 축도이지만, 결코 세상 자체는 될 수 없다. 지도가 세상과 완벽하게 같아지기 위해서는 적어도 지구만한 크기의 지도가 있어야 한다."

우리는 영화가 현실과 닮았지만, 어느 측면에서는 다르다는 점을 다음의 글에서 확인하게 된다. 사실주의 영화는 현실과 닮기를, 표현주의 영화는 현실을 왜곡하기를 지향점으로 삼으면서, 양자가 서로 영향을 주고받는다.

19세기 말 영화는 두 가지 주요 방향으로 발전하기 시작했는데 그것은 바로 사실주의와 표현주의이다. 1890년대 중엽 프랑스에서는 뤼미에르(Lumiere) 형제가 일상생활을 소재로 한 단편영화를 제작, 관객들의 호응을 받았다. <열차의 도착>과 같은 영화는 관객들이 실제생활에서 보아 온 것과 같은 사건이 영화 속에서 그대로 재현되었다는 바로 그 이유 때문에 관객들을 사로잡았다. 거의 비슷한 시기에 조르주 멜리에스는 완전한 상상의 사건에 중점을 둔 환상적 영화를 다수 제작하였다. <달나라 여행>과 같은 영화는 기발한 이야기와 트릭촬영의 전형적인 혼합물이었다. 여러 측면에서 뤼미에르 형제는 영화의 사실주의적 전통의 창시자로, 멜리에스는 표현주의적 전통의 창시자로 간주될 수 있다. 그러나 사실주의와 표현주의는 절대적 용어라기보다는 단지 일반적인 의미의 용어에 불과하다. 어떤 극단적인 경향을 제시하고자 한다면 이런 용어들이 유용할지 몰라도 결국 이것들은 한낱 명칭에 불과한 것이다. 방식에 있어서 전적으로 표현주의적인 영화는 극히 드물며 전적으로 사실주의적인 영화는 더더욱 드물다.[2]

일반적으로 사실주의 영화의 방식은 눈에 드러나지 않는다. 사실주의 감독은 소재 앞에서 자신의 모습을 지워 버리는 경향이 있다. 이런 영화에서는 '어떻게' 소재를 조작할 것인가보다는 '무엇을' 보여줄 것인가에 더 큰 관심을 갖는다. 반면 표현주의 영화는 현실세계에 대한 감독 자신의 주관적 체험을 드러내는 데에 더 큰 관심을 갖는다. 영화는 이러한 두 개의 축 사이에서 발전해왔다.

2. 빛과 어둠의 모순·충돌 : 〈패왕별희〉론

(1) 경극과 영화 〈패왕별희〉에 대하여

경극이 세계적으로 유명해진 것은 현대의 대표적인 극작가 브레히트에 의해 북경 오페라(Peking Opera)라는 이름으로 서구에 소개되면서

---

2. L. 쟈네티, 위의 책, p.11.

부터일 것이다. 브레히트는 북경 오페라에서 서양 연극에는 없는 어떤 것을 발견한다. 리얼리즘이 주조를 이룬 서양 연극은 연극이 현실을 모방하고자 한다. 그리고 현실의 모방을 통해서 관객으로 하여금 연극 속의 현실이 마치 사실인 것처럼 착각하게 만든다. 관객은 연극 속으로 점차 몰입되어가는 것이다. 그런데 동양 연극에서는 연극이 현실과는 전혀 다른 방식으로 표현된다. 동양 연극은 이것은 현실이 아니며, 연극일 뿐이라고 분명히 말한다. 동양 연극은 현실을 매개하지 않은 채, 곧바로 연극의 정수에 도달하는 것이다. 가령, 배우들의 분장은 바로 그 인물의 사회적 성격을 제시해준다. 경극에서는 얼굴 분장을 통해 저 사람은 초패왕, 저 사람은 우미인, 저 사람은 악당임을 대번에 표현해낸다. 서양 연극들이 인물 속에 들어 있는 사회적 성격을 묘사하기 위해 오랫동안 시간을 낭비하는 것과는 달리, 경극은 사회적 성격의 묘사에 드는 시간을 과감히 절약하고, 곧바로 초패왕과 우미인의 내면으로 관객을 이끈다. 관객이 연극에서 보고자 하는 바는 사면초가(四面楚歌)를 외치는 초패왕의 절박함이지, 어찌하여 사면초가에 빠졌는가에 대한 설명은 아니다. 과감한 생략을 통해 얻어내는 연극적 생명력이 새로운 연극이념을 찾고자 했던 브레히트의 주목을 끌었음은 당연한 일이다.

<패왕별희(覇王別姬)>는 경극에서 패왕을 맡은 두안 샤오로우(段小樓)와 우희 역을 맡은 천 디에이(程蝶依), 그리고 두안 샤오로우의 아내인 쥐산(菊仙)을 중심으로 두 경극 예술인의 일생을 그린 작품이다. 그들은 경극 배우로서 일생을 살아가지만, 그들을 둘러싸고 있는 사회현실의 부침에 따라 그들의 운명도 크게 흔들린다. 참혹했던 중일전쟁, 일본군의 지배, 장개석에서 모택동에 이르기까지의 역사적 격변, 그리고 이후에도 문화혁명 10년의 끔찍한 소용돌이 속에서 두 사람은 동업자

이자 친구로, 때로는 연인이자 라이벌, 때로는 지독한 원수로 살아갈 수밖에 없다. 첸 카이거 감독은 이들 개인이 겪는 가난, 폭력, 배반, 절망 등의 체험을 통해 중국 근대사의 상처를 드러낸다. 금붕어가 부유하는 어항 뒤편에서 아편에 빠져 있는 인물들의 모습을 포착함으로써 어항(세계)에 포획된 인물들의 무기력한 운명을 제시하고 있는 첸 카이거 감독의 카메라 워크도 눈여겨볼 만하다.

<패왕별희>의 첫 장면은 참으로 인상적이다. 깜깜한 어둠 속에서 '팟!' 소리와 함께 눈부신 조명이 켜진다. 영화의 시작이자, 두 인생의 시작인 것! 우리는 어둠의 세계에서 빛의 세계로 안내되면서 '빛의 예술'인 영화에 접하게 된다. 영화는 경극배우의 고된 수련을 돌파해나가는 두 소년의 모습, 경극에 열광하는 관객들의 모습을 조금씩 그려나간다. 우리의 낯선 시각이 경극에 조금씩 익숙해지는 순간, 무대 위에서 여자로 살아야 하는 운명의 디에이가 점차 현실 속에서도 여자의 운명을 살아가는 쪽으로 이동하고 있음을 목격하게 된다. 경극뿐 아니라, 동서양의 전통극에서 여자 역할은 늘 남성이 맡아 왔다. 남성이 분장한 여형(女形) 배우들은 무대 위에서 여자의 역할을 담당해야 하므로 특별한 수련이 필요했을 것이다. <패왕별희>의 우미인 역을 맡은 천 디에이는 극 중에서 여성 역할을 맡으면서 점차 연극과 현실을 혼동하게 된다. 현실 속에서도 우희 디에이(장국영 분)는 초패왕(장풍의 분)을 사랑하게 된 것. 디에이의 위험한 사랑은 창녀 출신의 쥐산(공리 분)이 샤오로우를 차지함으로써 더욱 위태로워진다.

이때부터 <패왕별희>는 중국의 전통적인 경극에서 벗어나, 위험한 동성애를 다룬 포스트모던적 영화, 제5세대의 영화로 변하기 시작한다. 형제 같아야 할 두 남자 배우는 치정에 가까운 남녀 간의 사랑에 빠져, 극히 절망적인 상황 속으로 스스로를 몰고 간다. 남성과 여

성, 이성애와 동성애, 연극과 현실의 경계를 넘나드는 이들의 위험한 놀이는 개혁 개방을 맞은 1990년대 중국사회의 한 측면을 반영하면서, 한편으로는 그 한계를 훌쩍 뛰어넘는다. 첸 카이거 감독이 중국의 5세대 감독에서 세계적인 감독으로 부상하는 지점도 여기에 있다.

"인생은 연극. 배우는 무대 위를 걸어다니는 그림자"라고 표현한 것은 셰익스피어였다. 인생과 무대의 경계를 지우는 셰익스피어의 현대성은 첸 카이거의 이 작품에 이르러 새로운 이채를 띠게 되는 것이다. 그리고 그 끝은 2003년 4월 1일 만우절, 마치 농담과도 같은, 홍콩 직물왕의 아들이자 전 세계 영화팬들의 연인이었던, 동성연애자 장국영의 진짜 죽음으로 마감된다.

(2) 어둠과 빛의 충돌

이 영화를 읽는 또 하나의 독법은 어둠과 빛의 충돌이다. 이 영화에서 비극은 늘 빛과 함께 일어난다. 어둠 속에서 '팟' 소리와 함께 극장의 대형 라이트가 켜지는 순간이 그러하고, 어둠 속에 정체를 감춘 홍위병들에게 자신의 인생을 고백해야 하는 인민재판 장면이 또한 그러하다. 경극은 빛과 화려한 색채 속에서 진행되지만, 빛은 밝을수록 더 많은 것을 감춘다.

이청준의 소설 <소문의 벽>은 전짓불에 노출된 자의 불안 심리를 잘 포착한 소설이다. 갑자기 나타난 전짓불의 주인이 '나'에게 "너는 어느 편이냐?"고 물었을 때, '나'는 빛에 가려진 '그'의 정체를 전혀 알 수 없다는 상황 때문에 극도의 공포에 휩싸일 수밖에 없다. 우리나라에서도 자주 공연되었던 피터 셰퍼의 <블랙 코미디> 또한 빛과 어둠의 아이러니를 재미있게 다룬 바 있다.

젊고 가난한 조각가인 브린즈리와 캐롤은 6주 전에 만나 서로 약혼한 사이다. 하지만 캐롤의 아버지는 브린즈리가 가난하다는 이유로 딸의 약혼자를 인정하지 않는다. 오늘 밤 캐롤의 아버지인 멜켈트 대령이 브린즈리의 조각을 보러 오기로 약속되어 있다. 가난한 브린즈리는 멜켈트 대령에게 잘 보이기 위해 이웃에서 고(古)미술 상점을 경영하는 헤롤드 씨의 집에서 그가 잠시 여행간 사이 그의 가구를 자신의 집에 옮겨 놓는다. 그런데 갑자기 정전이 되고, 이웃집의 헤롤드 씨가 집에 돌아온다. (중략) 헤롤드 씨의 가구를 가져온 브린즈리는 다급해진다. 그래서 캐롤과 함께 모의해서 사람들에게 술을 먹이고 그 사이에 가구를 헤롤드 씨의 집에 갖다 놓기로 한다. 불이 꺼진 사이에 가구를 몰래 옮겨보려고 하지만, 불이 갑자기 켜지는 등의 낭패를 겪는다.

이 연극의 재미는 어둠과 빛의 역전에 있다. 이 연극에서는 정상적인 상황은 불이 꺼진 상태에서 진행하고, 남녀가 몰래 꾸미는 '작전'은 불이 켜진 상태에서 진행하는 방식을 취한다. 다시 말해, <블랙 코미디>는 현실에서의 빛과 어둠의 상태를, 연극 속에서의 어둠과 빛의 단계로 간단히 역전시킴으로써, 어둠 속에서만 드러나는 진실의 모순을 문제 삼는다.

우리는 '진리는 나의 빛(veritas lux mea)'이라고 배워왔다. 그러나 빛은 오히려 진실을 감추기 위한 책략으로 더 자주 사용된다. '빛=진리' 사이의 등식은 적어도, 우리의 인생에는 맞지 않다. 우리는 빛이 없는 곳에서 더 솔직하고 대담하게 자신의 정체를 드러내지 않던가. 빛이 없는 곳에서 오히려 진실이 드러나며, 우리 자신이 통제할 수 없는 곳에서 우리의 존재가 비롯된다는 점. 그러니까 빛이나 우리의 의식적인 통제가 힘을 발휘할 수 없는 곳에 인간이 존재한다는 관찰은, 프로이트에 의해 정식화된 '가련한 존재'로서의 인간 개념이다. 프로이드에 의하면, 인간에게는 인간의 의식이 통제할 수 없는 어둠의 영역이 있으며, 그 어둠의 무의식이 인간을 휘젓고 있다고 본다.

"당신은 뭘 하는 사람이요?"라고 물었을 때, 혹자는 "나는 경극하는 사람이요.", 혹자는 "나는 경극의 주인공인 초패왕이요."라고 답할 수 있지만, 그럼에도 불구하고, 현실 속에서의 인간은 서로 질투하고 미워하며 배신하는, 초패왕과 같은 영웅보다는 짐승이나 벌레에 가까운, 프로이드 식의 표현을 빌리면, 가련한 존재에 불과한 것이다. 첸카이거 감독이 프로이드를 읽었는지에 대해서는 잘 모르겠다. 그러나 중국의 문화혁명 시대에 인간은 위대한 초패왕이나 독자적인 인격을 갖춘 자유인으로 살지 못했고, 명분이라는 빛에 쫓기면서 벌레와도 같은 삶은 지탱해야 했던, '가련한 존재'들이었다는 점만은 분명하다.

영화는 모순이자 충돌이다. 빛을 통해서 어둠을 응시하는 영화만의 독특한 문법이 <패왕별희>를 통해 다시 빛을 얻는다!

3. 영화의 기초 이론

(1) 구성단위 : 씨퀀스, 신, 쇼트

영화는 100분 정도의 러닝타임을 갖는다. 100분에 10~15개 정도의 사건들이 다루어지며, 이들 각 사건들은 또 몇 개의 단위로 분절된다. '첫사랑'을 주제로 한 영화를 생각해보자. 첫 대목에는 '만남'이 주제가 될 것이다. 그러나 만남은 단 한 차례로 이루어지는 게 아니라,

3~4개 정도의 사건 중첩을 통해 이루어진다. 우연한 만남, 또 한 차례의 우연한 만남, 여기에서 이루어지는 시선의 교환, 좀 더 필연적인 만남, 그런 후에야 친밀한 만남이 이루어진다. 시나리오 작가는 첫 만남이 자연스럽고 감동적으로 꾸며질 수 있도록 몇 개의 사건들을 배열한다. 이때 배열되는 3~4개 정도의 사건들을 시퀀스(sequence)라 부른다.

시퀀스(sequence)는 영상 속의 스토리를 구성하는 단위로 정의할 수 있다. 시퀀스는 동일한 아이디어에 의해 연결된 신이며, 구성형식에 있어서 통일성을 갖고 있으며, 시퀀스들이 모여 하나의 영화가 완성된다. 우리가 영화를 다 보고난 후 영화의 줄거리를 타인에게 설명하고자 한다면 우리는 시퀀스를 들려주는 셈이다. 시나리오 작가는 시퀀스를 통해 영화의 큰 얼개를 짜며, 관객은 시퀀스를 통해 줄거리를 압축, 기억한다. 시퀀스는 물리적인 분절단위가 아니라, 다분히 주관적인 단위다. 따라서 한 편의 영화를 보았을 때, 어느 관객은 10개 정도의 사건으로 압축할 수도 있으며, 어떤 관객은 15개 정도의 사건이 일어났다고 정리할 수도 있다. 홍상수 감독의 영화 대부분은 시퀀스를 아예 노출시킨다.

각 시퀀스들은 몇 개의 신(scene)의 집합체이다. 신은 같은 장소, 같은 시간대에서 연속적으로 일어나는 사건들을 찍는다. 시나리오에서 사용하는 신 넘버(#)는 한 장소에서 촬영을 하기 위해 모아놓은 사건들의 한 단위를 말한다. 연인이 서로 전화 연락을 하고, 커피숍에서 만났다가 거리로 다시 나섰다면, 이 사건들 사이에는 시간과 공간의 변화가 있으므로 다음과 같이 독립된 신으로 구성되어야 한다.

예) #1. 전화 부스
　　#2. 커피숍
　　#3. 거리

　영화는 대체적으로 150개 정도의 신으로 구성된다. 기계적으로 설명한다면, 1개의 씨퀀스는 10개 정도의 신으로 구성된다고 볼 수 있다. 물론 액션과 스피드가 강조되는 영화에서는 훨씬 신의 숫자가 많다. 반면 화면의 흐름이 느리고 정적인 영화, 서정적이거나 예술적인 영화들은 대부분 훨씬 적은 수의 신을 사용한다. 화면의 흐름이 느릴수록 관객은 좀 더 관조적이고 철학적인 태도를 취한다. 반면 신의 개수가 많은 영화에서는 관객들의 즉각적인 반응이 중시된다.
　그러나 영상의 기본단위는 쇼트(shot, cut)이다. 영화를 '쇼트의 예술'이라고 칭하는 사람들은 똑같은 줄거리가 쇼트 구성에 따라 얼마나 달라질 수 있는지를 잘 알고 있다. 뤽 베송의 영화 <레옹>의 앞부분에는 살인청부업자 레옹이 세심하게 꽃에 물을 주는 컷이 삽입되어 있다. 레옹은 문 앞에서 담배를 물고 있는 소녀 마틸다를 만난다. 레옹의 꽃과 마틸다의 담배는 서로 어울리지 않는다. 잔인한 살인청부업자가 꽃을 가꾸고, 열 살 남짓의 아이가 담배를 피운다는 것 자체는 이 영화가 던진 최초의 질문이다. 그러나 단순하게 삽입된 꽃과 담배의 컷은 영화의 마지막까지 중요한 모티브가 된다. 컷은 매우 짧은 시간에 스쳐 지나가지만, 그 영향은 매우 크다. 우리가 영화를 인상적이라고 기억할 때, 그 기억의 대부분은 컷에 의존한다. 이와이 슈운지의 <러브레터> 마지막 장면에 삽입된 도서대출 카드는 이 영화의 어떤 사건보다 강렬하다.
　쇼트는 카메라가 촬영을 시작해서 끝날 때까지의 필름에 촬영된 연속적인 장면으로, 컷(cut)이라는 용어도 사용된다. 하나의 신(scene)은 하나의 쇼트(one scene one cut)나 또는 각기 다른 앵글(angle)과 거리에서 촬영된 연속된 쇼트로 구성된다. 위의 예 '#2. 커피숍'을, 여자가 어렵게 절교를 선언하고 남자가 갑작스런 상황에 당황하는 신으로 구성한다고 가정하자. 여자가 본론을 꺼내는 데 상당한 시간이 걸리고, 남자가 지루함에 못 견뎌 짜증을 내다가 절교 선언을 듣는다면, 일상적인 흐름에서는 적어도 몇 십 분이 필요할 것이다. 그러나 영화는 몇 개의 단절된 컷의 모음으로 이를 표현해야 한다. 다음 예는 일곱 개의 컷으로 구성되어 있다.

(예) #2. 다방
① 다방 내부. 촌스러운 수족관에 촌스러운 다방 여종업원. 무료해보이는 여종업원의 얼굴
② 여종업원, 남녀를 흘겨본다.
③ 테이블 위에 꽁초가 즐비한 재떨이.
④ 남자, 담배를 부벼 끄며 "오늘 왜 그러는 거야. 말을 해야 알아듣지."
⑤ 여자, 치맛자락에 땀이 밴 손바닥을 문지른다. 사이
⑥ 여자, "우리 헤어져"
⑦ 남자, 당황하는 표정

컷 ①에서 관객은 이 장소가 다방이라는 객관적인 사실을 접한다. 이를 구축 쇼트(establishing shot)라고 하는데, 관객은 남녀가 이곳에 만났다는 객관적인 정보를 가장 효과적이고 신속하게 접할 수 있다. 촌스러운 다방 분위기에서 남녀의 경제 사정이 그리 좋지 않다는 부가정보를 얻을 수도 있을 것이다. 컷 ②에서 우리는 남녀가 너무 오랫동안

다방에 앉아 있었으며, 그 때문에 여종업원의 눈총을 받고 있을 거라고 짐작한다. 컷 ③에서는 우리의 예측이 맞았다는 사실을 깨닫게 된다. 남자는 적어도 몇 개의 담배를 피울 시간 이상 여기에 앉아 있었다. 컷 ④에서 우리는 남자의 짜증을 이해하게 된다. 컷 ⑤에서는 여자가 뭔가 긴장되어 있기 때문에 손바닥에 땀이 배었을 것이라고 예측한다. 컷 ⑥의 내용을 말해야 했기 때문에 긴장했을 것이다. 컷 ⑦에는 정보량이 너무 적다. 절교를 순응하는 반응인지, 아니면 화를 내고 있는 것인지, 아니면 한번 따져보겠다는 것인지, 관객들은 모른다. 아마도 다음 신에서야 그 궁금증이 다소 해소될 것이다.

쇼트는 연속된 듯 하면서도 불연속적이다. 아이들의 놀이 중 '스무고개 문답'에 비유해보자. 아이들은 힌트가 하나씩 던져지고 대상이 좁혀질수록 좀 더 흥미를 느낀다. 영화의 쇼트는 줄거리를 순차적으로 풀어나가는 연속으로서의 기능과 함께, 단절을 통해 작은 의문들을 지속적으로 던진다. 관객들은 그 쇼트의 연속으로 점차 빨려들어가는 것이다.

영상작품을 분석할 때에는 가장 먼저 시퀀스별(sequence by sequence)로 나누어서 전체적인 구성을 살펴보고, 마지막으로 작품의 주제와 일맥상통하는 하나의 쇼트(single shot)를 찾아 미장센(mise en scene)을 분석해보는 것이 효과적이다. 영화는 줄거리를 지켜보는 게 아니라, 그 줄거리를 구성하는 방식, 예를 들면 미장센이라든지 쇼트의 묘미를 즐겨야 한다.

(2) 시점

영화에서도 '누가 보는가' 하는 시점 문제는 중요하다. 영화의 시점을 결정하는 데 있어서 반드시 고려해야 할 것은 누구의 눈으로 찍을 것인가, 또 찍힌 장면에 대해 관객들은 누구의 입장에서 볼 것인가를 고려하고 판단하는 일이다. 이를 위해 우선 범주로 묶을 수 있는 시점으로는 객관적 시점, 주관적 시점, 감독의 시점, 간주관적 시점 등이 있다. 카메라의 시점은 등장인물의 시점인 주관적 시점, 관객이나 시청자의 객관적 시점, 내레이터의 시점, 혹은 전지전능한 작가적 시점(감독의 시점)을 복합적으로 대변하기 때문에 카메라의 시점에서 일관된 구조를 찾기란 쉽지 않다. 위의 예에서, 컷 ①은 객관적 시점이다. 컷 ②와 ③은 객관적 시점으로 볼 수도 있으나, 남녀 사이의 긴장감을 의도적으로 극대화하기 위한 감독의 시점으로 볼 수도 있다. 컷 ④는 남자의 얼굴을 클로즈업시키고 있는데, 이때 관객은 남자의 맞은편에 앉은 여자의 시점에서 남자를 바라보는 시선과 일치하기 때문에 주관적 시점이다. 컷 ⑤는 감독의 시점, 컷 ⑥, ⑦은 주관적 시점에 가깝다.

　객관적 시점은 영화의 장면을 마치 현실로서 눈앞에 나타나는 그대로를 보게끔 하는 방식이다. 따라서 카메라는 가능한 한 움직이지 않는다. 관객들은 스크린 위에서 벌어지는 일에 대해 카메라로 찍힌 것이라고 생각하기보다는 자기 눈앞에서 벌어지는 일이라고 생각한다. 객관적 시점은 연속성과 논리성의 강점을 지니지만 너무 오래 계속되면 마치 다큐멘터리를 보는 것과 같은 지루함을 줄 수 있다. 대부분의 신 구성에서 객관적 시점은 반드시 한 번 삽입된다. 객관적 시점이 삽입되어야만 그 신의 시간과 장소에 대한 정보를 얻을 수 있기 때문이다.

　주관적 시점은 관객을 영화 속에 참가시키는 방식이다. 즉 관객이 극중 인물의 시점이 되어 그 인물이 사건에 대해 느끼는 정서를 똑같이 경험한다.

감독의 시점은 감독이 특수한 촬영방법과 편집방법을 동원하여 자신이 보여주고 싶은 것, 강조하고 싶은 것을 나타내는 방법이다. 일반적이지 않은 촬영 각도로 촬영하거나 아니면 특수렌즈를 이용하거나 또는 필름을 느리게 하거나 빠르게 하여 감독 자신의 감정을 관객들에게 강요하는 방식이다.

간주관적 시점은 실제로는 극중 인물의 시점이 아니면서도 관객을 영화 내의 사건이나 상황에 가까이 접하게 함으로써 관객의 연루감이나 영상체험을 강화시킨다. 예컨대 살인자를 피해 화장실로 몰린 극중 인물과 칼로 화장실 문을 마구 찌르는 상황을 나타낼 때 극중 인물의 다급한 표정과 함께 문을 뚫고 들어온 날카로운 칼끝의 클로즈업은 긴박감과 위기감을 고조시킨다. 이때 관객은 극중 인물과 자신을 동일시하지는 않으면서도, 주관적 시점과는 다르게, 직접 그 상황에 참가하고 있는 듯한 느낌을 받는다.

다음과 같은 상황에서 시점의 사례를 살펴보자.

- 객관적 시점 : 100미터 정도 떨어진 거리에서 악당들에게 쫓기고 있는 마차의 측면 쇼트
- 극중 인물의 주관적 시점 : 말의 등 너머로 촬영한 마부의 눈 아래 시점, 고삐를 쥐고 채찍질하는 팔과 손
- 간주관적 시점 : 마부의 얼굴의 측면 클로즈업. 고개를 뒤로 돌리고 어깨 너머를 보고 있는 그의 표정에는 공포와 굳센 결의가 가득 차 보인다.
- 주관적 시점 : 포장마차 너머로 보이는 마부의 시점. 악당들이 맹렬히 쫓아오고 있다.
- 간주관적 시점 : 다시 앞쪽으로 고개를 돌린 마부의 얼굴 클로즈업. 굳센 의지가 담긴 꽉 다문 턱. 얼굴 가들기 흘러내리는 땀방울. 그리고 날카로운 말의 울음소리

- 감독의 시점 : 측면에서 느린 화면으로 촬영한 말의 머리 부분들의 클로즈업, 굳세고 야성적인 눈들. 재갈 물린 입의 고통, 목 언저리에서부터 사정없이 흘러내리는 땀과 입거품

이것을 느린 화면으로 구성한다면, 감독의 위기 상황에 대한 자신의 의식적인 견해를 부과했고, 이로써 관객이 자신의 의도대로 해석해 주기를 바라고 있다는 것을 알 수 있다. 이때의 느린 화면은 말들이 극도로 지쳐 있음을 강조하여 결국은 포장마차의 도망이 실패할 것임을 암시한다.[3]

(3) 쇼트의 크기

영화의 다양한 쇼트는 화면의 틀 안에 담긴 선택된 소재의 양에 따라 결정된다. 쇼트에 의해 포착되는 영역이 넓으면 넓을수록 영상의 디테일은 상대적으로 감소되며, 그 형식은 추상적이 된다. 포착되는 영역이 좁으면 좁을수록 그 영역의 물리적 맥락 속에서 영상은 더더욱 왜곡되어 나타난다. 사실주의 감독들은 대체로 화면의 공간적 통합성, 즉 세부적인 디테일이 주어진 공간 속에 조화롭게 배치되기를 희망한다. 이들은 인물과 배경 사이의 관계를 그대로 유지시켜 주는 원경 쇼트(longer shot)를 선호하는 경향이 있다. 반면에 표현주의 감독들은 근접 쇼트(closer shot)를 선호하는 경향이 있다. 근접 쇼트는 현실공간을 일련의 세분화된 조각으로 단편화시킨다. 쇼트를 대별하면 다음과 같다.[4]

---

3. 이효인, 『영화미학과 비평입문』, 한양대출판부, 1999, pp.41-42.
4. 쟈네티, 앞의 책, pp.19-21.

① E.L.S.(extreme long shot)
② L.S.(long shot)
③ full shot
④ medium shot
⑤ closeup
⑥ extreme closeup
⑦ deep-focus-shot

익스트림 롱 쇼트(extreme long shot)는 상당히 먼 거리에서 찍혀지는데, 야외 촬영에서 배경에 많은 부분을 할애한다. 익스트림 롱 쇼트는 근접 쇼트가 어떤 맥락에서 찍혔나를 설명하는 객관적 시점, 즉 구축 쇼트(establishing shot)로 작용하기도 한다. 이 쇼트의 가장 효과적인 사용은 서부영화, 전쟁영화, 사무라이영화, 사극영화 등의 서사적 영화에서 나타난다.

롱 쇼트는 영화에서 가장 복잡한 것이고 그 용어 자체가 가장 부정확한 것 중의 하나다. 그러나 일반적으로 롱 쇼트는 연극에서 관객과 무대 사이의 거리에 해당한다. 이 범주에서 피사체에 가장 근접한 것은 풀 쇼트로, 이는 몸 전체를 간신히 담는 것이다. 전설적인 코믹 배우 찰리 채플린은 풀 쇼트를 선호했는데, 그 이유는 그것이 무언극이라는 예술에 가장 적합할 뿐만 아니라 적어도 다양한 얼굴 표정을 잡을 수 있을 정도로 피사체에 접근하기 때문이다. 롱 쇼트는 사실주의 영화감독이 좋아하는데 그것은 사람의 몸 전체뿐만이 아니라 촬영현장의 상당한 부분까지도 잡을 수 있기 때문이다. 이는 주로 화면 구성을 통하여 의미를 전달하려는 감독에게 이상적으로 부합한다.

미디엄 쇼트는 무릎이나 허리 위에서부터 인물을 잡는다. 이것은 일종의 기능적 쇼트로서 해설 장면, 움직이는 장면 그보다 먼 거리의 원경 쇼트를 이어주는 데에도 쓰이며, 클로즈 쇼트나 롱 쇼트 이후에 그 배경을 재확인하는 데에도 쓰인다. 미디엄 쇼트에는 몇 가지 변형이 있다. 투 쇼트(two shot)는 허리 위로부터 두 인물을 잡으며, 쓰리 쇼트는 세 인물을 잡는다. 세 사람 이상을 잡을 때에는 배경에 다른 인물이 없다면 풀 쇼트가 되어버린다. 오버 더 숄더 쇼트(over-the-shoulder shot)는 보통 두 인물을 잡는데, 한 사람은 카메라에 등의 일부를 보이며 다른 한 사람은 카메라를 마주 대한다. 이 쇼트는 전형적인 투 쇼트의 변형이고, 한 인물에 대한 다른 인물의 지배를 강조하는 방법으로 사용된다.

클로즈업(close-up)은 배경을 보여준다 해도 극히 일부를 보여줄 뿐이며 비교적 작은 피사체, 가령 사람의 얼굴을 포착한다. 클로즈업은 피사체의 크기를 확대하므로 사물의 중요성을 강조하며, 종종 상징적인 의미작용을 한다. 사실 클로즈업은 우리가 일상적으로 사물을 보는 시각과는 다르다. 이런 의미에서 클로즈업은 가장 영화적인 표현이라 할 수 있고, 사물에 대한 '강조점'이나 '느낌표'의 기능을 담당한다. 익스트림 클로즈업은 좀 더 과장된 클로즈업이며, 때로는 괴기함의 인상을 주기도 한다.

디프 포커스 쇼트는 사실상 롱 쇼트의 변형으로서, 복수(複數)의 초점거리로 구성되며 피사체 심도(depth)가 깊다. 종종 와이드 앵글 쇼트(wide angle shot)라고 불리는 이 기교는 피사체를 가까운 거리, 중간 거리, 그리고 먼 거리에서 동시에 포착한다. 이는 공간의 통일성을 유지하는 데 유용하다. 디프 포커스 쇼트로 포착된 피사체들은 평면공간의 연속선상에서 주의 깊게 배열된다. 이렇게 층을 쌓은 것과 같은 기교를 사용함으로써 감독은 관객의 시선을 하나의 거리에서 다른 거리로 안내할 수 있다. 오손 웰즈 감독의 영화 <시민 케인(Citizen Kane)>은 디프 포커스 쇼트를 효과적으로 사용한 예로 유명하다. 케인의 아내는 자살을 시도하여 어두운 방의 침대에 누워 있고, 화면 밑 부분에는 가장 근접한 거리에서 빈 컵과 약병이 서 있는 것이 포착된다. 화면 중간에는 케인 부인이 침대에 누워 있는 것이 중간거리에서 잡히고, 화면 윗부분에는 원거리에서 문을 통해 들어오는 케인이 보인다. 이러한 쇼트는 일정한 인과관계를 암시하는데, 관객의 눈이 움직이는 순서에 따라, ① 극약을 ② 케인 부인이 마셨으며 ③ 그것은 케인의 비인간성이라는 인과관계를 보여준다.

(4) 카메라의 앵글

대상물을 찍는 앵글(angle)은 선택된 소재에 대한 감독의 논평이 될 수 있다. 통사론에 비유하자면, 앵글은 형용사의 기능을 맡는다. 평범한 앵글은 화면의 감정 표현에 적합한 형식이며, 극단적인 앵글은 영상의 핵심 의미를 매우 잘 표현할 수 있다. 앵글의 종류는 다음과 같다.[5]

① bird's eye view
② high(俯角)
③ Eye Level
④ Low(仰角)
⑤ oblique(斜角)

---

5. L. 자네티, 앞의 책, pp.23-27.

버즈 아이 뷰는 모든 앵글 중에서 가장 낯설어 보이는데, 그 이유는 한 장면을 바로 머리 위에서 촬영하기 때문이다. 이 앵글에서 시각은 마치 전능한 신과 같이 장면 위를 날며, 인물들은 매우 왜소하게 표현된다. 이 앵글은 어떤 점에서는 운명을 상징하기도 한다.

하이 앵글에서 카메라는 크레인(crane)에 설치되거나 혹은 천연적으로 높게 튀어나온 곳에 설치된다. 문학에서의 전지적 시점(omniscient point of view)과 흡사한 까닭에 하이 앵글은 전반적인 조망을 제공하지만, 그것이 반드시 운명을 암시하지는 않는다. 하이 앵글은 사물의 높이를 감소시키고 동작의 속도를 늦추므로 속도감각은 잘 전달되지 않는 반면, 지루함을 나타내는 데에는 효과적이다. 이 앵글은 자기 비하를 나타낼 때 효과적이다. <쉰들러 리스트>에서 끌려가는 유태인들의 행렬은 하이 앵글을 통해 그 억압성이 강조된다.

지나치게 조작적이고 의미를 강요한다는 이유에서 극단적인 앵글을 회피하는 감독들도 있다. 일본의 거장 오즈 야스지로의 영화에서 카메라는 무릎을 꿇고 앉는 일본인들의 생활습관에 맞추어 카메라의 높이도 이 정도에 놓이는데, 이를 통해서 일본인의 일상적인 가정생활에 대한 묘사가 이루어진다. 오즈는 인물을 있는 그대로 다루며, 인물들이 스스로를 드러내게 만든다. 오즈는 앵글의 사용을 통해서 가치판단이 암시된다고 믿었기 때문에 자신의 카메라를 중립적이고 냉정하게 유지하려고 했다. 그가 사용한 쇼트는 '다다미 쇼트'라고도 불리는데, 관객들로 하여금 어떤 부류의 인물들이 제시되는가를 스스로 판단 내리게 한다. 뉴스 보도는 객관성을 지향한다는 점에서 아이 레벨 앵글을 고집해야 한다.

로우 앵글은 하이 앵글과 반대효과를 낳는다. 대상물의 높이는 증대되고, 따라서 수직성을 나타내는 데 유효하다. 키 작은 배우를 크게 보이게도 하며, 동작은 속도가 붙으며, 특히 폭력 장면에서 로우 앵글은 그 혼란감을 잘 포착할 수 있다. 인물은 불안감과 위압감을 느끼는 관객 위쪽에서 위협적으로 모습을 드러내며, 밑에서부터 촬영되는 인물은 공포감, 경외심, 존경심을 자아낸다. 이런 연유에서 로우 앵글은 선전영화나 영웅주의를 묘사하는 장면에 자주 쓰인다. 로우 앵글로 포착된 인물은 활력이 넘치는 것으로 보이는 까닭에, 음료수 광고에서 늘 활용된다.

사각 앵글은 카메라를 옆으로 비스듬히 기울이는 것이다. 화면에 영사되었을 때 수평선은 기울어져 있다. 이 앵글은 때때로 술 취한 사람의 불균형을 암시하기 위한 시점 쇼트(point-of-view)에 쓰인다. 심리적으로 사각 앵글은 긴장, 변이, 임박한 변동을 암시한다. 사각 앵글은 관객을 어리둥절하게 만들기 때문에 자주 사용되지 않으나, 액션 장면에서는 바로 이러한 시각적 불안감을 이용하기도 한다.

더 찾아 읽기

> L. 자네티, 『영화의 이해』(이론과실천사, 1990)는 영화가 사진예술로부터 출현하고 있다는 점을 분명히 하면서, 영화의 화면구성, 스토리구성 등의 이론 전체를 매우 포괄적이고 친절하게 제시한 안내서이자 이론 입문서이다. 좀 더 쉬운 개론서를 원한다면, 이효인의 『영화미학과 비평입문』(한양대출판부, 1999)이 도움이 된다.

제8장

문화콘텐츠, 셰익스피어로부터 배우다

　　셰익스피어는 최상급을 지닌 이름이다. 지금까지 어떤 시인도 그만큼 자주 읽히고, 인용되며, 번역되고, 공연되며, 영화화되고, 작곡되고, 연구된 적은 없었다. 더구나 확실히 놀라운 일은 그가 원래 읽지도 못하고 쓰지도 못하는 당시의 관객들을 위하여 드라마를 썼다는 사실이다. 이런 의미에서 셰익스피어는 경계가 없다. 그는 고급문화이자 대중문화다.

　　셰익스피어는 17세기의 대표적인 극작가로서, 그가 남긴 희곡은 세계문학의 고전으로 평가된다. 각 대학의 영문과에서는 학부의 고급과정에서부터 셰익스피어를 독립된 교과목으로 편성하고 있다. 그러나 셰익스피어를 그저 고전으로 읽기보다는, '왜 셰익스피어인가'에 대한 질문에서 출발하는 게 옳다. 현대 대중문화를 연구하는 많은 학자들은 셰익스피어의 풍요로움에 대해 새삼 경탄을 표한다. 어떤 의미에서 보면, 셰익스피어는 가장 대중적이며 가장 현대적인 작가라는 것이다. 먼저 상기할 사실은 당대의 극작가들이나 학술원의 회원들로부터 셰익스피어의 연극은 대중에 영합하는, 저질의, 반칙을 자주 사용하는 작품들로 비난받았다는 점이다. 그럼에도 불구하고, 당시에 모범으로 칭송되는 연극들은 대부분 기억에서 사라졌고, 대중들의 환호를 받던 셰익스피어의 연극만이 오히려 세월의 무게를 이겨내고 중후한 고전으로 기억되었다는 점이다.

이 시간에는 '왜 셰익스피어인가'라는 질문을 중심으로, 과거의 문화유산이 어떻게 재창조되고 변용될 수 있는가에 대한 시사를 얻고자 한다. 최근 문화콘텐츠학은 '하나의 원천, 다양한 이용(OSMU : One Source Multi Use)'이라는 새로운 개념을 소개한다. 우리는 셰익스피어를 통해서 그의 작품이 얼마나 다양하게 변용될 수 있는지에 대한 하나의 사례에 접하게 될 것이다.

- 문화콘텐츠는 고전을 어떻게 변용하고 있는가 조사해보자.
- 셰익스피어가 대중문화의 원천이 될 수 있었던 배경에 대해 조사해보자.

1. 대중문화의 원천

셰익스피어는 21세기로 도약하는 데 성공했다. 엘리자베스 1세 시대의 이 위대한 영국 시인은 현대 매체사회의 장애를 가볍게 넘었다.

셰익스피어는 할리우드에서 가장 자주 영화화되는 작가다. <로미오와 줄리엣>은 비극적 사랑 이야기를 위한 기본 틀을 제시했고, <오셀로>는 질투의 드라마 경우에, <리어왕>은 가족 내 세대 간의 갈등을 그린 경우에, <햄릿>은 한 지적인 주인공이 복수자가 되는 모든 미국 액션영화의 원형이 되었다. <햄릿>은 세계문학에서 가장 자주 영화화된 소재의 목록에서 두 번째 자리를 차지한다(첫 번째는 <프리티 우먼>과 같이 남성을 통해 여성의 신분이 상승하는 신데렐라 이야기가 차지했다). <오만과 편견>의 작가 제인 오스틴은 이미 200년 전에 "사람들은 셰익스피어가 어떤 사람인지도 모르고 그를 알게 된다. 사람들은 도처에서 그것과 만날 수 있고, 본능적으로 그것을 신뢰한다."고 말했다. <타이타닉>은 <로미오와 줄리엣>을 영화화한 것이고, 국제적인 패션회사는 셰익스피어에서 나온 문구를 광고문안으로 사용한다. "세상은 무대다", "사느냐 죽느냐 그것이 문제로다", "공연히 야단법석", "웃는 자와 우는 자", "덴마크가 수상하군", "그것은 종말의 시작" 등은 모두 셰익스피어에게서 나왔다.[1]

2. <베니스의 상인>과 퀴즈 오락 프로그램

우리가 셰익스피어의 <베니스의 상인>에서 주목할 부분은 '오락 프로그램'과 같은 구성이다. 셰익스피어는 관객들의 눈과 귀를 사로잡기 위해서 온갖 재간을 다 부린다. 살인사건, 수많은 우스갯소리, 수수

---

1. 크리스티아네 취른트, 조우호 역, 『사람이 읽어야 할 모든 것 : 책』, 들녘, 2003, pp.310-311.

께끼, 노래, 춤, 연애 등등······. 셰익스피어는 오늘날 텔레비전에서 볼 수 있는 모든 것들을 두루 활용했다. <베니스의 상인>에서 바사니오는 포샤의 사랑을 얻기 위해 안토니오로부터 돈을 빌리고 그로 인해 샤일록으로부터 '살 한 점'의 위협을 받는 등 많은 우여곡절을 겪는다. 포샤의 기지로 샤일록은 재판에서 패배했으니(포샤는 남장을 하고 재판관 행세를 한다. 남녀 복장과 역할의 뒤바뀜 또한 현대문화의 중요한 코드다), 이제 포샤와 바사니오의 행복한 결혼식 장면으로 끝막음하면 될 터인데, 셰익스피어는 또 한 차례의 '롤러코스터'를 준비한다.

포샤의 아버지가 그녀의 신랑감은 반드시 시험을 통과해야 한다고 고집을 부렸기 때문이다. 상자 하나를 선택하라. 포샤의 초상화가 들어 있는 상자를 고른 사람이 이긴다. 포샤에게는 선택권이 전혀 없고, 모로코의 부자 왕, 아라곤의 왕, 바사니오가 신랑감으로 등장한다. '퀴즈 오락 프로그램을 통한 짝짓기 경쟁'은 현대의 TV프로그램에서 자주 활용되는 소재이다. 셰익스피어는 바사니오와 포샤의 행복한 결합이라는 극의 말미에서도, 지저분할 정도로 장황하게 다시 한 번 반전의 기회를 제공하는 셈이다. 전통적인 극의 구성방식으로 본다면, 세 상자에서 포샤의 초상화를 고르는 마지막 장면은 군더더기이며, 극의 효율적인 플롯을 위해서는 제거되어야 할 부분이다. 그러나 그는 긴장과 반전을 요구하는 관객의 변덕스러움을 끝까지 존중했다. 극의 균형을 무시하면서까지 반전과 긴장을 추구하려 한 그의 자세에서 우리는 가장 현대적이며 대중적인 작가의 한 측면을 발견할 수 있다.

사실 <베니스의 상인> 마지막 부분에 삽입된 '세 상자 이야기'는 매우 대중적이고 유치한 장난으로 볼 수도 있고, 한 편으로는 또 하나의 진지한 문제 제기로 읽을 수도 있다. "반짝이는 것이 모두 금은 아니다."는 명대사도 여기에 삽입되어 있거니와,[2] 금과 은의 화려함을 이긴 납의 우중충함에 대한 셰익스피어의 생각에는 인생에 대한 값진 교훈 하나가 깔려 있다.

    정신분석학의 창시자 프로이트는 이에서 더 나아가 셰익스피어의 <베니스의 상인>에 나온 '세 상자' 이야기를 통해 죽음의 본능에 대한 그의 생각을 보완하고 있다. 아름답고 총명한 포오샤는 아버지의 뜻에 따라 세 개의 작은 함들 중에서 좋은 것을 선택하는 사람을 배필로 맞아들이기로 한다. 세 개의 함은 각각 금과 은과 납으로 만든 함이었다. 금과 은을 고른 두 구혼자는 아무것도 얻은 것이 없이 떠났고 바사니오라는 세 번째 청혼자는 납으로 된 함을 골라, 구혼에 성공한다. 여기에서 주목해야 하는 점은 반짝이는 금이 '태양'을, 은이 '달'을 상징하는 반면, 희미한 색채의 납은 '별'을 상징한다는 점이다.

    희미한 존재로서의 납이 화려한 금과 은을 물리칠 수 있는 선택의 지점에서, 우리는 문학을 다시 생각한다. 화려한 스타들과 영웅적인 액션들이 넘쳐나는 '스펙터클의 사회'에서 우리는 조용히 납 상자를 열고, 거기에 놓여 있는 '문학'을 선택해야 하는 것이다. 그 문학은 죽음과도 같은 침묵, 납과 같은 창백함으로 우리를 안내한다. 거기에는 리어왕의 고통과 참회, 코딜리아의 침묵과도 같은, 문학의 진실이 있다. <베니스의 상인>은 마지막의 짝짓기 놀이 장면을 통해 대중적인 오락을 제공하면서도, 마치 별과도 같은 사랑의 위대함을 넌지시 제시하고 있다.

---

2. <베니스의 상인> 원전에는 "All that glisters is not gold"이며 이것이 와전된 것으로 알려졌다.

3. 〈리어왕〉: 삶과 죽음의 문제

대부분의 컴퓨터게임의 끝에서 게이머는 '죽는다'. 그러나 게임 오버(GAME OVER)의 순간, 게이머는 다시 일상의 삶으로 복귀한다. 어찌 보면, 죽음은 새로운 삶의 출발일지 모른다. 이러한 생각에 가장 근접한 것이 프로이트가 말년에 설정한 '죽음의 본능(Thanatos)'이라는 개념이다.

셰익스피어의 <리어왕>은 당혹스러운 텍스트다. 리어왕은 가장 사랑스러운 셋째 딸 코델리아에게 증오심을 퍼부으면서, 자기의 몰락을 재촉한다. 상식적으로 볼 때, 리어왕의 행동은 노망에 가깝다. 그러나 프로이트의 관찰에 따르면, 리어왕은 자기의 몰락을 재촉하면서 점차 인생의 세 번째 여인인 '죽음'의 품으로 들어간다. 죽음이야말로 완벽한 휴식이다. 사실 우리는 하루에 한 번씩 '죽는다'. 잠의 품으로 들어가는 것이야말로 죽음의 연습이자, 반복이다. 잠이 없다면, 우리는 살 수 없다. 노동은 휴식과 짝을 이루며, 낮과 밤, 초자아와 이드, 건전한 생산과 속수무책의 파괴(소비, 탕진)가 짝을 이룬다. 그러므로 프로이트가 삶의 원천으로 간주했던 에로스(Eros)가 타나토스(Thanatos)와 짝을 이루는 것도 당연해진다. 프로이트는 '죽음의 여신'에 대해 다음과 같이 설명한다.

여기서 해석된 것은 남자가 여인과 맺게 되는 피할 수 없는 세 가지 관계들이라고 말할 수 있을 것이다. 생식자, 동반자 그리고 파괴자가 세 여인의 이미지들이다. 혹은 이 세 이미지는 남자의 일생을 줄곧 관류해 흐르는 어머니의 이미지일 것이다. 최초에 어머니가 있었고, 이 어머니의 이미지에 맞추어 그는 사랑하는 여인을 선택했고, 마지막으로 그를 자신의 품속으로 다시 끌어들이는 대지(大地)라고 하는 어머니가 그를 기다리고 있다. 늙은 사내가 이전에 어머니에게 받았던 사랑을 다시 한번 그대로 손에 넣으려 해도 소용없는 일이다. 오직 운명의 세 여인 중 세 번째 여인만이, 이 침묵하는 죽음의 여신만이 그를 품속에 안아들일 것이다.[3]

"오직 운명의 세 여인 중 세 번째 여인만이, 이 침묵하는 죽음의 여신만이 그를 품속에 안아들일 것이다."라는 언명은 프로이트의 후기 저작인 『문명 속의 불안』 주변을 맴도는, 질병에 시달리고 나치즘의 압박을 받아야 했던 말년의 프로이트가 도달했던 또 하나의 우울한 결론, 즉 그의 뇌리 속에 자리 잡은 '죽음의 본능'에 대한 생각을 잘 요약하고 있다.

셰익스피어는 <맥베스>에서 인간의 운명을 좌우하는 운명의 세 여신 노른을 다시 등장시킨다. <맥베스>에서 세 마녀는 세 가지의 아리송한 예언을 들려줌으로써, 맥베스를 위안하기도 하고 때로는 공포에 사로잡히게도 만든다. 긴장과 위안, 삶과 죽음은 마치 사계절의 순환과도 같이, 한 인간의 궤적에 반복된다.

<리어왕>과 <맥베스>에 드러난 죽음에 대한 인식을 좀 더 확인하기 위해 북유럽 신화로 날아가 보자. 우리나라에서 제작된 <라그나로크>는 신들의 전쟁, 그리고 세계의 종말을 내러티브로 삼은 온라인 게임이다. 라그나로크는 빛과 광명의 신 발데르가 겨우살이의 가지에 찔려 죽음으로써 시작된다. 그러나 라그나로크는 세계의 종말인 동시에, 새로운 세계의 출발점이 된다. 겨우살이는 겨우내 말라죽은 것처럼 보이는 나무에 기생하며 겨울을 살아낸다. 겨우살이는 겨울을 만드

---

[3]. 프로이트, 정장진 역, 「세 상자의 모티브」, 『창조적인 작가와 몽상』, 열린책들, 1996, p.78.

는 동시에 겨울을 이겨내는 주체인 셈이다.

　인류학의 고전 <황금가지>에서 황금가지는 겨우살이를 뜻한다. 고대의 마법사들은 겨우살이 가지를 마법의 도구로 사용했던 것이다. 이쯤 되면, 라그나로크가 무엇을 상징하는지 알게 된다. 라그나로크는 그저 '겨울'에 불과한 셈이다. 북유럽의 극단적인 생존환경에서 겨울이란 모든 것의 죽음을 의미했을 것이다. 겨울이 되어 모든 것이 죽었을 때, 고대인들의 신화적 상상력은 발데르 신의 죽음과도 같은 참혹함을 연상했을 것이다. 그러나 발데르 신의 죽음 후에도 세상이 끝나지 않았음을 그들을 믿고 있었다. 마침내 봄은 오는 것이다. <라그나로크>는 단순한 게임처럼 보이지만, 이 게임의 설계자는 온 세계의 종말에 대한 북유럽 신화의 한 상징체계를 빌려, 게임의 대중성과 보편성을 확보한 것이다.

4. 활극과 심리극의 경계 : <햄릿>의 차별화 전략

　켈트족과 스칸디나비아의 전설에서 줄거리를 빌려온 셰익스피어의 <햄릿>은 '복수'의 비극이다. 이 극은 1601년 런던의 글로브 극장에서 초연되었으며, 주인공 햄릿의 풍부한 연극성으로 인해 연극사상 가장 고전적인 작품으로 남아 있다. 줄거리를 정리하면 다음과 같다.

　　덴마크의 왕자 햄릿은 국왕이었던 선친이 갑자기 돌아가신 후에 심한 우울증에 빠져 있다. 장례식을 치른 지 두 달도 채 못 되어서 숙부가 왕위에 올랐고, 햄릿의 어머니 거트루드는 숙부와 재혼했기 때문이다. 햄릿은 "약한 자여, 그대 이름은 여자로다."라고 독백하며, 어머니의 수치스러운 행동을 원망하는 한편, 숙부가 아버지를 독살한 게 아닌가 하는 의혹을 씻어 버릴 수 없다. 화려한 궁전, 검은 상복을 입은 햄릿이 창백하게 서 있다. "더러운 육체여! 녹고 녹아 흘러서 이슬이라도 될 수 있다면…" 햄릿은 이처럼 목적의식을 상실한 상태이다. 이때 친구 호레이쇼가 나타나 선친을 닮은 유령이 밤에 초소에 나타났다고 말한다. 초소를 찾아간 햄릿은 직접 아버지의 유령을 만난다. 유령은 자기가 동생인 지금의 국왕에게 독살당했으니, 꼭 원수를 갚아달라는 당부를 남기고 사라진다. 유령의 말을 들은 햄릿은 복수를 결심하고 남들이 눈치채지 못하게 미친 척한다. 사정을 모르는 사람들은 햄릿이 재상인 폴로니우스의 딸 오필리아를 너무 사랑한 나머지 미쳤다고 생각한다.

그러나 원래 내성적인 햄릿은 복수를 맹세하고서도 이를 실행에 옮기지 못한다. 이러한 의심은 점차 발전하여 숙부가 범인이라는 유령의 말조차 회의하는 단계에 이른다. 마침 궁에 찾아온 유랑극단을 보고, 햄릿은 이들에게 명하여 숙부가 선친을 살해하는 장면을 재현한 '곤자고의 살인'이라는 작품을 숙부와 왕비의 눈앞에서 공연하도록 명령한다. 왕이 자기의 음모를 정확히 꿰뚫고 있는 듯한 연극을 보고는 충격을 받고 마침내 서둘러 퇴장하는 것을 보고서야, 햄릿은 숙부가 선친을 죽였다는 확신을 얻게 된다. 범행을 확신한 햄릿은 어머니 방에 들어가 진실을 고백하라고 다그친다. 그때 누군가 뒤에서 엿듣는 듯한 인기척을 느낀 햄릿은 그를 왕으로 착각하고 칼로 찌르지만, 그는 재상이자 애인 오필리아의 아버지인 폴로니우스였다.

왕은 이 사건을 기화로 햄릿을 죽이려고 음모를 꾸미지만 햄릿은 용케 살아남는다. 한편 아버지를 잃고 햄릿의 실성에 충격을 받은 오필리아는 미쳐 돌아다니다가 호수에 빠져 죽는다. 오필리아의 오빠 레어티스는 햄릿에게 결투를 청한다. 왕은 햄릿을 죽이기 위해 레어티스의 칼에 치명적인 독을 발라 놓고, 독이 든 술잔을 옆에 놓아둔다. 왕비는 무심결에 독이 든 술을 먹고 죽는다. 햄릿과 레어티스는 결투 도중 칼이 바뀐

탓에 둘 다 상처 속에 독이 퍼져 죽는다. 음모를 깨닫게 된 햄릿은 죽어가면서도 숙부에게 복수의 칼을 들이댄다. 결국 이 작품의 주요 등장인물인 숙부와 왕비, 햄릿과 레어티스, 폴로니우스와 오필리아는 모두 죽고 만다.

비극적인 음모에 휩싸인 모든 인물이 결국 죽은 다음에야, <햄릿>이라는 비극이 종결되는 것이다. 고귀한 왕자였으며 덴마크 국민들의 높은 추앙을 받던 햄릿이 마지막 대사 "남은 건 침묵뿐이로다."를 읊으며 숨졌을 때, 우리는 고요하고 숭고한 심정에 젖게 되며 그 순간 우리의 영혼은 높은 곳을 향해 비상하게 된다.

이 작품은 우유부단한 지식인상으로서의 햄릿이란 전형을 창조한 작품으로 널리 알려져 있으며, 지금도 세계에서 가장 많이 공연되는 작품으로 남아 있다. 행동을 망설이면서 인생을 허비하는 것은 햄릿뿐만이 아니라, 현대인들의 속성이기도 한 것일까. 이 작품은 햄릿이라는 독특한 인물을 통해서 인생의 비극적인 조건에 대해 생각하게 한다.

왜 햄릿이 망설이기만 했던가에 대해서는 많은 이견이 있다. 예를 들어, '곤자고의 살인'을 본 직후 숙부는 자기의 죄과를 잠시 후회하며 기도를 하는데, 이때 햄릿은 그를 죽일 수 있는 절호의 순간을 맞이한다. 그러나 햄릿은 회개하는 순간에 죽음을 맞이하면 그는 천당에 간다는 종교적 가르침을 떠올리며 그를 죽이지 않는다. 이런 관점에서 본다면, 햄릿의 우유부단함은 '종교적인 문제'에서 기인하였다고 볼 수도 있는 것이다. 전통적인 문학비평가들은 햄릿이 사색적일 뿐 행동의 담대성이 없었다는 '성격적 무능설', 세속적 삶에 대한 비판이 너무나 예리해 행동을 아예 포기했다는 '비관론', 도탄에 빠진 덴마크를 우선 구해야 되겠다는 '구국사명설', 복수를 부도덕으로 치부하여 고민에 빠졌다는 '양심설', 숙부이지만 지금은 국왕이 된 왕에 대한 시기심과 어머니 사이에서 고민에 빠졌다는 '오이디푸스 콤플렉스설' 등 매우 다양한 견해를 제출한다.

셰익스피어 연극의 시작 부분은 매우 느리고, 결말 부분은 매우 빠르다. 셰익스피어만큼 느리게 시작하고 빨리 끝내는 극작가는 없었다. 극의 처음부터 호기심을 야기하고, 극적 긴장의 괘도 속에 관객들의 반응을 동일하게 끌어들이고, 수많은 의식을 떠올려 동일한 분위기 속으로 끌고 들어가는 능력에 있어서, 상업적인 스릴러물을 쓰는 어떤 삼류작가들조차도 셰익스피어만한 재능을 보인 사람은 없었다.[4] 이런 점에서 셰익스피어는 대단히 현대적인 작가이다. 셰익스피어의 작품은 늘 각색되어 할리우드 영화에 재활용된다. "할리우드에서 셰익스피어의 사계절"(Hollywood's four seasons of Shakespeare)[5]이라는 표현이 전혀 과장이 아니다. 어떤 의미에서 보면, 셰익스피어야말로 가장 큰 문화콘텐츠의 창고다. 예를 들어, 애니메이션 <밀림의 왕자 레오>, <라이온 킹>은 셰익스피어의 <햄릿>을 만화영화로 각색한 경우다.

줄거리에서 소개했듯, <햄릿>의 결말 부분에서는 주요 등장인물들이 모두 사망한다. 왕은 햄릿을 독살하기 위해 칼에 독을 묻히고 잔에 독을 타 두었지만, 왕비 거투르드가 독이든 술을 마시고 죽으며 왕과 레어티스, 햄릿은 모두 독이 묻은 칼에 의해 죽는다. 전통적인 문학비평가들은 독(毒)에서 '세계에 편재한 악(惡)'의 의미를 읽어낸다. 모든 등장인물이 죽음으로 끝나는 결말 부분에서 우리는 세계에 미만한 악의 모습, 인간의 구제 가능성은 어디에 있는가에 대한 형이상학적인 질문에 사로잡히게 된다는 것이다.

---

4. 로널드 헤이먼, 김만수 역, 『희곡을 어떻게 읽을 것인가』, 현대미학사, 1994, p.40.
5. Rothwell, *A History of Shakespeare on Screen*, Cambridge Univ. Press, 1999, p.28.

그러나 이렇게 생각해보면 어떨까. <햄릿>에서 햄릿이 복수를 망설이는 이유는 연극의 시작 부분을 길게 가져가기 위해서이고, 마지막 결투 장면에 독이 삽입된 이유는 연극을 빨리 끝내기 위해서라고. 오랫동안 전통적인 문학비평가들은 작품을 읽을 때 의미를 파악하는 데에 주력했다. 햄릿이 복수를 미룬 요인은 무엇 때문일까. 마지막 장면에서 독은 무엇을 의미하는가. 그러나 구조주의 문학비평가들은 '무엇(What)'보다는 '어떻게(how)'에 주목한다.

<햄릿>이 공연되던 당시의 런던에서는 햄릿의 복수 이야기가 여러 극장에서 상연되고 있었다고 한다. 물론 다른 극장에서의 <햄릿> 공연은 셰익스피어의 연극과는 다르게, 햄릿의 복수 활극에 초점을 두고 있었다. 사부님의 원통한 죽음을 목격한 주인공이 가까스로 살아남은 후, 무공을 닦아 악한에게 복수한다는 플롯은 중국 무협영화의 단골 메뉴이자 당시 영국 극단들의 <햄릿>이기도 했다. 이 경우에는 햄릿이 무공을 닦는 장면과 복수를 하는 액션이 작품의 대부분을 차지할 것이다. 그러나 셰익스피어는 이들과 차별되게, 복수라는 '액션' 대신 복수를 망설이는 주인공의 '심리'로 연극의 대부분을 할애함으로써 차별화된 성공을 거둔다.

5. 스타일 통합의 원칙 : 퓨전의 세계

<베니스의 상인>에서 샤일록은 바사니오의 '살 한 점'을 요구한다. 우리는 극 텍스트를 읽을 때 샤일록의 잔인함에 분개하지만, 셰익스피어 시대의 사람들에게 있어서 '살 한 점'이 남성의 성기를 암시하고 있었다는 사실을 잊는다. 셰익스피어의 관객들은 점잖은 지식인이

나 귀족만은 아니었다. 난잡한 술집에 모인 사람들처럼, 관객들은 소란스러웠고 때로는 매우 저질이었다. 이들은 <베니스의 상인>에서 사랑의 본질은 무엇인가 또는 정당한 재판이란 과연 어떠해야 하는가에 대해 관심을 가지는 것보다는, 음탕한 속어인 '살 한 점'이 작품에 끼어들어, 바사니오와 포샤를 놀라게 하는 장면에 훨씬 관심이 많았을 것이다. '고추'를 잘릴까봐 전전긍긍하는 바사니오의 모습, 약혼자의 고추가 잘릴까봐 깜짝 놀라는 처녀 포샤의 모습은 우리가 알고 있는 영문학 고전으로서의 셰익스피어 모습과는 사뭇 다르다.

　서구 리얼리즘 문학의 변천과정을 연구한 아우어바흐는 고대 그리스 시대의 문학이 비극과 희극으로 엄격하게 양분되어 있었음에 주목한다.[6] 비극이 고귀한 신분의 귀족이나 영웅을 주인공으로 삼는 반면, 희극은 보통 사람보다 열등한 사람을 주인공으로 삼으며, 이러한 차이는 연극의 주제와 언어, 형식 등에 엄격하게 적용된다. 비극은 비극답게, 희극은 희극답게 각각의 스타일이 분리되어야 한다는 것이다. 아우어바흐는 이러한 엄격한 차이를 '스타일 분리의 법칙'이라 규정하고, 이러한 경계가 혼재되는 최초의 사례로 성서 속의 베드로를 든다. 베드로는 예수 그리스도의 모범적인 제자이고자 노력한다는 점에서는 비극의 주인공에 가깝지만, 살아남기 위해 잔꾀를 부리고 거짓말을 하는 장면에서는 희극의 주인공에 근접한다. 베드로는 고상하면서도 열등한 인간이며, 이상과 현실 사이에서 부대끼는 인간이며, 이런 의미에서 현실 속의 우리 모습에 가장 근접해 있다. 아우어바흐는 희극과 비극의 엄격한 분리에서 벗어난 인물유형인 베드로를 예로 들면서, 서구 리얼리즘 문학의 발달을 '스타일 분리의 법칙'이 점차 완화되고,

---

6. 에리히 아우어바흐, 김우창·유종호 역, 『미메시스 : 고대·중세편』, 민음사, 2000.

'스타일 융합의 법칙'이 통용되는 과정으로 이해한다.

그의 관점에 따른다면, 셰익스피어의 작품이야말로 '스타일 융합의 법칙'이 전형적으로 잘 적용되는 사례다. 셰익스피어는 비극 속에 희극을, 희극 속에 비극을 삽입하길 즐겼다. 애인 오필리아의 주검을 앞에 놓고 인부들이 사소하고 무의미한 듯한 놀이를 벌이는 장면 등은 셰익스피어가 비극적 장면 사이에 삽입하는 유명한 기법인 '희극적 이완(comic relief)'에 해당한다. 기성세대의 완고한 반대를 물리치고 사랑의 힘으로 선남선녀의 결혼식에 이른다는 것은 희극이 지닌 법칙성이지만, 셰익스피어는 이러한 주제를 다룬 <로미오와 줄리엣>에서 희극적 결말로 가다가 갑자기 방향을 바꾸어 비극적 톤으로 작품을 마무리한다. 지금의 시각에서 볼 때, 셰익스피어가 곧잘 시도한 비극과 희극의 결합은 매우 자연스러운 일이지만, 조화와 법칙을 강조한 고전주의 시대의 시각으로 본다면, 셰익스피어야말로 대중들의 취향을 만족시키기 위해 야비하게 스타일(법칙)을 어긴 '반칙왕'에 해당한다.

우리 시대의 문화에서는 '융합(fusion)'이 중시된다. 서양의 팝 뮤직은 아프리카의 민족음악의 일부를 빌려와 '재즈'를 만들어냈다. '퓨전 사극'이라는 이름이 붙은 TV드라마 <다모>는 절제된 궁중언어와 예법, 왕과 신하와 궁녀들의 세계를 그린 기존의 역사극을 뛰어넘어 현대의 멜로드라마와 무협을 결합시켜 성공했다. 신라와 백제 사이의 전쟁을 그려야 할 영화 <황산벌>은 김유신과 계백 장군의 대립만으로 스토리를 끌어가지 않고, 경상도 사투리와 전라도 사투리 사이의 대립이라는 코믹을 삽입하여 의외의 신선한 성과를 거두었다. 교통과 통신의 발달은 물리적 시공간을 뛰어넘어 서양과 동양, 고대와 현대, 비극과 희극의 퓨전을 촉진시킨다. 전 세계에 깔린 거미줄(World Wide Web)이 이러한 변화를 가속화시키고 있음은 물론이다. 문화콘텐츠는 전통적인 문화양식과 새로운 매체 사이의 '퓨전'에서 출발할 것이다.

앞으로의 IT산업이 RT(Relation Technology)산업으로 진전될 것이라는 예측도 흥미롭다. RT는 '인간과 인간의 관계', '인과 도구(기계)와의 관계' 그리고 '인간과 자연의 관계'를 새롭게 변화시키고 서로 조화를 이루게 하는 기술로서 '테크놀로지'가 아닌 '아트'에 가깝다. 모든 경계를 넘어서는 크로스 오버(cross over) 현상을 퓨전(fusion)이자 미래의 비전(future vision)으로 풀이하고, 그 근간을 디지털과 아날로그의 만남으로서의 디지로그(digilog)로 해석한 관점도 흥미롭다.[7]

더 찾아 읽기

> 셰익스피어에 관한 논문, 비평서 등은 셰익스피어학이라는 분과 학문이 존재할 정도로 헤아릴 수 없이 많다. "셰익스피어를 인도와도 바꾸지 않겠다."는 말은 단순한 과장이 아니다. 셰익스피어는 영문학과 영국 제국주의의 원천이다. 리차드 아머 지음, 김선형 옮김의 『모든 것은 셰익스피어로부터 시작되었다』(시공사, 2001)는 '코믹 역사 북 시리즈'에 속한 책으로 가장 코믹하게 셰익스피어에 접근할 수 있는 해설서이다. 테리 디어리 지음, 강현주 옮김의 『새콤달콤 셰익스피어 이야기』(주니어김영사, 2000) 또한 주니어김영사의 '앗, 이렇게 산뜻한 고전이!' 시리즈로 재미있게 읽을 수 있다.

---

7. 이어령, 『디지로그』, 생각의나무, 2006, pp.64-66.

제 9 장
원천소스의 변형

동아일보 창간 88주년 기념 국민의식 여론조사에서 한국 국민의 53.9%는 한국민이라는 점에 만족하고 있는 것으로 나타났다. '보통'이라고 한 응답자는 37.5%였으며 '만족하지 않는다'는 답변은 7.7%에 그쳤다(『동아일보』, 2008. 4. 1, 1면). 한국은 어느새 경제규모 세계 11~12위의 강소국이 되었으며, 국민 스스로도 한국인임을 만족하는 정도가 50%를 넘기는 국가가 되었다. 한국경제개발원(KDI)에서 제시한 통계에 의하면, 한국은 2005년 명목 GDP 기준(10억 달러)으로 세계 11위의 경제규모를 가지고 있다.

〈각국의 GDP 현황〉　　(KDI, 2005년 통계)

1	미국	12,434	5	중국	2,244	9	스페인	1,132
2	일본	4,557	6	프랑스	2,138	10	브라질	882
3	독일	2,796	7	이탈리아	1,773	11	한국	792
4	영국	2,246	8	캐나다	1,135	12	인도	779

세계 12위권의 경제규모는 G7 국가와 BRICS(브라질, 러시아, 인도, 중국) 4개국의 랭킹에 해당하는 것으로, 이들 12개 국가 중에서 한국은 가장 작은 국토면적, 가장 적은 인구를 가진 나라인 동시에, G7도 BRICS도 아닌 거의 유일한 국가이기도 하다. 『문명의 충돌』로 유명한 새뮤얼 P. 헌팅턴은 최근 편역서 『문화가 중요하다』의 서문을 한국 소개로부터 시작한다.

> 1990년대 초 나는 가나와 한국의 1960년대 초반 경제 자료들을 검토하게 되었는데, 60년대 당시 두 나라의 경제 상황이 아주 비슷했다는 사실을 발견하고서 깜짝 놀랐다. 무엇보다 양국의 1인당 GNP 수준이 비슷했으며 1차 제품(농산품), 2차 제품(공산품), 서비스의 경제 점유 분포도 비슷했다. 특히 농산품의 경제 점유율이 아주 유사했다. 당시 한국은 제대로 만들어내는 2차 제품이 별로 없었다. 게다가 양국은 상당한 경제 원조를 받고 있었다. 30년 뒤 한국은 세계 14위의 경제 규모를 가진 산업 강국으로 발전했다. 유수한 다국적 기업을 거느리고 자동차, 전자 장비, 고도로 기술집약적인 2차제품 등을 수출하는 나라로 부상했다. (……) 반면 이런 비약적인 발전이 가나에서는 이루어지지 않았다. 가나의 1인당 GNP는 한국의 15분의 1 수준이다. 이런 엄청난 발전의 차이를 어떻게 설명할 수 있을까? 물론 여러 가지 요인이 작용했겠지만, 내가 볼 때 '문화'가 결정적인 요인이라고 생각한다.[1]

헌팅턴이 말한 문화의 의미는 매우 다양하다. 한국인의 근면성, 전통적인 가치관, 위기의 경험으로부터 배운 삶의 의지 등을 예거할 수도 있을 것이다. 그러나 말 그대로, 우리 민족의 5천 년 역사는 그 자

---

1. 새뮤얼 P. 헌팅턴, 로렌스 E. 해리슨 공편, 이종인 역, 『문화가 중요하다』, 김영사, 2001, pp.8-9.

체만으로도 커다란 문화적 자산이다. 우리 문화가 건국 200년의 역사를 지닌 미국의 문화에 뒤질 이유는 전혀 없다. 이제 우리는 그 문화적 잠재력을 콘텐츠화하는 일에 나서야 한다.

- 우리 주변에서 패러디의 사례를 수집하고 유형화해보자.
- 한국문화콘텐츠진흥원의 '우리문화원형사업'에 접속하여, 문화원형이 어떻게 변용되어 사용되고 있는가 조사해보자.

1. '소유'에서 '접속'의 시대로

재산의 역할이 급속하게 달라지고 있다. 근대 이후로 재산과 시장은 줄곧 동의어로 쓰였다. 실제로 자본주의 경제는 재산을 시장에서 교환한다는 발상 위에 성립된 것이다. 우리는 '시장의 신화'를 오랫동안 믿어왔다. 심지어 개인의 자유, 천부 인권, 사회 계약이라는 관념도 알고 보면 모두 시장이라는 완강한 사회제도와 불가분의 관계를 맺고 있다. 그런데 이러한 생활의 기초가 허물어지는 조짐이 보인다.

현대사회에서는 시장이 네트워크에게 자리를 내주며, 소유(have)는 접속(access)으로 바뀌는 추세다. 근대 경제의 중요한 특성이었던 판매자와 구매자와의 재산 교환은 네트워크 관계로 이루어지는 서버와 클라이언트의 단기 접속으로 바뀐다. 그리고 이러한 네트워크 경제에서 기업은 교환보다 접속하는 쪽을 택한다. 가급적 소유하지 말고 빌리자는 인식이 뿌리내리기 시작한 것이다. 기업들은 노동자를 고용하여 인적 자원을 소유하기보다 단기간의 계약을 통해 노동력을 빌린다. 또한 설계 활동에서 부품 제조에 이르기까지의 다양한 활동을 하청 관계를 통해 확보한다. 상품 판매의 위험을 줄이기 위해 대리점과 체인망을 빌리기도 한다. 이처럼 기업이 소유 대신 접속을 선호하는 이유 중의 하나는 생산 과정, 장비, 상품과 서비스가 빠른 속도로 용도 폐기되므로 장기적으로 소유한다는 것은 불리하다고 판단하기 때문이다. 기업은 기술력은 대학이나 연구소에서 빌리고, 생산은 하청업체에게 맡기고, 판매는 대리점에 위탁한다. 이제 '규모의 경제'에서 벗어나 '속도의 경제'로 돌입하기 시작한 것이다.

이러한 현상은 소비자에게서도 공히 발견된다. 예전에는 별장을 소유했지만, 지금은 별장을 잠시 빌린다. 별장을 소유하는 데에 소요되는 각종 부담보다 잠시 콘도미니엄을 빌리는 데에서 오는 편리함을 추구하기 때문이다. 농민들은 심지어 종자도 빌린다. 다국적 생명과학 기업들은 농민들에게 종자를 파는 게 아니라 종자의 이용권을 판다. 농업기업에서 제공하는 종자는 1년이 지나면 다시 사용할 수 없도록 DNA가 조작되어 있기 때문에, 농민들은 1년 후에 다시 종자의 이용권을 사야 한다. 그럼에도 농민들은 종자 빌리기를 선호한다.

〈소유에서 접속의 시대로〉

	근대사회	현대사회
교환의 장소	시장	네트워크
교환의 주체	판매자 - 구매자	서버 - 클라이언트
재산권의 개념	소유	접속
기업 형태	소유(생산설비, 생산자, 판매망)	아웃소싱(생산설비, 생산자, 판매망)

이러한 변화는 정신 영역에서도 일어나고 있다. 산업 시대의 인간이 물질을 축적하고 가공하는 데 빠져들어 있었다면 접속의 시대를 살아가는 인간은 정신을 관리하는 데 훨씬 관심이 높다. 사업의 성패를 아이디어가 좌우하는 접속과 네트워크의 시대에는 모든 것을 아는 것이 인간의 가장 드높은 꿈이다. 자신의 정신을 최대한 확장하여 보편화하고 그렇게 함으로써 인간의 의식을 바꾸고 영향을 미치겠다는 것이야말로 모든 산업활동을 이끌어나가는 원동력이 된 것이다. 새로운 경제에서는 생각을 관리하고 파는 능력이 궁극적으로 기업의 성패를 좌우한다. 21세기를 문화의 시대라고 부르는 까닭은 이러한 변화 때문이다.[2]

　이제는 문화도 소유가 아니라 접속의 시대로 열려 있다. 개인의 고독한 창조에 의해 빛을 발하고 그 아우라(aura)가 근대예술의 개성이라는 이름으로 존중되던 시대에서 벗어나, 지식을 공유하고 분담하는 문화시스템이 출현하고 있다. 문화콘텐츠산업의 주요 개념인 원소스 멀티유즈(OSMU : One Source Multi Use), 현대 포스트모더니즘의 미학적 기반 중의 하나인 패러디(parody) 등은 '소유의 종말'과 '접속의 시대'라는 현대사회의 변화에 상응한다.

2. 하나의 원천, 다양한 변용

　원소스 멀티유즈(OSMU : One Source Multi Use)란 하나의 원본 콘텐츠를 가지고 상품을 제작하면서 여기에서 발생되는 자원(Source)을 활용하

---

2. 제러미 리프킨, 이희재 역, 『소유의 종말』, 민음사, 2001, pp.9-47.

여 다양한 관련 산업에서 각각의 분야에서 흥행할 수 있는 상품으로 재가공시켜 시너지 효과를 극대화한다는 개념이다. OSMU는 이미 '스타 마케팅'으로 '문화정보산업'의 몇몇 분야에서 활용되어오던 개념을 포함하는 보다 발전된 형태의 사업방향이라 할 수 있다. 가장 많이 원본(One Source)으로 활용된 상품은 영화, 출판만화, 애니메이션, 소설 등이다.

국내 OSMU의 첫 성공 사례는 <아기 공룡 둘리>다. 만화가 김수정 씨의 동명 출판 만화의 성공에 힘입어 애니메이션을 제작하여 크게 성공한 경우이다. 출판 만화와 애니메이션의 성공은 등장 캐릭터의 상품가치를 크게 상승시켜 부가사업인 캐릭터 사업도 가능하게 되었는데, 이를 '둘리나라'로 통합했다. 두 번째 사례로는 <탑 블레이드>를 들 수 있다. 일본에서 애니메이션과 캐릭터 상품(팽이)이 함께 인기를 끈 <탑 블레이드>는 국내에서는 SBS에서 방영되면서 상륙했다. 51부작 대형 TV시리즈 애니메이션인 <탑 블레이드>는 SBS-TV와 TV-TOKYO가 한일 양국의 전통놀이인 팽이를 소재로 제작한 것이다. 여기에서는 신비의 힘으로 세계 정상의 탑 블레이드를 꿈꾸며 도전하는 소년들의 이야기가 펼쳐진다. 세계 여러 나라에서 벌어지는 대회를 통해 세계 각지의 아이들과 함께 꿈과 희망을 키워나가는 도전기의 형식을 지니고 있어 어린이들에게 큰 호응을 얻고 있는데, 무엇보다 흥미로운 것은 팽이라는 소재다. '탑 블레이드'는 4성수(팽이의 기능을 향상시키는 비트 칩을 이루는 정령)를 이용한 다양한 팽이의 업그레이드 콘셉트를 적용시킴으로써 <포켓몬스터>, <디지몬>과 같은 수집 열풍을 마케팅 기법으로 선택했다. 이미 일본에서는 탑 블레이드 완구 열풍이 불어 현재 450만 개 이상이 판매되었다. 탑 블레이드는 총 60억 원의 제작비로 철저한 사전기획, 전통적인 소재의 새로운 업그레이드,

그리고 완구, 게임, 출판, 캐릭터 등 사업 전반에 걸친 OSMU 개념이 도입된 작품으로 아동용 애니메이션이 어떤 흥행의 원칙으로 진행되는가를 보여주었다.

조지 루카스 감독은 영화 스타워즈 시리즈를 통하여 OSMU가 무엇인지를 보여 주었다. 그는 OSMU에 필요한 인프라 기업과 이를 통합 제작하는 제작사, 그리고 이를 라이센싱하는 퍼블리셔까지 수직적인 기획, 제작, 프로듀싱, 퍼블리싱 시스템을 완벽하게 구축하였다. 스타워즈는 영화, 게임, 책, 캐릭터, 음악으로 구성되며, 영화 <스타워즈 에피소드 1> 이후 열 가지의 게임타이틀을 출시하고 또한 후속작을 개발 중이다. 영화 내의 모든 상황설정에 중심을 둔 게임의 기획, 동일 게임의 멀티 플랫폼화(PC, 콘솔, 온라인)도 거의 동시에 이루어지고 있다. 이러한 스페이스 오페라 류의 게임은 성공 가능성이 가장 높다. 처참한 흥행 실패로 끝났지만 애니메이션 <원더풀 데이즈>는 충분한 금융지원을 기반으로 기술, 다양한 콘텐츠 등으로 이루어진 OSMU로서 애니메이션 개봉 전과 개봉 후 단계별 타이틀을 6개 정도 출시하고, 애니메이션 내의 모든 상황설정에 중심을 둔 게임의 기획, 게임도 플랫폼별 특화 개발한다는 계획에서 출발한 바 있다.

하나의 원본(Source)을 여러 방법으로 활용하는 산업으로서의 OSMU에는 몇 가지 중요한 조건이 뒤따른다. 첫째, 원작이 확실해야 한다는 점이다. 다시 말해서 확실하지 않은 원작은 OSMU를 구현하는 데 있어서 큰 위험 부담이 될 수 있다. 둘째, 확실한 원작을 어떻게 재가공할 것인가이다. 셋째, 재가공된 새로운 상품을 어떻게 사용자에게 전달할 것인가 하는 마케팅의 문제이다. 이들 세 가지 요소 중 어느 한 가지라도 결여된 OSMU는 실패할 확률이 높다고 할 수 있다.[3]

<올드보이>는 97년 일본 후타바샤 출판사에서 발간된 만화가 원

작으로, 영문도 모른 채 무려 15년간 사설 감옥에 갇혔다가 나온 남자와 그를 가둔 남자 사이의 대결, 그리고 이런 비밀에 대한 반전을 다룬 박찬욱 감독의 미스터리 액션 드라마이다. 2004년 칸느 영화제 심사위원 대상을 수상한 이 영화는 쇼이스트(주)가 투자/제작/배급하며, 에그필름이 공동 제작하였는데, 충무로의 가장 영향력 있는 감독과 배우인 박찬욱 감독과 최민식의 만남 때문으로 인해 더욱 화제가 되었다. 박찬욱 감독의 전작 <복수는 나의 것>에 이어 다시 한번 인간의 증오와 복수심을 심도 있게 다루고 있는 이 영화는 원작 만화 특유의 폭력과 센세이셔널한 소재를 비주얼한 영상 감각으로 잘 살렸고, 호기심을 유도하는 흥미진진한 이야기 진행 역시 매력적이다. 투자배급사 쇼이스트가 2002년 8월 판권을 정식으로 사들인 원작 만화는 폭력배가 운영하는 사설 감옥에 감금된 고토가 초등학교 동창인 부동산 재벌 가키누마의 계략을 10년만에 알아내고 서서히 그에게 다가간다는 설정으로, 영화는 이러한 기본 설정만 빌려왔을 뿐 전체 스토리는 각색된 것으로 알려졌다. 특히 사건의 모든 전모가 밝혀지는 종결부는 원작보다 더 충격적으로 설정되었다.[4]

최근에는 문학작품을 원작으로 한 영화 외에도 만화를 원작으로 한 작품수가 늘고 있다. 이제 만화는 우리 문화의 주류로 확실하게 편입되었으며, 만화 내에서도 재미있는 변용들이 계속 일어나고 있다. 다음은 2004년 만화계를 총정리한 신문 기사의 일부이다.[5] 우리는 여기에서 몇 가지 재미있는 현상을 확인하게 된다. 첫째는 내 것을 지키기 위한 저작권 분쟁이 본격화되었다는 점이고, 둘째는 그럼에도 불구

3. 인터넷 사이트 <최성의 디지털 회초리> 참조.
4. 인터넷 사이트 <홍성진의 영화해설> 참조.
5. 임인택, <되돌아본 2004 만화계>, 한겨레신문, 2004. 12. 31.

하고 OSMU의 성공적인 작품이 제작되고 있다는 점이다.

- 침묵은 이제 그만 : 만화계에서 제기하는 저작권 분쟁, 표절 의혹이 어느 때보다 많았다. 1,100만 부가 팔려 우리 만화 최고의 베스트셀러가 된 <만화로 보는 그리스 로마 신화>의 작가 홍은영 씨가 1월 저작권을 침해했다며 책을 펴낸 가나출판사 등을 상대로 38억 원의 손해배상 청구 소송을 내며 한해 벽두를 열었다.
  홍씨는 출판사가 무단으로 방송국과 만화영화·캐릭터 사업을 벌였다고 주장했고, 7월에는 거액의 인세를 출판사가 가로챘다는 의혹을 제기하기도 했다. 고우영 화백의 원고분실 손해배상 승소, 만화 <바람의 나라> 작가 김진 씨의 표절 의혹 제기, <내겐 너무 사랑스러운 뚱땡이>의 이희정 씨가 문화방송 <두근두근 체인지>를 상대로 제기한 표절 의혹 소송이 줄을 이었다.

- 행복한 접선 : 원소스 멀티유즈(원작 산업화)나 해외시장은 불황의 늪에 빠진 만화의 중요한 활로다. 올해 그 가능성을 드라마, 영화 따위에서 확인케 했다. 최종회 시청률이 40%를 넘었던 인기 드라마 <풀하우스>는 원수연의 동명 만화에, 영화 <바람의 파이터>, 드라마 <다모>는 모두 방학기의 만화에 뿌리를 뒀다. 강풀의 <순정만화>, <아파트>는 영화로, 박소희의 <궁>은 드라마로 만들어지기로 확정, 다시금 팬들을 만날 참이다. 2004년 프랑크푸르트 도서전 한국 만화관에서 239만 달러의 판권 수출 계약이 이뤄진 것도 고무적. 이는 지난해 성과에 견줘 24% 늘어난 수치다.

- 온라인 만화, 대안 아닌 주류? : 문예진흥원이 '올해의 예술상' 독립예술분야의 우수상 수상작으로 독립만화 웹 사이트인 '악진'을 선정한 것은 올해 온라인 만화의 격상을 여실히 보여준다. 오프라인 만화를

선도한 양영순 등도 웹 세상으로 뛰어들고 있다. 온라인 만화만의 독창적 연출과 페이지네이션이 새로운 만화 언어로 자리매김하고 있다. 시공사가 올 중반 <오후>, <비쥬>를 폐간한 '메가톤급' 충격을 완충하는 데 있어 온라인 만화의 공이 적지 않다. 포털사이트에서 다투어 웹진을 만들며 신진 만화가들에게 날개를 달아줬기 때문이다.

3. 패러디 기법의 의미

OSMU라는 개념을 이해할 때, 반드시 거론되어야 할 미학적 개념이 바로 패러디(parody)다. 린다 허천에 의하면, 패러디는 '모방'과 '창조'의 모순개념으로 구성되며, 포스트모더니즘 예술의 주제와 형식을 표현하는 중요한 기법이다.[6] 우리는 주변에서 패러디 기법이 자주 사용되고 있음을 목격한다. 특히 동영상 편집 솔루션이 보편화되면서, 합성 사진 등으로 인터넷상에 유포되는 각종 패러디물들은 현대를 '패러디의 홍수'로 규정하게 만든다. 장르별로 간략하게 그 양상을 소개한다.

① 광고 : 에이젠슈타인의 영화 <군함 포템킨>에서 오뎃사의 학살 장면을 패러디하여, 유모차를 등장시킨 보험회사 광고. 이와이 슈운지의 <러브레터>를 패러디한 보일러 광고
② 문학 : 극작가 브레히트의 작업들. 그는 러시아 형식주의자들에 의해 정형화된 '낯설게 하기' 기법을 활용하여 기존의 이데올로기를 이용하되 전복하는 형식을 취한다.

---

6. 린다 허천, 김상구·윤여복 역, 『패러디 이론』, 문예출판사, 1990 참조.

③ 미술 : 마릴린 먼로의 사진을 네거티브 처리한 엔디 워홀의 그림. 사진을 이용한 마그리트의 그림 등
④ 음악 : 각종 합성음악, 퓨전음악. 노가바(노래가사 바꾸기) 등
⑤ 영화 : 오마주(homage), 혹은 명작을 패러디한 아류 영화들
⑥ 건축 : 과거의 노스탤지어를 복원하기 위한 포스트모더니즘 건축

패러디 기법은 기존의 예술을 모방하되 거기에 현대의 맥락을 개입시켜 새로운 창조에 이른다는 개념을 내세우고 있지만, 이러한 포스트모더니즘 예술의 일부는 싸구려 모방이라는 측면에서 쓰레기 취급을 받기도 한다. 예술작품은 그 나름의 아우라(aura)[7]를 가지고 있는데, 이러한 아우라가 복제예술에 의해 사라지고 있다는 점에 대한 아쉬움은 패러디 자체를 예술로 인정하지 않는 하나의 조류를 형성하기도 한다. 패러디는 우리가 믿고 있는 '예술적 창조'라는 신화의 한 부분을 전복시킨다.

미셸 투르니에의 소설 <방드르디, 태평양의 끝>은 다니엘 디포의 소설 <로빈슨 크루소>를 투르니에가 뒤집어서 다시 쓴 소설이다.[8] 이 작품에서는 주인공 로빈슨 크루소 대신 하인에 불과했던 주인공이면서도 원주민 방드르디(프라이데이의 프랑스어)가 전면에 나선다. 무인도

---

7. 독일의 문예비평가 발터 벤야민(Walter Benjamin, 1892~1940)의 예술이론으로, 예술작품에서 흉내 낼 수 없는 고고한 '분위기'를 뜻하는 말이다. 본래는 사람이나 물체에서 발산하는 기운 또는 영기(靈氣) 같은 것을 뜻하는 말이었는데, 1936년 벤야민이 「기술복제시대의 예술 작품」이라는 논문에서 사용하여 예술개념으로 자리 잡게 되었다. 벤야민은 기술복제시대의 예술작품에 일어난 결정적 변화를 '아우라의 붕괴'라고 정의하였다. 아우라는 예술작품의 원본이 지니는 시간과 공간에서의 유일한 현존성이 있어야 한다. 그러므로 사진이나 영화처럼 현존성이 결여된 작품은 아우라가 없다는 것이다. 독특한 거리감을 지닌 사물에서만 가능한 아우라는 복제품이나 대량생산된 상품에서는 경험될 수 없는 것이다.
8. 미셸 투르니에, 김화영 역, 『방드르디, 태평양의 끝』, 민음사, 2003.

에서도 달력을 사용하고 재무제표를 작성하는 원작 속의 로빈슨 크루소는 어느 곳에서도 생존가능한 자본주의자의 자신감을 표상한다. 실제로 그가 제국주의자임을 자처하는 것은 전혀 이상하지 않다. 그러나 그의 자신감의 근거는 방드르디(프라이데이)라는 원주민과의 만남을 거치면서 대폭 수정된다. 원작 <로빈슨 크루소>에서는 주인공이 원주민을 기독교로 개종시키고 지배자가 되지만, 투르니에의 새로운 해석 속에서는 원주민의 '신화'가 주인공을 제압한다. 여기에서는 자연이 문화를 지배하고 방드르디가 오히려 로빈슨을 가르치며 원시성이 문명을 극복한다. 이처럼 <로빈슨 크루소>가 산업사회의 탄생을 상징한다면 <방드르디, 태평양의 끝>은 그 사회의 추진력이 되는 사상의 붕괴, 그에 따라 인간의 신화적 이미지가 원초적 기초로 회귀하는 과정을 그림으로써, 우리 시대의 자본주의 이데올로기를 송두리째 전복시킨다.

    소설가 이인화의 작업은 이와 관련하여 재미있는 논쟁거리가 되었다. 이인화의 소설 <내가 누구인지 말할 수 있는 자는 누구인가>는 1980년대 대학 운동권 세대의 환멸을 그린 작품으로 작가는 염상섭의 <만세전>에서 주인공 이인화가 동경에서 조선으로 돌아오는 여로에서 느끼는 환멸의 구조를 차용하였다. 실제로 주인공 이름 이인화는 염상섭 소설 <만세전>의 주인공 이름과 같다. 그러나 이 작품은 당대 유명작가들의 작품에서 아무런 인용 없이 빌려와 작품을 채우고 있으며, 이러한 '표절'이 평론가 이성욱에 의해 날카롭게 파헤쳐졌다. 그러나 작가는 이 작품이 표절이 아니라 포스트모더니즘의 한 방법인 패스티쉬 기법을 사용한 것이라고 반론을 펼쳤다. 이후에도 이인화는 <영원한 제국>에서 에코의 <장미의 이름>에서 사용된 추리의 기법을 차용했으며, 이상문학상 대상작인 <시인의 별>에서는 신채호의 개화기 소설 <백세 노인의 미인담> 이야기를 별다른 인용 없이 차용함으로써 '모방의 창조'의 경계에 대한 논란을 불러일으켰다.

패러디는 패스티쉬, 키치 등의 개념과 겹쳐진다. 패스티쉬(pastiche)라는 개념은 패러디에 보이는 바와 같은 희극적인 것의 불일치의 느낌은 수반하지 않고 다양한 스타일을 모방하는 것을 가리킨다. 그런 만큼 패스티쉬는 별스러울 정도로 포스트모던한 종류의 '무표정한 패러디(blank parody)'다. 이 용어는 프레데릭 제임슨의 에세이 <포스트모더니즘과 소비사회>에 등장하였으며 포스트모던 문화에 관한 논의에서 널리 통용하게 되었다. 제임슨에 따르면 패스티쉬는 자기생성적 스타일이라는 관념이 과거지사가 되어버린 시대에 패러디가 도달한 결말이다. 모더니즘의 위대한 실천자들은 모두 이런저런 방식으로 독특한 개성적 스타일의 창조자였다. 그러나 포스트모던 시대에 들어, 전에는 아방가르드(avnt-garde)적이었던 이러한 실천이 사회 전체의 조건이 될만큼 사회생활이 단편화되었다. 그래서 확고한 참조점이나 정상이라는 개념이 없어졌고 패러디도 가능하지 않게 되었다. 그 패러디를 대신하는 것이 이 새로운 형태의 비패러디, 즉 패스티쉬라는 것이다.[9]

반면 키취(Kitch)는 독일어로 '경박한 것' 혹은 '저속한 작품'이라는 의미를 지니고 있으며, 오늘날에는 대부분의 통속적인 오락거리를 제공하는 대중문화의 잡다한 양식들을 지칭하는 용어가 되어버렸다. TV와 영화, 상업광고, 무협소설이나 만화, 싸구려 읽을거리를 담은 잡지들이 그것이며, 키치는 대중예술에 대한 경멸의 의미와 함께 대중예술과 고급예술 사이의 경계선 넘기의 한 양상으로도 받아들여지고 있다.[10]

현대 대중예술을 패러디, 패스티쉬, 키취로 받아들이는 것에는 나

---

9. 김욱동, 『포스트모더니즘의 이해』, 문학과지성사, 1990.
10. 박성창, 『대중예술의 이론들』, 동연, 1993.

름의 이유와 기준이 적용된다. 그러나 이를 경멸의 의미로 사용하든 찬사의 의미로 사용하든 관계없이, 이들이 현대예술의 지배적인 경향이 된 것은 확실하다. 이제 앞으로는 대중예술이 기존의 예술을 어떻게 이용하느냐, 그러면서도 저작권을 어떻게 보호받느냐 하는 이중의 싸움이 전개될 것이다. 인류문명의 보편적인 선(善)을 공유하는 것도 중요하지만, 지적 재산권의 보호도 필요하기 때문이다.

더 찾아 읽기

> 헌팅턴의 『문화가 중요하다』는 지나친 미국 중심주의가 눈에 심히 거슬리는 저작이지만, 문화에 대한 미국 측의 관점을 엿볼 수 있다는 점에서 중요하다. 같은 저자의 『문명의 충돌』도 꼭 읽어야 할 책이다. 과학 컬럼니스트인 제러미 리프킨의 책들은 매우 쉽고 흥미로우면서도 현대사회에 대한 다양한 관점을 제공한다. 제러미 리프킨, 이희재 역, 『소유의 종말』(민음사, 2001)은 근대사회의 '소유' 개념이 종말을 고하고 이제 '접속'의 시대가 시작되고 있음을 강조하고 있다.

제 10 장

대중들이 좋아하는 플롯의 유형학

> 모든 강물이 바다로 가는 것과 마찬가지로, 이야기 연구의 모든 국면들은 결국 중요한 미해결의 문제, 즉 전 세계의 이야기들 사이의 유사성이라는 문제의 해결을 가능하게 하는 방향으로 가야 할 것이다. 러시아, 독일, 프랑스, 아메리카 인디언, 뉴질랜드 등 상호관계의 존재를 규명할 수 없는 여러 나라와 민족들에게서 <개구리 왕녀>에 대한 유사한 이야기들이 발견되는 것을 어떻게 설명할 것인가.
> ― 블라디미르 프로프, 최애리 역, 『민담의 역사적 기원』, 문학과지성사, 1991, p.16.

이야기는 목숨이고 이야기의 부재는 죽음이다. <아라비안 나이트>에서 포악한 왕의 신부가 된 세헤라자드는 오로지 이야기를 계속할 때에만 목숨을 부지할 수 있다. 그녀는 왕의 관심을 끌기 위하여 끊임없이 이야기의 실타래를 풀어나간다. 물론 그 이야기는 매우 인위적이고 때에 따라서는 거짓이 개입되어야 한다. 호머의 <오딧세이>에서 페네로페는 결혼을 조르는 남자들의 협박을 물리치기 위해, 그들이 보고 있는 낮에는 시아버지의 수의를 짜고 밤에는 몰래 실마리를 다시 풀어낸다. 페네로페 또한 거짓의 플롯을 짜고 있는 셈이다. 플롯을 공부하는 이유는 여기에 있다.

> - 장르영화를 대할 때, 흔히 부딪히는 기시감(既視感, dejavu)에 대해 설명해보자.
> - 내가 접한 각종 이야기들을 장르에 구별하지 말고 통합한 다음, 플롯별로 유형화해보자.

1. 이야기를 둘로 나누기 : 비극과 희극

이야기(story)는 무궁무진하고 끝이 없는 듯 보이지만, 플롯(plot)은 이야기의 일부를 잘라내어 새롭게 구성한다. 모방의 물리적인 한계 때문에 플롯은 인위적으로 구성되어야 한다는 점을 분명히 한 것은 아리스토텔레스의 『시학』에서부터였다. 나무를 그릴 때 나뭇잎 하나까지 모든 색채를 동원하여 일일이 그리는 것보다 나무의 특성을 파악하여 좀 더 단순한 형태로 구성할 때 더욱 그럴듯한 나무가 그려질 수 있다는 게 아리스토텔레스의 설명이다. 그는 이 세상에 존재하는 이야기를 크게 비극과 희극으로 나눈다.

우리는 매사를 둘로 나누는 경향이 있다. 전쟁과 평화, 남자와 여자, 낮과 밤, 삶과 죽음 등이 그것이다. 문학작품을 분류하는 기준으로 사용되는 비극과 희극 개념도 여기에 속한다. 아리스토텔레스에 의하면, 비극에서 주인공의 행동은 일상생활에서는 찾기 힘든 종류의 심각하거나 중요한 것들로 구성되며, 주인공은 일반인보다는 우월한 인물들인 왕이나 영웅으로 구성된다. 예를 들어, 소포클레스의 <오이디푸스 왕>에서 주인공 오이디푸스 왕은 그의 아버지를 죽이고 어머니와 결혼하는 인물이다. 이를 통해 비극은 그가 저지른 커다란 실수에 대한 통렬한 자각을 다룬다. 주인공은 이로 인해 고통 받으며, 그의 삶 전체를 탕진하고도 이를 해결해내지 못한 채 비통한 죽음을 맞는다. 반면 희극에서는 사회적으로 덜 중요하고 열등한 사람들이 벌이는 실수를 다룬다. 희극은 인간 본성의 끝없는 파괴보다는 어리석음의 가벼운 노출, 이로 인한 삶의 재생을 다룬다. 희극에서 까다로운 성미를 가진 부모들은 젊은 연인들을 더 이상 갈라놓을 수 없다는 점을 깨닫게 되며, 마침내 결혼식에 참석하는 것이다. 두 연인들의 삶은 환희 속에 재생된다. 영국의 시인 바이런(Byron)은 이러한 상황을 익살스럽게 표현한 바 있다.

> 모든 비극은 죽음으로 끝나며,
> 모든 희극은 결혼으로 끝난다.

비극과 희극을 나누는 기준도 쉽지 않을 수 있으나, 어쨌든 그 기준은 필요하다. 아리스토텔레스의 해묵은 분류법을 아직까지 원용하는 까닭도 여기에 있을 것이다. 그러나 우리는 이러한 기준에 만족하지 못한다. 냉전(cold war)이라는 상충된 개념의 조합에서 발견할 수 있는 것처럼, 어쨌건 중간 영역이 있을 수 있지 않은가. 좀 더 살펴보면, 모든 비극과 희극이 이런 기준에 맞아떨어지는 것은 아니라는 점을 알게 된다. 셰익스피어의 비극에서 주인공들은 반드시 죽음을 맞이하지만, 고전극인 <오이디푸스 왕>에서조차 주인공은 죽지 않고 다만 실명을 할 따름이지 않은가. 또한 소포클레스의 <필로크테테스>처럼 해피엔딩으로 끝나는 비극도 존재한다.[1]

우리는 문학작품의 유형을 분류하는 일이 쉽지 않다는 것을 너무도 잘 알고 있다. 이는 마치 수없이 많은 생물들을 어떤 특정한 기준에 따라 계통을 세우고 분류하는 일의 어려움에 비유할 수 있다. 그러나 생물학자 린네(Linne)는 독특한 분류법을 활용하여, 수백만 종에 이르는 개별 생물들 간의 특성을 고려한 계통수(系統樹)를 만들고 이에 따라 생물의 생성과 진화 과정을 과학적으로 설명할 수 있는 근거를 제공하였다. 유전자 지도를 독해하겠다는 최근의 게놈 프로젝트(Genome project)도 이러한 분류법이 없었다면 아예 출발부터 불가능했을지 모른다. 과학은 신비주의, 불가지론(不可知論)의 영역에서 벗어날 때 가능해진다. 다양한 생명 현상은 너무 신비하여 인간의 힘으로는 알 수 없다는 태도는 종교적 태도로서는 훌륭할지 모르지만, 과학적 탐구 자세는 아니다. 린네는 불가지론을 넘어서서 소박하지만 의미 있는 기준을 제시함으로써 생명 현상에 대한 탐구의 한 영역을 넓혔다.

이와 유사한 법칙이 문학연구에도 적용될 수 있다. 이 세상에는 수많은 이야기가 존재하며, 그중에는 천재적인 작가들에 의해 쓰인 훌륭한 이야기들이 많이 포함되어 있다. 소박한 독자들은 작가들의 천재성에 경탄하여 도저히 그들의 재주를 설명할 수 없다는 불가지론에 빠질 수 있다. 그러나 이 경우에도 작가는 언제나 타인의 이야기에서 빌려오며, 이를 잠시 변용할 뿐이라는 질문을 던져볼 수 있다.

---

1. Sylvan Barnet, Morton Berman, William Burto ed., *Types of Drama : Plays and Essays*, HarperCollins College Publishers, 1993, p.29.

2. 이야기를 좀 더 세분하기

러시아의 민담을 연구한 블라디미르 프로프(Vladimir Propp)는 린네의 과학적 분류법에 경탄을 표하면서, 문학작품에도 이와 같은 과학적 분류가 적용되어야 한다고 주장했다. 그는 일차적으로 러시아의 민담을 조사하고 자료를 정리한 다음, 이들 민담(특히 탐색담)이 일곱 혹은 여덟 유형의 등장인물에 기초하고 있으며, 이들이 개별적인 이야기 속에서 31개의 이야기 기능을 수행하고 있음을 밝힌 바 있다. 등장인물의 유형은 다음과 같다.

① 악당(villain) : 주인공(hero)에 맞서 싸운다.
② 증여자(donor) : 주인공에게 마술적 도구(magical object)를 제공한다.
③ 마술적 원조자(magical helper) : 주인공의 탐색을 도와준다.
④ 공주(princess) : 탐색의 대상이 되기도 하고, 주인공과 결혼한다.
⑤ 공주의 아버지(her father) : 주인공과 공주 사이를 매개한다.
⑥ 발송자(dispatcher) : 결핍을 알리고 주인공을 보내는 역할을 한다.
⑦ 주인공(hero or victim) : 탐색의 주체이자 증여자의 반응에 따라 공주와 결혼한다.
⑧ 가짜 주인공(false hero, anti-hero, usurper) : 주인공 행세를 하며 공주와의 결혼을 시도한다.

물론 개별적인 민담 수행에 있어서는 이들 8개의 인물 유형, 31개의 이야기 기능 중에서 어느 부분이 확장되기도 하고 생략되기도 하지만, 일반적으로 민담들은 이러한 유형의 형태론을 반복하고 있다고 볼 수 있다. 프로프는 이러한 유형에 대한 탐구를 통해 이 세상에 존재하는 숱한 이야기를 나름의 기준에 따라 분류할 수 있는 방법론을 제공한 셈이다.² 그가 제시한 31개의 이야기 기능은 다음과 같다.

1) Absence(부재) : 가족의 성원 가운데 한 사람이 부재중이다.
2) Interdiction(금지) : 주인공에게 금지의 말이 부과된다.
3) Violation(위반) : 금지는 위반된다.
4) Reconnaissance(정찰) : 악한은 정찰을 시도한다.
5) Delivery(정보전달) : 악한이 그 희생자에 대한 정보를 입수한다.
6) Fraud(책략) : 악한은 희생자나 그의 재산을 점유하기 위하여 그를 속이려 든다.
7) Complicity(연루) : 희생자는 속임수를 당하여 무심결에 그를 돕게 된다.
8) Villainy(가해) : 악한이 가족 중의 한 사람에게 해를 끼치거나 상처를 입힌다. / 가족 중의 한 사람이 어떤 것을 결여하고 있거나 갖기를 원한다.
9) Lack(결핍) : 불운이나 결핍이 알려지게 된다. 주인공에게 요청이나 명령이 주어지게 된다. 그는 가도록 허락되거나 급히 보내진다.
10) Meditation(숙고) : 탐색자는 저항 행동에 동의하거나 그것을 결정한다.
11) Departure(출발) : 주인공이 집을 떠난다.
12) Assignment(지정, 할당) : 주인공은 시험되고, 심문받고 공격받는데, 그로 해서 주인공에게 작용물이나 조수자를 얻는 방법을 준비시킨다.
13) Counter Action(대항 행동) : 주인공이 미래의 증여자의 행동에 반

---

2. ① 블라디미르 프로프, 유영대 역, 『민담 형태론』, 새문사, 1987. ② 블라디미르 프로프, 최애리 역, 『민담의 역사적 기원』, 문학과지성사, 1991 참조.

응한다.

14) Provision(주술적 작용물의 준비) : 주인공이 주술적 작용물을 사용할 수 있게 된다.
15) Transfer(공간 이동) : 주인공은 탐색의 대상이 있는 곳으로 옮겨지거나 인도된다.
16) Struggle(투쟁) : 주인공이 악한과 직접 싸운다.
17) Marking(표지) : 주인공은 특별한 표지를 받는다.
18) Victory(승리) : 악한이 퇴치된다.
19) Lack Liquidated(청산된 결핍) : 최초의 불행이나 결여가 해소된다.
20) Return(귀환) : 주인공이 귀환한다.
21) Chase(추적) : 주인공이 추적당한다.
22) Rescue(구출) : 주인공이 추적으로부터 구출된다.
23) Unrecognized Arrival(몰래 도착) : 주인공이 다시 한번 어떤 것을 탐색하기 위하여 출발한다.
24) Test(시험, 근거 없는 요구) : 가짜 주인공이 근거없는 요구를 한다.
25) Difficult Task(어려운 과제) : 주인공에게 어려운 과제가 제안된다.
26) Task Accomplished(완수된 과제) : 과제가 해결된다.
27) Recognition(인지) : 주인공이 인지된다.
28) Exposure(폭로) : 가짜 주인공 혹은 악한의 정체가 폭로된다.
29) Trans-figulation(변신) : 주인공에게 새로운 모습이 주어진다.
30) Punishment(처벌) : 악한이 처벌된다.
31) Wedding(결혼) : 주인공은 결혼하고 왕좌에 오른다.[3]

인류의 고전인 『성서』 내에서도 이러한 유형은 활용된다. 예를 들

---

3. Thomas Pavel, ③ Thomas Pavel, Literary narratives, Mieke Bal ed., Narrative Theory : *Critical Concepts in Literary and Cultural Studies*, Volume.1, Routledge, 2004, p.26.

어, 에덴동산에서 아담과 이브가 추방되어 인간으로서의 새로운 삶을 개척하기까지의 이야기에 위의 도식을 적용해보자. 아담과 이브는 하느님의 '부재' 시에 '금지'를 '위반'한다. 하느님이 보시지 않는 곳에서 이들은 뱀의 꼬임에 빠져 금단의 열매를 먹음으로써 낙원에서 추방되는 것이다. 이들은 사탄의 세력에 '연루'되고 '결핍'에 빠져 고된 삶을 살아가며, 여러 가지 '시험'을 거친다.

이처럼 프로프가 제시한 민담 유형학은 우리가 접하는 많은 이야기, 예를 들어 종교적 텍스트, 신화, 민담, 전설, 문학, 영화, 만화 등의 숱한 내러티브에 활용된다. 그의 연구는 위베르스펠드의 '연극기호학', 토도로프의 '산문의 시학', 제랄드 프랭스의 '서사학' 등의 연구로 이어져, 세상에 존재하는 숱한 이야기들을 어떠한 분류기준에 의해 과학적으로 분류할 수 있는지에 대한 이론의 발전 가능성을 제공하고 있다.[4] 이들 연구는 설명불가능한 것으로 여겨져 온 이야기 양식을 어떤 표준적인 근거에 의해 계량화하려는 분석적 과학의 모습을 띠고 있는데, 이러한 연구는 아직 초보적인 단계이지만, 앞으로도 상당히 진전될 가능성이 있다.

한국에 보편적으로 분포한 '사신(邪神) 퇴치 영웅담'을 예로 들자. 난폭한 구렁이가 있어 마을에 재앙을 내린다. 마을에서는 해마다 처녀를 공희함으로써 그 재앙을 피한다. 마을 촌장의 딸이 이제 희생 제물이 될 차례다. 이때 젊은이가 나타나 괴물을 물리칠 것을 장담한다. 젊은이는 처녀의 옷고름에 매단 실꾸러미를 따라가 괴물의 은신처에 도달한다. 젊은이는 괴물과 싸워 승리하고, 드디어 처녀와 결혼하고

---

4. ① 안느 위베르스펠드, 신현숙 역, 『연극기호학』, 문학과지성사, 1988. ② T. 토도로프, 신동욱 역, 『산문의 시학』, 문예출판사, 1992. ③ 제랄드 프랭스, 최상규 역, 『서사학』, 문학과지성사, 1988 참조.

촌장의 뒤를 이어 마을을 통치한다. 이러한 설화는 지극히 한국적인 것으로 보이지만, 아서왕(Arthur) 전설이나 어부왕(Fisher King) 이야기 등을 통해 전 세계적으로 확인되는 보편적인 설화이다.

다음 함수에서 x는 가변적인 요소이며, 단지 주어진 기능(function)에 의해 지배받는다.

$$f(x) \rightarrow y$$

젊은 왕에 의해 늙은 왕이 교체된다는 이야기는 프레이저의 <황금가지> 이후 숱한 인류학적 탐사에서 확인되는 원형적인 이야기이며, 단지 x의 요소가 새롭게 추가되거나 변형될 뿐이다. 한국의 사신 퇴치 설화에 나타난 마을의 젊은이는 영국에서 아서왕으로 대체될 수 있으며, 난폭한 구렁이는 용(龍)이나 다른 자연적 재앙, 혹은 사회적 재앙으로 대체될 수 있다. 그러므로 우리가 주목해야 할 부분은 x라는 가변적인 요소가 아니라, 이를 움직이게 하는 기능(function)이다. 위의 이야기들에서 '기능'은 '젊음이 늙음을 대체한다'는 수식으로 표현될 수 있다. 소포클레스의 <오이디푸스 왕>에서 재앙에 빠진 테베시를 구출한 것은 지혜로운 젊은 왕 오이디푸스였으며, 엘리어트의 시 <황무지>에서 황무지의 희망으로 주어진 것은 '잔인한 달 4월'에 땅을 뚫고 솟아나오는 젊은 생명의 힘이었다. 한국 탈춤에서 부정직한 노승과 무능력한 양반의 모습이 창백한 하얀 탈을 통해 늙음의 상징을 보여준 반면, 건강한 민중에 해당하는 취발이와 말뚝이가 붉은 빛의 탈을 통해 젊음을 보여주는 것 또한 젊음에 의해 나약함과 병듦, 늙음이 대체된다는 믿음의 '기능적' 표현이다.

우리는 위의 사신 설화의 일부를 변형하고 확장함으로써 다양한 장르의 텍스트를 만들 수 있다. 젊은이가 실꾸러미를 따라 괴물을 추적한다는 플롯은 작은 단서를 통해 범인을 찾아가는 '추리소설'의 플롯을 담고 있다. 젊은이가 괴물을 따라가는 과정 자체를 확대하면 '여행'이나 '모험'의 플롯을 보여준다. 젊은이와 괴물 사이의 대결을 확대하면 '액션' 영화의 플롯에 가까워질 것이다.

3. 20개의 플롯 유형 개요

우리는 한 이야기가 어떤 기능에 의해 지배받고 있으며, 때에 따라서는 얼마든지 변형될 수 있다고 전제할 수 있다. 로널드 토비아스는 프로프의 관점을 확대하여, 사람의 마음을 움직이는 이야기 유형을 20개로 분류했다. 토비아스가 전제하고 있는 점을 요약하면 다음과 같다.

① 플롯은 방향을 잡아가는 나침반이다. 이야기의 기능에 주목하라.
② 기발한 착상보다 패턴이 중요하다. 플롯은 개인의 독창적인 산물이라기보다는 공공자원이니 마음껏 빌려서 사용하라.
③ 같은 이야기도 몸의 플롯과 마음의 플롯으로 분류할 수 있다. 예를 들어 여행의 이야기는 몸의 플롯으로 나타날 때에는 '모험'으로, 마음의 플롯으로 나타날 때에는 '추구'의 플롯으로 드러난다.

토비아스는 플롯을 일단 '마음의 플롯'과 '몸의 플롯'으로 나눈다. 예를 들어 '어떤 대상을 추구한다'는 플롯이 내면적인 추구로 나타날 때에는 '추구의 플롯'으로, 외적인 행동으로 나타날 때에는 '모험의 플롯'으로 규정된다. 그러니까 토비아스가 분류한 20개의 플롯은 결국 10개 정도의 플롯으로 나타난다.5

토비아스가 제시한 20개의 플롯을 간략하게 소개하기로 한다. 우리는 그간 접했던 동화, 영화, 소설 등의 줄거리를 그가 제시한 플롯 유형에 적용해봄으로써 플롯이 공공자산임을, 그리고 얼마든지 변용 가능하다는 점을 확인할 수 있다.

(1) 추구 : '돈키호테'는 사랑을 얻을 것인가

우리의 일생은 무엇인가에 대한 추구로 요약할 수 있다. 어렸을 적에는 과자를, 10대에는 우정을, 20대에는 애인을, 30대에는 직장을, 40대에는 돈을, 50대에는 명예를 추구하는 것이 평범한 사람들의 일생이라지만, 이외에도 우리는 남들과는 다른 무엇을 추구하며 자신의 인생을 살아간다. 물론 그것을 얻는 것이 쉽지는 않다.

공자는 만년에 『논어』「위정편(爲政篇)」에서 다음과 같이 회고하였다. "나는 나이 열다섯에 학문에 뜻을 두었고(志于學), 서른에 뜻이 확고하게 섰으며(而立), 마흔에는 미혹되지 않았고(不惑), 쉰에는 하늘의 명을 깨달아 알게 되었으며(知天命), 예순에는 남의 말을 듣기만 하면 곧 그 이치를 깨달아 이해하게 되었고(耳順), 일흔이 되어서는 무엇이든 하고 싶은 대로 하여도 법도에 어긋나지 않았다(從心所欲 不踰矩)." 이 회고담은 역설적인 해석이 가능하다. 누군들 15세의 나이에 공부를 좋아했으랴. 누군들 30의 나이에 입지를 굳힐 수 있으랴. 40대는 가장 유혹이 많은 세대, 50대는 가장 욕심이 앞서는 세대이며, 60대는 가장

---

5. 로널드 토비아스, 김석만 역, 『인간의 마음을 사로잡는 스무가지 플롯』, 풀빛, 1998.

고집이 강한, 70대는 마음이 움직여도 몸이 따라주지 않는 연령층이지 않은가. 어쨌든 우리는 위의 이야기를 통해, 인간의 삶이 곧 무엇인가를 추구하는 과정에 있음을 살펴볼 수 있다.

독일의 문학적 전통인 교양소설(Bildungsroman)은 좀 더 값진 인생에 대한 추구의 이야기를 축으로 삼는다. 괴테의 『빌헬름 마이스터의 편력시대』에서처럼, 이들은 에피소드 식 구성을 이루는데, 1막에 질문을 던지고, 3막은 답을 제공한다. 2막이 하는 일은 재미와 긴장(청룡열차)의 역할이다. 이 플롯은 발견을 주제로 하는데, 물론 발견에는 비싼 '수업료'가 필요하다.

(2) 모험 : 여행에 초점을 맞추어라

추구가 '마음'에 관련된다면, 모험은 '몸'과 관련된다. 이 플롯에서는 주인공의 심리적 변화보다 모험 자체에 주목한다. 새롭고 이상한 장소(고래의 뱃속, 해저 2만 리), 집안에서는 발견할 수 없는 행운, 로맨스 등이 주제가 되며, 성공의 열쇠는 설득력(세부 묘사)에 있다. 세르반테스의 <돈키호테>는 엉터리 기사의 모험담으로 꾸며져 있으며, <서유기>는 제목이 말하는바 그대로, 서쪽나라를 향한 여행의 형식을 띠고 있다. 신세대들이 즐기는 인터넷 게임의 상당수는 문을 열고 또 하나의 다른 세계로 들어가 그곳을 여행하는 어드벤처의 형식으로 구성되어 있다.

(3) 추적 : 도망자의 길은 좁을수록 좋다

가장 흥미로운 게임은 추적이다. 아이들의 숨바꼭질과 술래잡기는 추적의 본능을 보여준다. 할리우드 영화의 자동차 추적 장면은 전형적인 추적의 플롯이다. 빅토르 위고의 <레 미제라블>에서 쟈베르 경감과 장발장의 관계를 생각해보자. 쟈베르 경감은 별다른 이유없이 끝까지 장발장을 추적한다. 관객은 쟈베르 경감의 추적의 시선을 따라 장발장의 변화를 지켜보는 셈이다. 영화에서는 특별히 추적을 위해서만 태어난 인물들이 있다. 경찰, 형사, 탐정들은 늘 범인을 추적하는데, 이들 내러티브는 아예 폴리스 스토리, 디텍티브 스토리 등으로 장르화 되어 있다.

(4) 구출 : 흑백논리도 설득력이 있다

어떤 인물이 억울하게 억류되며, 주인공에게 구출의 임무가 부여된다. 주인공은 원래 약자이지만, 구출의 플롯에 뛰어들면서 점차 강자로 성장한다. 주인공은 매우 불리하고 어려운 싸움에 휘말린다. 그러나 결과적으로 사악함은 물러나고 우주의 보편적이며 도덕적인 질서가 회복된다. 영화 <블랙호크 다운>, <엔테베 작전>, <라이언 일병 구하기> 등은 전쟁에서 낙오된 동료, 혹은 테러범에게 붙잡힌 인질을 구출하는 플롯을 활용한다. 숱한 서부영화들에서는 인디언에게 붙잡힌 무고한 백인 여성을 구출하는 이야기를 활용한다.

구출의 이야기는 이상하게도 아동물에 많이 남아 있다. 난폭한 세계에 무방비로 던져진 아이들은 세계에 대한 공포감으로 인해 자신이 언제든지 납치당할 수 있다는 환상을 갖게 된다. 세상은 마녀, 괴물, 늑대들이 활동하는 공포의 공간이고, 아이들은 이들로 인해 납치의 공포를 경험한다. 그러나 아이들은 늘 정의의 편에 의해 구출되어야 한다. 그러한 안도감과 용기를 제공해주는 것이 구출의 이야기다.

(5) 탈출 : 두 번 실패한 다음 성공하라(삼세번의 원칙)

구출이 수동적인 행위라면, 탈출은 능동적인 행위이다. 탈출의 이야기에서 주인공은 대부분 억울하게 억류되어 있다. 주인공이 잡혀가면서 이야기는 시작된다. 주인공은 억압에서 벗어나고자 여러 차례 탈출을 시도하지만, 그 탈출은 용이하지 않다. 감옥 영화 <빠삐용>이나 <쇼생크 탈출>은 감옥을 무대로 삼지만, 우리의 일상적인 삶 자체도 어느 정도 감옥과 유사한 점이 있으므로 관객들은 주인공의 탈출을 간절히 기대한다.

(6) 복수 : 범죄를 목격하게 만들면 효과가 커진다

범죄가 끔찍할수록 복수는 호응을 얻는다. "눈에는 눈으로"는 함무라비 법전의 골격이거니와, 사회의 정의(justoce)를 유지하는 기본 정신이다. 우리가 알고 있는 법(法)의 기본 정신은, 다소 문명화된 형태로 위장되어 있지만, 근본적으로는 복수의 감정에 근거하고 있다.

복수의 플롯에서 유령이 말을 하며 복수를 호소하거나, 미친 증세를 보이거나, 극중극을 꾸미거나, 대학살이 이루어진다. 1막은 범죄, 2막은 복수 계획과 추적, 3막은 대결로 꾸며진다. 주인공은 다시 평범한 생활로 돌아온다(서부영화의 결말). 고대 그리스 신화와 비극은 가문 사이의 처절한 복수를 다룸으로써 이야기가 유지된다. 삶 자체가 복수인 셈이다. 이는 가장 강력한 복수극인 에우리페데스의 <메디아>에서부터 셰익스피어의 <햄릿>에 이르기까지 끊임없이 반복된다. 박찬욱 감독의 복수 3부작, <복수는 나의 것>, <올드보이>, <친절한 금자씨>는 복수가 얼마나 강력한 플롯인가를 잘 보여준다.

(7) 수수께끼 : 가장 중요한 단서는 감추지 않는다

오이디푸스가 스핑크스에게 정확한 대답을 했을 때, 스핑크스는 창피해서 스스로 목숨을 끊는다. 그래서 행복해진 사람들은 오이디푸스를 왕으로 모신다. 하루 노동의 대가치고는 비싼 편이다. 에드가 알란 포오의 단편소설 <잃어버린 편지>에서처럼 가장 중요한 단서(다이아몬드)는 평범한 돌 밑에 숨기는 공식이 활용된다.

수수께끼는 모든 이야기의 출발과 끝에 대응한다. 재미있는 이야기는 늘 물음표(?)에서 시작되고, 느낌표(!)에서 끝난다. 스무 고개 문답을 연상해보자. 첫 질문에서는 시큰둥하지만 대상이 좁혀질수록 궁금증은 더욱 증폭된다.

(8) 라이벌 : 경쟁자는 상대방을 이용한다

라이벌(rival)의 어원은 강(river)에 기원한다. 양편 강가에 사는 사람들은 강을 사이에 두고 경쟁하고 협력한다. "사람들간의 차이는 거의 없어. 그러나 그 차이가 굉장히 중요하지. 그 차이는 내게는 마루와 지붕의 차이만큼이나 중요해." 어느 목수의 경험담이라는 위의 말은 라이벌 관계가 얼마나 재미있게 활용될 수 있는지 알려준다. 라이벌 사이의 차이는 거의 없다. 그러나 어느 순간 둘 사이에 불균형이 주어지며, 여기에서 긴장감이 발생한다. 사탄과 악마 사이의 힘의 대결을 다룬 괴테의 <파우스트>나 두 인물의 지옥 여행을 다룬 밀턴의 <실락원>에는 이런 라이벌 관계가 잠재되어 있다. 윌리엄 와일러 대작 영화 <벤허>에서 벤허와 메쌀라는 친구이지만, 어느 순간 적이 되어 싸워나갈 수밖에 없다. 이들의 숙명적인 대결이 작품에 긴장을 부여한다.

라이벌 플롯을 가장 효율적으로 활용하는 것은 놀이, 스포츠, 게임 등이다. 놀이의 가장 중요한 속성으로 경쟁을 제시하는 까닭도 여기에 있을 것이다.

(9) 희생자 : 주인공의 정서적 수준을 낮게 하라

어떤 일면에서 보면, 우리는 늘 희생당하는 억울한 인생이다. 이런 의미에서 매일 저녁 방영되는 연속극의 가장 흔한 주제는 '희생자'가 된다. 청순가련형의 여주인공은 애매한 이유로 늘 희생당한다. 시청자들은 착하기만 한 여주인공의 희생에 분노하면서도, 연민의 감정에 매달린 채, 여주인공의 희생을 끝까지 지켜본다. 여주인공은 운명에 맞서 싸우는 능동적이고 주체적인 인간이 아니라, 약간은 바보스럽고 연약한 인물로 그려질 수밖에 없다. 동화 <신데렐라>에서 우리는 신데렐라의 바보스러움을 용납하면서, 신데렐라의 최종적인 승리를 기대한다.

(10) 유혹 : 복잡한 인물이 유혹에 빠진다

모든 종교들이 인간에게 유혹의 위태로움을 가르치지만, 인간은 늘 그런 유혹에서 벗어날 수 없다. 동화 <피노키오>, 영화 <위험한 정사>에서 발견할 수 있듯, 유혹에는 치명적인 대가가 따른다. 그러나 인간은 늘 유혹에 약하며, 관객은 유혹에 빠진 인물을 동정한다. 팜므 파탈(femme fatale)은 '파멸로 이끄는', '불길한', '치명적인'을 의미하는 프랑스어 파탈(여성형 fatale)과 '여성'을 의미하는 팜므(femme)의 합성어이다. 19세기 유럽의 문학에서 자주 애용된 팜므 파탈은 현대 영화에서도 중요한 주제로 자주 사용된다.

(11) 변신 : 변하는 인물에는 미스터리가 있다

그리스 로마 신화를 집대성한 오비디우스는 이들 신화의 특성을 '변신(metamorphosis)'으로 규정했다. 책의 제목을 <변신 이야기>로 한 까닭도 여기에 있을 것이다. 또한 남자 아이들이 로봇을, 여자 아이들이 예쁜 인형을 좋아하는 이면에는 변신에 대한 환상이 깔려 있다. 합체 로봇, 변신 로봇, 그리고 이를 영화화한 <트랜스포머> 등에서 이를 확인할 수 있거니와, 포켓 몬스터는 귀여운 애완동물에서 강인한 어른, 더욱 강력한 사이보그로 성장하는 몬스터의 일대기를 변신 모티브를 활용하여 성공한 캐릭터 상품에 해당한다.

변신에는 두 가지 종류가 있다. 하나는 긍정적인 모습으로의 변신, 다른 하나는 부정적인 모습으로의 변신인데 후자의 경우는 따로 '저주'라는 표현을 쓰는 것이 합당할 것이다. 마녀의 저주에 빠져 영원한 잠에 든 백설공주의 이야기에서 알 수 있듯, 저주를 치료하는 특효약으로는 사랑이 사용된다. 사랑은 원소를 결합해서 사물을 이루고, 미움은 그 원소를 해체시킨다. 영화 <제5원소>에서 네 가지 원소를 결합하는 마지막 원소는 사랑이다.

(12) 변모 : 변화의 책임을 누가 질 것인가

이슬람의 경전인 『코란』은 "사람들이 자기의 마음을 변하게 하기 전에는 하느님이 사람을 변화시키지 않는다."고 가르친다. 사소한 일이 인생을 송두리째 바꾸기도 한다는 사실을 잘 보여주는 작품은 투르게네프의 <입맞춤>이다. 슬픔은 인간에게 위대한 지혜를 주기도 하는데, 이것이야말로 고난으로 가득 찬 인생 자체에 대한 교훈이기도 하다.

(13) 성숙 : 서리를 맞아야 맛이 깊어진다

유년에서 성인으로 성장하는 과정에 겪는 고통은 인류 보편의 것이어서, 이른바 '통과제의'의 형식으로 남아 있다. "거의 모든 작가들은 다소 은밀한 형태로나마 어린 시절부터 성장기까지의 과정을 창작의 동기로 삼고 있다. 기대의 벅참과 진실에 의해 사라지는 환상이 깨어짐을 다룬다. 사라진 환상이야말로 모든 소설의 감춰진 제목이다."

그럼에도 불구하고 성숙, 성장에 대한 플롯은 가장 낙관적인 플롯이다. 이 플롯의 주인공은 인생의 목표가 아직 세워지지 않은, 흔들리는 어린이다. 사건이 일어나기 전에 작품이 시작된다. 셀린저의 <호밀밭의 파수꾼>이 그 한 예이다.

(14) 사랑 : 시련이 클수록 꽃은 화려하다

셰익스피어의 <한여름 밤의 꿈>에서 여주인공은 "진정한 사랑의 과정은 순조롭지 않아요."라고 말한다. 시험받지 않은 사랑은 진정한 사랑이 아니다. '금지된 사랑'에서 연애 사건은 사회적 금기(신분, 인종, 종교)를 위반한다. 장애요소는 혼동, 오해, 신분의 착각에서 발생한다. 주인공들은 결혼 케이크를 먹기도 전에 불행이 시작된다. 그러나 관객은 해피엔딩을 원한다. 사랑의 플롯에서는 내용보다 '표현 방법'이 중요하다. 사촌 여동생과의 비극적인 사랑을 그린 영화 <시라노 드 벨쥬락>은 물론, 죽음과 삶의 경계마저 넘어서는 명혼(冥婚)소설의 부류도 있다. 김시습의 『금오신화』에 실린 <이생규장전>은 물론, 그리스 신화 속의 오르페우스와 유리디스, 영화 <사랑과 영혼> 등이 그것이다.

(15) 금지된 사랑 : 빗나간 열정은 죽음으로 빚을 갚는다

셰익스피어의 <한여름 밤의 꿈>에서 "그래서 날개 달린 쿠피드는 장님으로 그린 거겠지."라는 대사가 함의하듯, 사랑은 맹목적이다. 낭만적 상상 속에서 사랑은 끝이 없다. 가끔 사랑은 기적을 낳는다. 그러나 인간은 세속적인 존재에 불과하다는 전제가 따른다. 2막의 후반부에서 사랑은 기울고, 3막에서 두 연인은 사회에 진 빚을 갚아야 한다. 금지된 사랑의 공통적인 형식은 '간통'이다. 사랑은 진실되나 대가는 혹독하다. 근친상간, 동성애 등이 이와 연관된다. 나타니엘 호손의 <주홍 글씨>는 금지된 사랑인 불륜과 그 이후의 이야기를 다룬다.

(16) 희생 : 운명의 열쇠가 도덕적 난관을 만든다

희생의 개념은 인간이 신에게 드린 제물을 의미한다. 정서의 가치는 치르는 희생의 값에 해당한다. 『성서』의 '창세기'에는 아브라함의 희생 이야기가 나온다. 하느님이 아브라함의 믿음을 시험해보기 위하여 사랑하는 아들을 산 제물로 바치라고 명령한다. 현대물에서는 사랑, 명예, 자선 또는 인류애를 위해 희생한다.

자기 보전은 인간 모두에게 가장 중요한 충동이다. 희생은 바로 그런 본능에 저항하는 일이다. 이 점이 작품의 추진력이 된다. 희생과 가장 거리가 멀어 보이는 인물이 피할 수 없는 경우를 만나 희생을 하게 되는 이야기는 정통 서부극 <하이눈>에서 절정을 보여준다.

(17) 발견 : 사소한 일에도 인생의 의미가 담겨 있다

유레카! 문학의 매력은 발견에 있다. 사람들은 생각하기를 귀찮아하기 때문에 읽기를 좋아한다. 사람들은 독서를 통해 등장인물을 만나기도 하지만, 자기 자신을 더 잘 이해할 수 있는 기회를 만나기도 한다. 발견의 플롯은 무수한 형식을 가진다. 이는 어린이가 주인공으로 등장하는 작품의 중요한 플롯이기도 하다. 어린이들은 어른보다 발견의 과정을 더 많이 겪는다. 그들은 인생의 파도를 타기 위하여 항상 적응을 배워야 한다.

(18) 지독한 행위 : 사소한 성격 결함이 몰락을 부른다

삶은 한 개인을 감당할 수 없는 상황으로 내모는 수도 있다. 갑작스러운 실직, 가족의 사망, 돌연한 교통사고 등. 그러나 비참한 상태가 정말 공포로 느껴지는 이유는 이것이 언제 누구에게나 벌어질 수 있다는 점이다. 이 플롯의 진짜 긴장은 지독한 행위가 독자들에게도 일어날 수 있다는 점에 있다. 셰익스피어의 <오셀로>는 철저한 악당 이아고의 악행과 미칠 지경에 다다른 오셀로의 몰락을 다룬다. 지독한 행위의 플롯은 일반적으로 등장인물의 심리적 몰락에 대한 작품이다. 그러나 험난한 길은 지혜의 왕궁에 닿는다.

일반적으로 비극은 운명 비극, 성격 비극, 환경 비극으로 분류된다. 운명 비극은 인간에게 원천적으로 주어진 삶의 비극적인 조건, 즉 운명을 다룬다. 인간은 지혜롭지만, 인간의 의지(will)는 신과 자연의 섭리(destiny) 앞에서 파멸을 맞이할 수밖에 없다. 고대 그리스 비극이 운명 비극에 해당하거니와, 소포클레스의 <오이디푸스 왕>은 그 전형이다. 성격 비극은 한 인간의 독특한 성격으로 인해 스스로 파멸의 길을 택하는 비극 유형이다. 셰익스피어의 <맥베스>와 <햄릿>에서 인물은 권력욕으로 인해 파멸하며, <오셀로>에서는 질투의 감정으로, <리어왕>에서는 고집으로 인해 파국을 맞는다. 르네상스 이후의 과제인 '인간의 재발견'이라는 명제가 연극에 적용된 것이 성격 비극인데, 이 무렵의 연극, 예를 들어 라신느의 <페드라>에서도 인간의 성격적 결함이 비극의 전형적인 주제가 된다. 반면 현대 연극에서는 개인을 둘러싼 사회적 환경이 부각된 환경 비극이 주류를 이룬다. 아서 밀러의 <세일즈맨의 죽음>이 그것이다.

(19-20) 상승과 몰락 : 늦게 시작하고 일찍 끝을 맺는다

현대사회에서 왕이나 여왕을 주인공으로 다루기는 힘들지만, 높은 지위에서 몰락하는 사람들의 이야기는 여전히 독자의 관심을 끌어당

긴다. 또한 가난한 상태에서 부자가 되는 사람들의 이야기도 대중들의 관심을 끈다. 건국신화 등에서 전형적으로 확인되듯, 결핍을 딛고 일어선 자들의 이야기는 늘 감동적이며, 이러한 이야기는 자서전 형태의 성공담(success story)에서도 자주 사용되는 패턴이다. 이는 시종일관 사람들에 관한 이야기다. 중심에 서 있는 인물이 없으면 플롯도 없다. 그런 주인공은 보통 인생보다는 큰 궤적의 인생을 산다. 영화 <대부>나 가브리엘 가르시아 마르께스의 <백년 동안의 고독>처럼 몇 세대에 걸쳐 내려오는 이야기일 수도 있으며, 토마스 만의 장편소설 <부덴브로크 일가>처럼 몇 세대에 걸친 독일 시민사회의 부침에 관한 이야기가 될 수도 있다.

더 찾아 읽기

> 로널드 B. 토비아스의 『인간의 마음을 사로잡는 스무가지 플롯』(풀빛, 1998)은 창작의 모티브를 찾는 작가지망생들에게, 콘텐츠의 새로운 적용을 모색하는 문화기획자들에게 권할만한 책이다.

제 11 장
여행 : 추구과 모험의 플롯

걷기는 인간 문화의 하늘에 펼쳐진 별자리 중 하나이며, 이것을 이루는 세 별은 육체, 상상력, 드넓게 펼쳐진 세상이다. 세 별은 독립적으로 존재하지만, 별 사이에 그어진 선(선을 긋는 것은 문화적인 목적을 위해서 걷는 행위다)은 별들을 별자리로 만든다. 별자리는 저절로 생겨나는 것이 아니라 문화적으로 부과된 것이다. 별 사이에 그어진 선은 앞서간 사람들의 상상력에 의해서 만들어진 길과 같다. 걷기라는 이 별자리에는 역사가 있으며, 이 역사를 걸어간 사람은 시인과 철학자와 반란자, 무단 횡단자, 창녀, 순례자, 관광객, 도보 여행자, 등산가 모두이다. 그러나 이 역사에 미래가 있는가는 아직도 이 연결통로를 지나는 사람이 있는가에 달려 있다.

— 레베카 솔닛, 김정아 역, 『걷기의 역사 : 철학과 예술과 축제, 혁명과 순례와 방랑, 자연과 도시 속으로의 산책』, 민음사, 2003, p.452.

우리는 이 드넓게 펼쳐진 세상 속에서 자신의 육체만으로 걷는다.

그리고 여기에는 남들이 걸어온 길, 그들이 만든 문화적인 상상력이 개입된다. 인생은 끊임없이 무엇인가를 추구하는 과정이며, 어찌 보면 인생 자체가 하나의 여행일지 모른다. 로드 무비가 가장 안정적인 플롯을 형성할 수 있는 까닭도 길에서의 여정 자체가 우리의 인생과 겹쳐지기 때문이다. 추구의 플롯이 주로 정신적이거나 종교적인 구도에 초점을 두고 있다면, 모험의 플롯은 인생의 역경과 시련 그 자체에 초점을 둔다. 숱한 어드벤처 영화가 의존하는 것도 이러한 모험의 플롯이다. 이 장에서는 마음의 '추구', 몸의 '모험'이 어떤 텍스트들을 통해 구현되고 있는가 살펴보게 된다.

- 여행을 다룬 텍스트를 수집해보자.
- 여행의 플롯에 자기 나름의 새로운 구성요소(인물, 사건, 배경)을 가미하여 새롭게 변용해보자.

1. 추구의 플롯

현실 속의 우리는 늘 무엇인가를 추구한다. 이와 같은 맥락에서, 이야기의 주인공들도 늘 무엇인가를 추구한다. 특히 종교와 교양의 전통이 깊은 독일문학에서 주인공은 현재의 나를 벗어나서 좀 더 나은 상태가 되길 추구한다. 교양소설(Bildungsroman)이 대표적인데, 괴테의 <빌헬름 마이스터의 편력시대>나 헤르만 헤세의 <데미안> 등을 예로 들 수 있다. 이들 작품에서 주인공들은 좀 더 고양(高揚)된 어떤 가치를 추구한다. 괴테의 소설에서 주인공들은 하루에 20마일씩 집에서 멀어지기로 결심하고, <데미안>에서 싱클레어는 친구 데미안의 도움으로 알을 깨고 비상하는 아프락사스를 추구한다.

이들 이야기 유형은 자주 에피소드 식 구성을 취한다. <서유기>에서 삼장법사와 일행은 많은 난관에 부딪히지만, 그들이 추구하고자 하는 바를 포기하지 않는다. 따라서 이들의 이야기는 그들의 '추구'와 '방해물' 사이의 관계로 구성된다. 이들 작품에서 1막에서는 질문을 던지고, 3막에서는 답을 제공한다. 물론 2막이 하는 일은 마치 롤러코스터가 그러하듯, 재미와 긴장이다. <서유기>를 소재로 한 많은 게임과 만화가 말해주듯, 이들의 여행에는 여러 가지 매력들이 부가된다.

이들은 결론에 이르러 어떤 발견에 도달한다. 물론 그 발견이 전혀 새로울 필요는 없다. 역시 가족이 있는 집이 좋다든지, 무책임한 방황에는 대가가 따른다는 정도에 그칠 수도 있다. 셀린저의 <호밀밭의 파수꾼>을 읽고 난 후의 허탈감은 이런 맥락에서 보아야 한다. 인물들은 그 진부하고 평범한 결론에 이르기까지 비싼 수업료를 지불해야 한다. 독자는 그들이 지불한 대가와 성과에 대해서 대차대조표를 작성하면서, 인간에게 있어 '추구'한다는 행위의 의미를 깨닫게 된다.

원래는 정치풍자소설이었지만 우리에게 동화로 더 잘 알려진 <오즈의 마법사>에서 캔자스의 농장에 살던 도로시와 그녀의 개 토토는 회오리바람에 휩쓸려 오즈라는 마술나라로 오게 된다. 도로시는 마술나라에서 먼치킨이라는 소인들과 옐로 브릭 로드, 두뇌는 없지만 말을 할 줄 아는 허수아비, 심장이 없는 양철로 만들어진 나무꾼, 겁 많은 사자(라어), 서쪽의 사악한 마녀(해밀턴), 에메랄드 시티에 있는 속임수 뛰어난 마법사(모건) 등을 만나 우여곡절 끝에 마녀를 없애고 고향으로 돌아가게 된다. 이들이 추구하는 바는 서로 다르다. 그러나 우리는 그들이 추구하는 바가 이루어지길 소망하며, 그 여행의 뒤를 따른다.

2. 모험의 플롯 : 추구하는 것을 얻기 위해서는 떠나야 한다

앞에서 토비아스는 몸/마음의 플롯을 구분했다. 추구의 플롯이 '마음'에 초점을 두고 있다면, 모험의 플롯은 '몸'에 초점을 맞춘다. 그러므로 모험의 플롯에서는 주인공의 심리적 변화보다 모험 자체에 주목한다. 불교의 진리를 찾아나서는 삼장법사의 이야기를 주목한다면 '추구'의 플롯이 되겠지만, 삼장법사를 수행하는 손오공, 사오정, 저팔계가 겪는 여러 사건을 주목한다면 '모험'의 플롯이 된다. 현대의 스피디하고 복잡한 사회에서는 아무래도 추구의 플롯보다 모험의 플롯이 인기 있는 듯하다. 손오공을 주인공으로 한 만화영화 <날아라 슈퍼보드>, 유진위 감독의 영화 <서유기-선리기연>, 최근의 몇몇 게임시나리오는 모두 모험의 플롯에 중심을 두고 있다.

17세기 영국 제국주의의 상승기에 발표된 조나산 스위프트의 <걸리버 여행기>와 다니엘 디포의 <로빈슨 크루소>는 '해 지지 않는 나라'로 뻗어나가는 영국 제국주의의 자신감과 동력에 힘입은 바 크다. 이들 작품에서는 모험가들의 진취성이 강조된다. 죽을 위기를 여러 번 겪고도 다시 바다로 나가는 로빈슨 크루소야말로 모험가의 정신을 가장 잘 대표한다.

어느 시기에나 모험담은 존재한다. 그리스 시대의 영웅들은 지중해로 모험을 떠났고, 중세와 르네상스의 영웅들은 신비한 동방을 찾아 여행을 떠났고, 근대인들은 우주를 향해 모험을 떠난다. 스탠리 큐브

릭의 철학적 SF <스페이스 오디세이>는 오딧세이가 살던 그리스 시대와 우주 여행의 시대가 얼마나 가까운지를 보여주는 단적인 예다.

재미있는 사실은 멀리 떨어진 곳의 이야기를 할수록 점점 허구적 성격이 강화된다는 점이다. 멀리 떠나는 모험은 주인공에게는 기회의 증가이겠지만, 이야기를 듣는 청자의 입장에서는 거짓말의 증가와 직결된다. 모험 이야기는 새롭고 이상한 장소를 발견할 때 좀 더 재미를 얻게 된다. 고래의 뱃속에 휩쓸려 들어간 성경 속의 요나나 피노키오, 바다 속을 탐사하는 쥘 베른느의 해양과학소설 <해저 이만리>는 그 장소만으로도 흥미로운 볼거리를 제공한다. 동화 <이상한 나라의 앨리스> 또한 광학적 기이함으로 가득 찬 환상의 세계로 우리를 안내한다.

3. 호머의 <오딧세이> 분석

호머의 <오딧세이>는 이른바 '귀향(歸鄕)'을 구조로 한 서사시이다. 즉 오딧세이가 트로이 전쟁을 승리로 이끈 다음, 천신만고 끝에 고향인 이타카로 돌아오는 줄거리를 담고 있다. 에피소드 식의 구성으로 되어 있는 이 텍스트의 일부분을 소개하기로 한다.

　　(가) 오딧세이는 '트로이의 목마(木馬)' 속에 위장 침투하여 성을 점령하고 전쟁에서 승리하나, 자신의 승리를 도와준 바다의 신 포세이돈에게 감사의 뜻을 표하지 않아, 포세이돈의 노여움을 산다. 포세이돈은 오딧세이가 결코 집으로 돌아갈 수 없으며, 바다 위에서 방황하다 죽게 될 것이라는 저주를 내린다.

(나) 키클롭스의 동굴에서 도망친 그는 바람의 신 아이올로스의 섬에 갔다. 아이올로스는 서풍 이외의 모든 바람이 들어 있는 자루를 오딧세이에게 주어, 그가 무사히 돌아갈 수 있도록 자루 안에 있는 바람을 사용하는 요령을 가르쳤다. 그러나 오딧세이의 부하들은 그 자루 속에 돈이 들어 있는 줄 알고 오딧세이가 잠든 틈을 타서 자루를 열어보았다. 그러자 온갖 바람이 빠져 나와, 그들은 다시 고향의 반대편으로 멀리 밀려났다.

(가)와 (나)는 인간의 자만에 대한 신들의 경고를 담고 있다. (가)에서 포세이돈은 위장전술의 지혜를 가르쳐주고 라오콘을 죽여 오딧세이의 작전이 성공할 수 있도록 도와주었다. 그러나 오딧세이는 승리를 포세이돈에게 헌사하지 않고 자신의 공으로 돌린다. (나)에서 오딧세이는 집에 도착하기 전에는 절대 잠들지 않겠다는 약속을 한다. 그러나 끝까지 잠자지 않고 견딜 수 있다고 선언한 것도 인간의 조건을 망각한 행위이다. 더욱이 오딧세이의 부하들은 의심과 호기심의 악덕을 버리지 못했다. <오딧세이>는 인간의 나약함이라는 문제에 대해 끊임없이 환기시킨다. 오딧세이가 집 근처에 도달하고서도 곧바로 집에 들어가지 않는 이유는 아내 페넬로페에 대한 의심 때문이기도 했다. 오딧세이는 끝없는 고난을 통해 성숙해가지만, 인간인 이상 이러한 불완전한 감정의 상태에서 벗어날 수 없다.

(다) 오딧세이는 아름다운 마술사 키르케가 살고 있는 섬에 감금된다. 키르케는 마술을 걸어 오딧세이의 부하들을 모두 돼지로 만들어버린다. 그들은 육체는 돼지이나, 정신은 전과 다름없이 인간의 상태로 남아있다. 돼지로서의 육체와 인간으로서의 정신을 가지고 살아가야 하는 운명, 이는 인생 전체에 대한 비유이기도 한 것이다. 오딧세이는 돼지로서

의 굴욕적인 삶을 살아갈 수 없다고 선언한다. 돼지로 살기보다는 차라리 존엄한 인간으로 죽기를 바랐기 때문에, 그는 목숨을 건 탈출을 감행한다.

(라) 그후에도 오딧세이는 갖은 고난을 만난다. 오딧세이가 탄 배가 표류하여 도착한 곳은 아름다운 칼립소가 사는 오기기아 섬이었다. 칼립소는 오딧세이와 결혼하고, 오딧세이를 불사신으로 만들 정도로 그를 사랑했다. 그러나 오딧세이는 그녀와 7년 동안을 같이 살고 나자 고향과 아내 생각이 나서 울며 나날을 보냈다. 이 눈물이 신들을 감동시켰다. 이에 신들은 헤르메스를 파견하여 칼립소에게 오딧세이와 헤어지도록 명하고, 그에게 뗏목 만드는 법을 가르치라고 했다. 오딧세이는 그후에도 숱한 우여곡절 끝에 아내와 아들이 고향 이타카로 귀향하게 된다.

헝가리의 문학비평가 루카치는 '변신(變身)'의 진정한 형벌은 몸이 돼지로 변했다는 데에 있는 게 아니라, 정신이 아직까지 인간의 것으로 남아 있다는 데에 있다는 점을 밝힌 바 있다. 자신이 돼지가 아니라 다름 아닌 인간이었다는 고통스러운 '기억'은 오딧세이로 하여금 돼지로서의 안락한 쾌락에 만족하지 않고, 그것과 싸워 자신의 인간성을 회복하도록 만들어준다. 현대인들은 키르케의 마법에 빠져 자신이 인간임을 망각한 채, 살아가고 있는지도 모른다. 미야자끼 하야오 감독의 만화영화 <센과 치히로의 행방불명>은 작품의 배경을 키르케가 살고 있는 섬에서 20세기 일본의 한 레저타운으로 옮긴 작품이다.

<오딧세이>는 키르케의 마법에 저항한 오딧세이를 통해 인간정신의 승리를 주장하고 있다. 오딧세이는 "나는 인간이 되어야 한다."고 끊임없이 외치고, 이를 회복하기 위해 투쟁한다. 그러나 그가 물질에 대한 유혹과 마법에서 빠져나와 고향인 이타카로 돌아오는 데에는 많은 시일이 걸렸고, 그만한 고통을 극복해야 했다. 이러한 오딧세이

의 인간상은 자아의 상실에 허덕이고 있는 현대인들에게 깊은 감명을 준다.

(마) 오딧세이는 사이렌 요정이 사는 섬을 지나게 되었다. 사이렌 요정은 노래가 너무 매혹적이어서 인간들이라면 누구나 그 소리에 매혹되어 그 섬에 가까이 다가서다가 결국은 암초에 걸려 모두 죽게 만든다는, 아름다우면서도 무시무시한 요정이다. 오딧세이는 사이렌의 섬에 가까워지자, 부하들이 사이렌의 노래에 유혹당하지 않게 하기 위해 부하의 귀를 마개로 막았다. 그 자신은 노랫소리를 들었지만, 그는 이미 자기 몸을 마스트에 묶어 놓게 만들었던 것이다. 오딧세이는 사이렌 요정의 노래를 듣고 그곳으로 가고 싶어 미칠 지경이었고 부하들에게 그곳으로 배를 저으라고 소리높여 명령했지만, 부하들은 이미 귀를 막고 있었으므로 오딧세이의 명령을 들을 수 없었다. 부하들은 오딧세이가 미리 내렸던 지시에 따라, 묵묵히 배를 저을 따름이었다. 결국 오딧세이는 사이렌의 노랫소리를 들으면서도 좌초되지 않고 무사히 그것을 빠져 나올 수 있었던 것이다.

사이렌의 소리는 예술에 비유될 수 있다. 예술은 일상적인 생활인을 파멸로 이끌만큼 매혹적이고 위험하다. 오딧세이는 일상인의 법칙을 따르되, 예술의 매혹에도 귀를 기울였다. 이 에피소드는 우리에게 예술과 생활의 모순 관계에 대해 생각하게 만든다.

4. 현대의 오딧세이 : 〈센과 치히로의 행방불명〉

'애니메이션의 대부', '국민 감독' 등의 수식어로 불리는 미야자키 하야오는 세계적인 애니메이터이다. 그의 작품은 매우 일본적인 것으로 알려져 있지만, 사실 그리스 신화의 영향력을 간과할 수 없다. <바람 계곡의 나우시카>에서 그리스 신화 속의 니우시카를 주인공 이름으로 빌려온 예에서 이를 확인할 수 있다.

<센과 치히로의 행방불명(千と千尋の神隱し)>은 매우 일본적인 작품으로 알려져 있다. 치히로(荻野千尋)는 새로운 집으로 이사하던 도중에 아버지, 어머니와 함께 길을 잃게 된다. 아버지가 운전하는 차는 성문에 도착하게 되고 터널을 통과하기로 한다. 치히로는 어머니의 손을 잡고 공포에 떨면서 앞장선 아버지를 따라서 굴을 통과하게 된다. 그것은 새로운 세계로의 진입을 의미한다. 그가 만난 새로운 세계는 일본의 전통적인 낡은 성문이기도 하고, 폐쇄된 낡은 테마파크이기도 하다. 그 세계는 인공적으로 재현된 전통이자, 일본 근대화의 상징이다. 치히로의 부모는 먹음직스런 음식이 잔뜩 쌓여 있는 그곳에서 허겁지겁 음식을 먹는데, 결국 부모들은 돼지가 되고 만다. 오딧세이의 부하들이 마녀의 유혹에 빠져 돼지로 변신하는 장면과 너무도 흡사하다.

치히로는 음식을 거부함으로써 상대적으로 자유로운 상태를 유지한다. 치히로는 하쿠(ハク)의 도움으로 이 거짓 인공낙원의 위험에서 벗어날 수 있는 가능성을 얻는다. 또한 돼지가 되어버린 부모를 찾아 이 세계에서 벗어날 수 있는 희망의 가능성을 찾는다. 치히로야말로 오딧세이적인 모험가의 길을 걷게 되는 것이다.

여러 비평적 에세이들이 밝혀냈듯, 이 세계는 자본주의를 그대로 모사해 놓은 곳이다. 그런데 이곳에는 인간이 들어갈 수 없다. 오직 귀신들이 이용하는 곳인 이곳에서 인간의 냄새, 즉 인간의 본성을 가지고 있는 이들은 철저하게 인간임을 감춰야 한다. 치히로가 숨을 쉬지 않고 위장을 해야 했던 이유는 여기에 있다. 자본주의는 철저하게 인간성 파괴를 요구하는 것. 그러나 오딧세이가 그러했듯, 치히로는 운명에 맞서 싸운다. 오딧세이가 자신을 불멸의 존재로 만들어주겠다는 약속마저 거부하고, 인간으로서의 삶을 고집하듯, 치히로는 끝내 인간임을 포기하지 않는다.

이 작품은 급속한 경제성을 통해 근대화를 이룩한 일본의 전후세대들이 인간성을 상실하고 불쌍한 노동기계가 되고 탐욕적인 돼지로 변하는 모습을 바탕에 깔고 있다. 또한 이들 전후세대들과는 다른, 신세대 치히로의 정체성 찾기도 다루고 있다. 그러나 이 영화는 지극히 일본적이면서도, 일본이라는 특수성을 넘어선 보편의 문제를 다루고 있다. 그 보편성이 그리스 신화에 연결됨이 우연은 아닐 것이다.

더 찾아 읽기

> 호머의 〈오딧세이〉는 여행의 플롯을 통해 인간과 신, 정신과 육체, 생활과 예술 등의 문제에 대해 토론의 자료를 던지는 중요한 텍스트다. 같은 이름의 영화를 통해서 접할 수도 있다.

제 12 장
사랑과 성숙의 플롯

"진정한 사랑의 과정은 순조롭지 않아요."
— 셰익스피어, 『한여름 밤의 꿈』 중에서

시험받지 않은 사랑은 진정한 사랑이 아니다. 일반적으로 사랑의 시련이 클수록 사랑의 꽃은 화려하다. 이런 이유에서인지 사랑을 다룬 대부분의 텍스트들은 사랑의 장애물을 주로 다룬다. 사랑의 장애물은 신분의 차이, 인종의 차이, 종교의 차이에서 비롯된다. 미천한 신분의 신데렐라(이에 해당하는 프랑스어인 '샹드리옹(Cendrillon)'은 재투성이의 소녀를 뜻한다)가 왕자를 만나는 이야기, 노트르담 성당의 종치기인 곱추 콰지모도가 미모의 집시여인을 사랑하는 이야기(<노트르담의 곱추>), 인디언 처녀와 백인 사이의 러브 스토리(디즈니랜드 만화영화 <포카혼타스>)가 의미하는 바는 사회적 장벽과 금기를 넘어서는 사랑의 위대함이다.

금지된 사랑에서 연애 사건은 사회적 금기(신분, 인종, 종교)를 위반하는 방식으로 진행된다. 때로 연인들 사이의 장애요소는 혼동, 오해, 신분의 착각에서 발생하기도 한다. 연인에겐 서로 어울리지 않는 구석이 있어야 하며, 이들 사이의 우여곡절이 사랑의 플롯을 형성한다. "나는 당신을 사랑해요."라고 말할 때, "나도 마찬가지예요."라고 말한다면, 이들의 사랑은 지속될지 모르지만, 사랑 이야기는 끝난다. 사랑의 플롯은 "나도 마찬가지예요"의 뒷부분에 바로 '그렇지만'이라는 단서가 붙을 때 지속될 수 있다.

사랑과 인생의 성숙은 인류의 영원한 관심사이다. 최근 중국과 일본을 비롯한 동아시아 국가에서 일어나고 있는 한류(韓流) 현상에 대해 흥미로운 분석들이 더해지고 있는데, 그중의 하나는 중국 드라마가 주로 권력과 돈의 문제를 주제로 한 반면, 한국의 드라마는 그곳에서 다루어진 바 없는 사랑을 주제로 다루고 있다는 지적도 포함되어 있었다. 우리는 지나친 사랑 타령에 식상해 있는 듯하지만, 사랑은 역시 가장 소중한 주제라는 점을 잊어서는 안 된다. 여기에서는 그리스 신화 속의 큐피드와 프쉬케 이야기, 김수현의 TV드라마 <어디로 가나> 등을 통해 사랑을 주제로 한 텍스트들이 어떤 플롯 유형을 지니고 있는지 검토하기로 한다.

- 큐피드와 프쉬케 이야기에 담겨 있는 사랑의 의미를 해석해보자.
- 사랑은 인생의 성숙과 어떻게 연결되는가. 사례를 들어 설명해보자.

1. 큐피드와 프쉬케

　어느 왕에게 세 명의 딸이 있었다. 막내인 프쉬케(Psyche)는 특히 아름다웠기 때문에 사람들은 베누스(아프로디테)에 대한 신앙을 버리고 프쉬케를 숭배하게 되었다. 베누스 여신은 자신에 대한 숭배의 의식을 박탈당한 것에 화가 나서, 프쉬케를 벌하려고 했다. 이에 여신은 아들인 큐피드(Cupid)에게 명하여 프쉬케가 가장 추한 생물과 사랑에 빠지게 하게 하라고 했다. 그러나 큐피드는 프쉬케를 보는 순간 스스로 사랑에 빠져 어머니의 명령을 따를 수 없었다. 그는 프쉬케의 아버지에게 하나의 신탁을 내리도록 아폴론에게 부탁했다. (……) 밤이 되어 프쉬케가 자리에 눕자 인간의 모습을 한 큐피드가 들어왔다. 그는 자신이 프쉬케의 남편이라면서, 그의 정체를 알려 하거나 모습을 보려고 하지 않는다면 행복한 일생을 보내게 될 것이라고 했다. 그러나 만일에 이 말을 따르지 않는다면, 그녀가 낳을 아이에게 딸려 있는 불사신의 운명이 취소될 것이라고도 했다.

　프쉬케는 큐피드를 깊이 사랑하게 되었다. 그러나 며칠이 지나자 아무도 만날 수 없는 쓸쓸함을 견디다 못해, 언니들이 만나러 와도 되느냐고 큐피드에게 물었다. 큐피드는 내키지 않았으나 할 수 없이 허락했다. 그러면서 그녀의 언니들이 자기 정체를 묻지 못하도록 하라는 경고를 덧붙였다. 서풍인 제피로스가 언니들을 싣고 왔다. 그런데 언니들은 화려한 궁전을 보는 순간 심한 질투를 느꼈다. 그녀들은 프쉬케가 아직 남편의 모습을 한 번도 보지 못했다는 사실을 알았다. 이에 언니들은 프쉬케의 남편이 뱀이 되어 그녀의 뱃속에 들어와 그녀와 태아를 잡아먹을지도 모른다고 겁을 주었다. 프쉬케는 남편의 경고과 언니들의 이야기 사이에서 갈등을 느꼈으나, 결국 호기심과 갈등을 이기지 못하고 그날 밤 잠자리에 들 때 램프와 단도를 가지고 들어갔다. 프쉬케가 램프에 불을 켜는 순간, 프쉬케는 상대의 아름다운 모습에 너무 놀란 나머지, 자기도 모르게 램프의 뜨거운 기름 한 방울을 그의 어깨에 떨어뜨리고 말았다. 큐피드는 깜짝 놀라 눈을 떴다. 프쉬케에게 정체가 드러나 자신의 비밀이 밝혀진 것을 안 큐피드는 벌떡 일어나 그 길로 달아나고 말았다.

절망한 프쉬케는 그를 찾아 백방으로 수소문했으나 허사였다. 한편 프쉬케의 언니들은 큐피드의 정체를 알고는 자기들이 그와 결혼하려고 했다. 이에 동생의 흉내를 내어 신부 의상을 입고 산에서 뛰어내렸으나 바위에 부딪쳐 죽고 말았다. 그동안에도 프쉬케는 큐피드를 찾아다니면, 유노와 테레스(데메테르)에게도 도움을 청했지만, 여신들도 동료인 베누스의 적을 도울 수 없었다.

마침내 프쉬케는 베누스가 살고 있는 궁정으로 그녀를 찾아갔다. 그러자 여신은 프쉬케를 노예로 삼아 도저히 불가능한 일들만 시켰다. 먼저 그녀는 여러 가지 종류가 섞인 방안에 가득 찬 곡물을 밤이 되기까지 선별하지 않으면 안 되었다. 그러자 개미떼가 나타나 그 일을 해주었다. 다음에는 사람을 잡아먹는 식인양떼에게 가서 한 줌의 털을 베어 오라는 명령을 받았다. 그랬더니 이번에는 식물인 갈대가 양들이 잠들었을 때 어떻게 털을 베면 되는지 가르쳐주었다. 세 번째로 프쉬케는 아르카디아 지방의 산악에 있는 스틱스 강의 물을 길어오지 않으면 안 되었다. 그러자 큐피드에게 은혜를 입은 일이 있는 독수리가 나타나 물을 길어다 주었다. 마지막으로 그녀는 프로세르피나(페르세포네) 여신으로부터 미(美)가 든 병을 가져오라는 명령을 받았다. 이 명령은 자기가 죽게 된다는 뜻임을 프쉬케는 알고 있었다. 왜냐하면 프로세르피나는 저승의 여왕이었기 때문이다. 이에 그녀는 높은 탑에 올라가 투신할 결심을 했다. 그러자 탑은 어떻게 하면 그 일을 할 수 있는지 그녀에게 가르쳐주었다. 그 지시에 따라 프쉬케는 돈과 빵을 가지고 펠로폰네소스의 타이나론을 경유하여 하데스의 나라로 갔다.(……)

아내를 잃은 적적함을 견디지 못한 큐피드는 유피테르(제우스)의 옥좌에 다가가 자신이 명령에 따르지 않았다는 점을 자백하고, 프쉬케를 정식 아내로 인정해달라고 탄원하자 유피테르도 이에 동의했다. 그동안 프쉬케는 지상으로 돌아오면서 호기심을 이기지 못하여 뚜껑을 열어서는 안 된다는 충고를 무시하고 병을 열어보았다. 그런데 그 병에 들어 있던 것은 죽음의 수면이었다. 프쉬케는 잠에 빠져들었다. 큐피드가 그녀를 발견한 것은 그때였다. 그는 프쉬케를 다시 살려내어 올림포스로 데려갔다. 신들은 프쉬케와 큐피드의 결혼을 축하해주었다. 베누스도 분노를 가라앉히고 유피테르는 불로불사의 술인 넥타르를 직접 그들의 잔에 부어주었다. 그들 사이에서는 딸인 불푸타스('희열'의 의미)가 태어났다.[1]

이 이야기는 영혼(프쉬케)가 성스러운 사랑(에로스, 아모르)을 추구한다는 우화를 시사한다. 큐피트의 상징인 뾰족한 창은 사랑에 빠지게 하는 독(毒)을 품고 있다. 사랑은 정상적인 사람의 눈을 멀게 한다는 이야기는 셰익스피어의 <한여름 밤의 꿈>에서 매우 적절하게 변용되어 사용된다. 위의 이야기에는 사랑의 본질로서의 맹목성(盲目性), 사랑을 방해하는 요소로서의 경쟁심과 질투, 상대방에 대한 의심 등을 포함하고 있다. 또한 베누스와 프쉬케 사이의 갈등에서는 해묵은 고부(姑婦)간의 갈등을 암시받을 수도 있고, 베누스가 프쉬케에게 던진 시련·시험의 이야기는 우리 전래의 이야기인 <콩쥐 팥쥐> 이야기나 서사무가 <바리공주>와도 상통하는 면을 보인다.

---

1. M. 그랜트, J. 헤이즐 공저, 김진욱 역, 『그리스 로마 신화사전』, 범우사, 1993, pp.529-531.

2. 사랑의 장애물

사실 사랑 이야기는 너무 흔하다. 따라서 이들 이야기에서는 사랑의 '내용'보다는 '표현 방법'이 중요하다. 프랑스 영화 <시라노>는 사촌 여동생을 사랑하는 시라노 드 벨주락(Cyrano De Bergerac)의 비극을 담고 있다. 시라노는 사촌을 사랑하지만, 자신의 흉측한 얼굴 때문에 사랑을 직접 표현하지 못한다. 시라노는 자기 친구에게 사촌을 만나게 하고, 친구를 통해 자신의 편지를 건네주면서 간접적으로 사랑을 나눈다. 그 우회적인 사랑은 안타깝지만, 그 나름의 멋진 표현의 미학이 더해져 시라노와 록산느 사이의 러브 스토리를 빛낸다.

죽은 자와 산 자 사이의 현격한 거리를 넘어서는 이상한 형태의 사랑도 있다. 그리스 신화 속의 오르페우스와 유리디스는 이승과 저승의 경계를 넘어서고, 영화 <사랑과 영혼> 또한 죽은 자와 산 자 사이의 사랑을 다룬다. 교란된 무선통신을 통해 20년 전의 사랑과 만나는 이야기를 다룬 김하늘, 유지태 주연의 영화 <동감>, 우주 수송기를 타고 가서 죽은 아버지의 형상을 만나는 이야기를 다룬 칼 세이건 원작의 영화 <콘텍트> 또한 변형된 형태의 사랑 이야기다. 최근 삶과 죽음의 경계를 넘어선 영역의 이야기를 다룬 작품이 늘고 있는 현상은 유전자 복제에 의한 생명 연장의 꿈, 사이버 현실의 대두로 인한 현실 영역의 확대에 기인한 바 클 것이다. 우리 문학사에서 김시습의 고전소설 『금오신화』가 보여준 이생과 죽은 아내와의 사랑은 비현실적인 것으로 평가되어왔지만, 이러한 평가는 리얼리즘 문학의 척도를 적용한 사례이며, 죽은 자와 산 자 사이의 비현실성도 다른 척도에서 보면, 매우 멋진 사랑의 스토리로 간주할 수 있다.

셰익스피어의 <한여름 밤의 꿈>에서는 요정과 사람들이 한꺼번에 등장하여 매우 복잡하게 얽힌 사랑의 연쇄반응을 보여준다. 재미있는 점은 사랑의 묘약이 정상적인 인간을 장님으로 만든다는 점이다. "그래서 날개 달린 쿠피드는 장님으로 그린 거겠지." 미녀 요정이 당나귀 귀를 가진 못생긴 남자인 보텀을 사랑하는 까닭은 사랑의 묘약을 먹었기 때문이다. 그러나 이후의 빗나간 열정은 혹독한 대가를 치러야 한다. 낭만적 상상 속에서 사랑은 끝이 없다. 사랑을 기적을 낳는다. 그러나 인간은 세속적이다. 2막의 후반부에서 사랑은 기울고, 3막에서 두 연인은 사회에 진 빚을 갚아야 한다.

사랑은 사회적 금기를 어긴 지점에서 더욱 반짝 빛난다. 어찌 보면, 금지된 사랑의 공통적인 형식은 '간통'이다. 숱한 드라마가 불륜을 소재로 삼는 이유도 여기에 있다는 점에서 용서받을 만하다. 이들에게 있어서도 사랑은 진실되나, 그 대가는 혹독하다. 나타니엘 호손의 소설 <주홍글씨>는 불륜을 저지른 유부녀와 목사의 비극을 다룬다.

사랑의 출발은 '유혹'에서부터 시작된다. 영화 <위험한 정사>에서 남자는 한 여자와 잠시 육체적인 사랑을 나누지만, 사랑의 달콤함은 짧고 치명적인 위협이 뒤를 잇는다. 여자는 만나지 않기로 결심한 남자 주변을 맴돌며 집요하게 위협을 가한다. 괴테의 <파우스트>에서 위대한 학자인 파우스트가 인생의 흔들림을 경험하는 것도 악마의 유혹에 빠졌기 때문이다. 동화 <피노키오>에서 피노키오는 인간이 되고 싶은 유혹에 빠져 길을 잃는다. 일반적으로 관객은 유혹에 빠진 인물을 동정한다. 그 동정심은 유혹에 빠져서는 안 되는 일상적인 삶의 반대편에 억압되어 있던 감정에서부터 출발된다.

3. 성숙과 변신

과실은 서리를 맞아야 맛이 깊어진다. 이러한 사례는 인생의 성숙에 비유될 수 있다. 성장기에 부딪치는 의문과 고통은 인생을 성숙하게 한다. 이런 의미에서, 거의 모든 작가들은 다소 은밀한 형태로나마 어린 시절부터 성장기까지의 과정을 창작의 동기로 삼고 있다. 작가들은 진실에 의해 사라지는 유년시절의 환상, 기대와 좌절을 다룬다. 사라진 환상이야말로 모든 소설의 감춰진 제목인 셈이다. 작가들의 작품 중에서 자신의 청년기를 다룬 작품을 찾아 읽는 맛이 색다른 이유도 여기에 있다.

성숙, 성장에 대한 플롯은 가장 낙관적인 플롯이다. 이 플롯의 주인공은 인생의 목표가 아직 세워지지 않은, 흔들리는 어린이들이다. 헤르만 헤세의 작품들은 감수성이 예민한 청소년을 주인공으로 삼아, 이들 젊은이들의 성장에 따른 고통을 주로 다룬다. <수레바퀴 아래서>에서는 억압적인 학교 교육의 바퀴에 눌려 희생되는 한 아이의 비극을 다루지만, <데미안>에서는 시대의 불행에 맞서는 용기를 갖춰나가는 주인공을 다루기도 한다. 셀린저의 <호밀밭의 파수꾼>도 이러한 성장의 고통을 잘 그린 수작이다.

성숙에 흡사한 플롯으로 변신, 변모를 상정할 수 있다. 변신은 그리스 로마 신화를 재집성한 로마시대의 작가 오비디우스의 <변신 이야기>에서 가장 전형적으로 그 특성이 드러난다. 잘 살펴보면, 모든 건국신화와 많은 설화에서 변신의 이야기가 다루어지고 있음을 알 수 있다. 곰과 호랑이가 경쟁하여 인간으로 변신하는 단군 신화에서도 변신이 중요한 계기를 제공한다. 알에서 인간으로 변신한 신라 김씨의 시조 김알지나 고구려 주몽왕의 이야기도 목록에 넣을 수 있다.

변신은 인간의 보편적인 욕망의 표현이다. 하늘을 날고 싶다는 욕망의 표현은 새의 날개를 인간의 신체로 끌어들인다. 불사의 삶을 살고 싶다는 욕망은 십장생(十長生)이라는 상징체계를 낳았다. 변신 로봇, 디지몬 등 아이들의 완구들도 빨리 어른이 되고 싶은 아이들의 소망을 변신-합체 등의 상상력으로 전환시킨 셈이다.

변신의 부정적인 측면은 저주다. 간혹 인간은 신의 저주를 받아 다른 형태로 변신한다. 이러한 저주의 공포는 이중적인 인간에 대한 환상으로 이어지기도 한다. <지킬 박사와 하이드씨>나 <드라큘라> 원작의 배경에는 신의 장난이라는 경고가 담겨 있다. 이들 저주를 치료한 특효약은 단연 사랑이다. 영화 <제5원소>에서 네 가지 원소를 마지막으로 통합하는 힘은 사랑에서 나온다. 사랑이 없으면 어느 것도 불가능하다는 인식은, "사람들이 자기의 마음을 변하게 하기 전에는 하느님이 사람을 변화시키지 않는다."라는 『코란』의 가르침과도 일치한다.

사소한 일이 인생을 송두리째 바꾸기도 한다. 안톤 체호프의 단편 <입맞춤>은 한 청년장교의 변모과정을 다룬다. 청년은 이웃집의 처녀를 이상화하고 그녀를 짝사랑한다. 그러나 어느 날, 자신이 가장 추악한 속물로 여기며 경멸하는 자신의 아버지와 그 처녀가 추잡한 사랑을 나누고 있는 장면을 목도한다. 청년은 모든 생기를 잃는다. 그 짧은 순간이 그의 인생 전체를 다 바꾸어놓은 것이다. 박경리의 소설 <김약국의 딸들>에도 비슷한 장면이 나온다. 김약국은 딸들의 인생이나 집안일에 거의 관심을 보이지 않는 식물인간처럼 등장한다. 그러나 그 배경에는 사촌 여동생과의 사랑의 실패가 깔려 있다.

4. 사랑과 성숙의 관계

슬픔은 간혹 위대한 지혜를 수반한다. 사랑의 실패는 그 자체로는 슬픈 것이지만, 그 결과로 새로운 성숙에 도달한다. 이런 의미에서 사랑과 성숙의 플롯은 한 짝으로 묶일 만하다.

SBS의 창사 특집극으로 제작된 김수현의 3부작 TV드라마 <어디로 가나>(1992년 11월 방영)[2]는 일찍이 아내와 사별한 후 네 명의 자식을 키운 교장 선생님이 정년 후 중풍에 걸려 고통과 고독에 시달리면서 죽음에 이르기까지의 시간을 배경으로, 세 아들과 딸, 그리고 세 며느리와 사위들의 이야기를 다룬다. 아래 내용은 등장인물과 이 드라마의 첫 장면을 옮긴 것이다.

〈등장인물〉

이윤하(42, 장남, 성형외과 의사)   수진(40, 윤하의 처)
이준하(38, 차남)   인애(36, 준하의 처)
이영하(35, 막내아들, 태권도장 운영) 미숙(33, 영하의 처)
이은비(33, 막내딸)   병규(34, 은비의 남편)
이교장(68, 아버지, 고등학교 교장)   친정모(미숙의…)

〈제1부〉

S#1. 지하철 출입구가 있는 시내 어느 큰길

(현재. 출근 시간 무렵)

완전히 빼곡하게 들어차고 얼크러져 움직일 줄 모르는 차량들.

---

[2] 김수현, <어디로 가나>, 김포천·원우현·김만수·김홍근 편, 『김수현 드라마에 대하여』, 솔, 1998.

부감으로. 이하, 커트, 커트 처리로.

S#2. 지하철 출입구
토해져 나오는 사람들.

S#3. 인도
출근 시간을 다투며 뛰듯이 부지런히 밀려가고 밀려오는 사람들.

S#4. 꽉 막힌 길
　길 한가운데서 가벼운 접촉 사고로 멱살잡이하고 있는 신사복 입은 출근길 남자들.
　그 옆을 미꾸라지처럼 빠져 나가다가 싸우는 남자에게 걸려서 택시로 쓰러지는 자전거 탄 소년. 싸움 구경하다가 눈을 부라리며 택시에서 내린 운전기사. 다짜고짜 소년에게 덤벼들고.
　신경질적인 클랙슨.
　각종 차들이 내는 소음.
　거기에 가득 찬 삶, 삶, 삶.

S#5. 그 가운데 묻혀 있는 한 대의 영구차와 일행인 몇 대의 자가용

　카메라 영구차로 다가가면, 차창으로 보이는 노인 조객들과 유족들의 머리들, 영구버스 앞의 손자 손녀들이 탄 자가용.

S#6. 자가용 안
　운전석 옆자리에 앉은 윤하의 아들 현식(중 2)에게 안겨 있는 이교장의 영정(훨씬 젊은 시절의 단정하고 깨끗한 모습). 뒷좌석의 준하 아들 윤식(초등 5). 영하 아들 의식(초등 1).

의식(손톱 물어뜯으며 뿌우한 얼굴로 윤식 보고 있고)

윤식(만화책 보면서) 짜자자자앙!…… 오냐, 너 이놈 잘 만났다.(어쩌고 하면서 보고 있는 만화의 대사를 소리내어 읽으며 키득거린다. 너무 정식으로 큰소리 내지 말고 반은 혼자소리처럼)

의식(상체 들어서 뒷유리로 영구버스 돌아본다)

S#7. 영구차 안

버스 뒤편에 모아져 있는 조화들과 한편 좌석에 묵묵히, 거의 무표정하게 앉아 있는 이교장의 친구들을 한꺼번에 한 화면으로 처리. 다른 한편 좌석의 유족들 역시 말없이.

앞에서 둘째 줄. 장남 윤하와 차남 준하.

윤하 고개 약간 아래로. 시선은 45도 각도 아래로. 준하 팔짱 끼고 고개 뒤로 젖히고 눈 따악 감고……. 그 뒷줄, 이교장의 딸 은비(만삭). 차창에 옆머리 기대고 멍하이 눈뜨고 있고. 옆자리의 남편 병규는 성냥 알로 귀 후벼대고 있다.

그 뒷줄. 맏며느리 수진과 둘째며느리 인애 나란히 앉아 인애, 수진의 새 팔목시계 구경하고 있다.

인애(수진 보며 입 모습으로만 얼마 줬느냐는 질문한다)

수진(얼굴로 나무라는 시늉 하면서 시계 빼내어 도로 팔목에 찬다)

그 뒷자리의 막내아들 영하. 수첩에 뭔가 적어 넣고 있다. 옆자리에 적당히 꺼내져 있는, 천 원짜리도 섞인 만 원짜리 지폐들. 그 뒷자리의 막내며느리 미숙)

미숙(통통 부은 얼굴. 소리없이 줄줄줄 흘러넘치는 눈물이 뺨과 턱 아래로 계속 낙숫물 떨어지듯이 떨어져 상복 저고리 앞섶이 푹 젖어 있다)……(자신도 모르게 흐으윽 가늘게 들이마셔지는데)

준하(E) (미숙 위에 O.L. 투덜거리며) 어어어 이거 뭐가 어떻게 된 거야. (미움에 찬 시선 그쪽으로 반짝 - 퉁퉁 부은 눈이기는 하지만 - 들려진다) 이러다 여기서 해 넘어가는 거 아냐 이거?

준하(벌써 좌석에서 빠져나와 출구로 움직이면서) 대체 뭣 땜에 이러구 있는 거야 응?

인애(고개 빼고) 막혀서 그런 거지. 저이는 뭐가 뭣 땜에요.

준하 글쎄 뭣 땜에 막혔는지 좀 알아보자구. 땅이 꺼졌는지 육교가 내려앉었는지(하다가) 제가 잠깐 나가 알아보구 오겠습니다.

이 드라마의 첫 번째 문제점은 이 드라마가 방송사의 창사 특집극으로 적절한가의 문제다. 일반적으로 새로운 것의 탄생에는 축복과 희망의 메시지를 담는다. TV드라마도 당연히 그랬어야 했다. 그러나 작가 김수현은 전혀 다른 방향에서 죽음의 문제를 다룬다. 창사 특집극에서 '탄생'을 다루지 않고 '죽음'을 다룬 김수현의 의도는 적절하지 않은 것으로 볼 수도 있지만, 관점에 따라서는 매우 효과적인 전략이었다는 평가를 내릴 수도 있다. 아마 창사 특집물로서는 여러 가지 프로그램이 제작되었을 것이며, 이들은 천편일률적으로 축복과 희망의 메시지를 반복하였을 가능성이 크다. 김수현은 이러한 시류를 거슬러 올라가면서, 모처럼 철학적인 질문을 던진다. 인생은 과연 어디로 가는 것인가. <어디로 가나>는 막 탄생한 생명체에게 인생의 방향에 대해 본격적인 질문을 던짐으로써 창사 특집물로서는 보기 드물게 진지한 사색의 자리를 제공한다.

위의 장면에서 #1에서 #4까지의 장면은 드라마의 메인 플롯(main plot)과는 관계가 없는 신들이다. 이교장을 실은 영구차가 나가는데, 아침이라 도로가 막혀 시간이 지연되고 있다는 설정은 없어도 그만인 부분이다. 그러나 김수현은 아침 출근길의 분답(紛沓)한 장면을 슬쩍 삽입함으로써 바쁘게 살아가는 우리들에게 과연 어디를 그리 바삐 가는지에 대해 질문한다. 과연 우리는 어디로 가나. 인생의 종점은 영구차에 불과한 것임에도.

#6에 이르러서 우리는 장남 윤하와 차남 준하의 자식들을 보게 된다. 아직 철없는 나이라는 점을 감안해도, 할아버지의 영정이 실린 차 안에서 만화책을 보고 키득거리며 다투는 손자들의 모습은 뭔지 이상하다. 아마도 '콩가루 집안'에 가까울 것이라는 느낌을 지울 수 없다.

#7에는 장남 윤하, 차남 준하의 모습, 첫째 며느리 수진과 둘째 며느리 인애의 모습이 아주 단편적으로 묘사된다. 성형외과 의사이자 장남인 윤하는 의젓하지만, 뭔가 정이 결핍된 사람으로 느껴진다. 실직 상태의 차남 준하는 학원 강사를 하여 생계를 책임지는 아내의 눈치를 살피며, 눈치밥을 많이 먹어본 사람 특유의 행동을 보인다. 자기 앞가림도 못하는 주제에 매사에 참견하기 좋아하는 이런 부류의 사람들이 집안에는 한 명쯤 있는 법이다. 길이 막혀 지체되자 마침 할일이 생겼다는 듯 설치는 그의 행동에서 이런 인상을 바로 접할 수 있다.

첫째 며느리는 부잣집 딸인데 서민들로서는 구경하기도 힘들 정도의 비싼 손목시계를 차고 있는 듯하다. 학원 강사인 둘째 며느리가 "그 시계 얼마 주고 샀냐?"고 질문하자, 첫째 며느리는 '얼굴로 나무라는 시늉'을 한다. 첫째가 둘째를 힐난하는 이유는 두 가지 정도로 예상해볼 수 있다. 상갓집에서 무슨 호들갑이냐는 나무람이 첫째고, 너 같은 학원 강사 쯤은 감히 이 시계를 살 수 없으니, 아예 관심도 가지지 말라는 나무람이 둘째다.

뒷부분의 이야기에서 확인하게 되겠지만, 장남과 차남은 경제적 여건이 넉넉함에도 불구하고 노년의 아버지 부양을 포기하고 가장 어렵게 사는 막내아들과 며느리에게 책임을 떠맡긴 한심한 사람들이다. 이 드라마의 마지막 부분에서 확인하게 되는 점은 이들 손자들의 성장에 관한 부분이다. 아버지를 저버린 장남과 차남의 아이들은 할아버지에 대한 기억도 거의 없고, 제멋대로 자란 문제아들이 되는 것으로 암시된다. 그러나 할아버지의 고통을 옆에서 목격하고 그 고통을 조금이나마 나누어 가진 막내아들의 자식들은 아주 예의 바르고 어른을 공경하는 아이들로 성장한다.

'인생은 어디로 가나'에 대한 드라마작가 김수현의 대답은 이렇게 예상해볼 수 있다. 인생의 끝은 죽음이지만, 자식들에 대한 부모의 사랑, 부모의 고통에 대한 자식들의 공감은 영원히 대물림된다. 그러므로 인생의 끝은 죽음이지만, 죽음 이전에 많은 것을 남기고 간다. 그러므로 죽음은 끝이 아니다.

더 찾아 읽기

> 나타니엘 호손의 소설 〈주홍글씨〉는 사랑의 감정이 가장 위대함을 역설하고 있다. 한순간의 불륜은 용서받을 수 있다는 것, 그 정도의 불륜조차 용서하지 못하는 사회의 잔인함이 더 문제라는 의식이 이 작품의 결론으로 주어진다. 영화로도 읽을 수 있는 이 텍스트는 영화와 문학의 차이를 이해하는 데에도 도움이 된다.

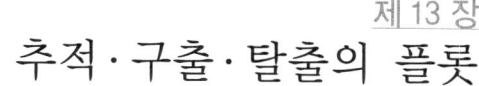

제 13 장
추적·구출·탈출의 플롯

<쁘띠 뿌세>(Petit Poucet)는 뻬로의 동화집에 나오는 민화이다. 엄지 손가락만큼 작은 소년('Poucet'라는 낱말은 엄지손가락pouce에서 파생됨)의 이야기인데, 줄거리는 다음과 같다.

일곱 아이를 둔 나무꾼 부부가 살았는데, 너무 가난해서 아이들을 숲에 데려가서 버렸으나 키 작은 막내아들 뿌세의 지혜로 집으로 돌아 온다. 뿌세는 숲으로 데려갈 때 작은 흰 돌을 길에 뿌려두었기 때문에 집으로 돌아올 수 있었던 것이다. 부모는 아이들을 다시 숲 속에 버린다. 뿌세는 빵 조각을 길에 뿌려두었으나 새들이 쪼아 먹었기 때문에 집으로 돌아오지 못하고 산 속을 헤매게 된다. 그때 뿌세는 나무 위에 올라가서 등불이 보이는 집을 하나 발견한다. 그래서 일곱 형제가 모두 그 집으로 갔으나 거기에는 아이들을 잡아먹는 마녀가 살고 있는 집이었다. 그날 밤 아이들은 마녀의 일곱 딸과 같은 방에 자게 되었는데, 그 딸들의 '금관'과 자기들의 '모자'를 바꾸어 쓰고 자는 지혜의 덕분으로, 마녀에게

결국 잡아먹힌 것은 마녀의 딸들이었다. 뿌세 형제들은 마녀의 보물을 훔쳐 가지고 돌아와서 잘 살게 된다.

이 이야기는 그림 형제에 의해 <헨젤과 그레텔>이라는 동화로 변용되어 전한다. 이를 기호학(Semiotics)의 관점에서 설명하면 어떻게 될까. 뿌세는 흰 돌을 기호로 남김으로써 죽음에서 구제된다. 기호야말로 생존의 방편인 셈이다. 우리는 기호를 통해서 사물을 이해하고 사물을 정리한다. 기호야말로 닫힌 나를 세계로 연결해주는 창(窓)이다. 그러나 기호가 완벽한 것은 아니다. 기호로 남겨둔 빵조각은 어느 경우 사라질 수도 있다. 이처럼 기호와 사물의 관계는 자의적이다. 기호와 사물은 일대일로 직접 연결되어 있는 듯하지만, 기호가 사물 자체는 아닌 것이다. 한편 마녀는 아이들을 잡아먹으려고 하는 순간에 기호의 함정에 빠진다. 아이들을 판별하는 '차이'로 마녀가 택한 '모자'라는 기호는 순식간에 맥락의 착각을 일으킨 것이다. 뿌세도 기호의 착각을 일으킨 바 있다. 숲 속에서 발견한 '등불이 보이는 집'을 구원의 대상으로 착각한 것이다.

동화를 구성하는 이야기들은 대단히 기호학적이다. 위험한 세계에 던져져 있는 아이들에게 가장 필요한 것은 기호에 대한 해석능력이기 때문이다. 빛깔이 좋은 버섯을 먹어서는 안 된다 등등의 교육이야말로 아이들의 생존에 가장 필요한 요건이기 때문이리라.

기호는 문맥상의 다의체여서 가끔 해석상의 혼란에 빠질 수도 있다. 우리는 지속적으로 기호를 해석하면서 살아가지만, 그 기호들의 혼란으로 인해 엉뚱한 일이 벌어지곤 하는 것이다. 그러나 이러한 기호들의 혼란은 일상적인 의사소통의 기호학에서만 일어나는 것은 아니다. 어쨌든 인간은 기호와 함께 살아간다.

페로의 민화는 기호학적 관심을 보인다는 점, 아이들의 탈출담을 다룬다는 점에서 흥미 있는 분석대상이 될 수 있다. 이 장에서는 추적, 구출, 탈출의 유형을 한꺼번에 묶었다. 특히 아이들을 위한 동화에 이러한 유형이 자주 활용된다는 점을 주목했다. 아이들은 동물이나 무서운 존재에 의해 늘 '추적'당한다. 그러나 자신은 늘 '구출'될 수 있다고 믿는다. 그러나 중요한 점은 누군가에 의해 구출될 수 있다는 소망보다는 자신의 힘으로 '탈출'할 수 있는 능력과 의지를 갖추는 일이다. 아이들은 누군가의 결정적인 도움으로 탈출에 성공한다. 특히 탈출을 도운 자가 자신을 낳아 길러준 진짜 부모가 아니라는 점을 깨닫게 되면서, 아이들은 이제 더 이상 부모에 의존하지 않는 성인으로 성장해가는 것이다. 동화가 추적·구출·탈출의 이야기를 반복하는 이유는 여기에 있을 것이다.

탈출의 전형적인 사례로는 영화 <쇼생크 탈출>을 들었다. 또한 이러한 유형화의 작업에서 중요한 역할을 하는 플롯의 의미, 플롯화의 기법에 대해서도 공부하기로 한다.

- 동화에 추적, 구출, 탈출의 플롯이 자주 활용되는 이유를 생각해보자.
- 기호를 잘못 해석했을 때 벌어지는 낭패의 사례를 찾아보자.

1. 옛이야기의 풍부함

부모는 자식에게 최상의 것을 주고자 한다. 좋은 의식주, 사랑이 그것이거니와, 최상의 선물 중의 하나로 빠뜨릴 수 없는 게 바로 이야기이다. 부모는 자식에게 '화려한 버섯은 위험한 독버섯이니 먹으면 안 된다.' 혹은 '아름다운 여인이 사실은 꼬리가 아홉 달린 여우의 변신일지도 모른다.'고 가르친다. 이러한 이야기 속에는 아이들의 생존에 직접 관련된 지혜, 다시 말해 아이들이 현상에 매몰되지 않고 세상의 진실을 깨달을 수 있도록 하는 지혜를 포함한다. 베텔하임에 의하면, 옛이야기(enchantment)는 어린이들이 읽는 어떤 유형의 이야기보다도 인간의 내면 문제들에 대해서 많은 가르침을 주고 또 어린이가 처한 난관에 알맞은 해결책을 제시한다. 옛이야기는 수백 년 동안 거듭되면서 표면적 의미와 심층적 의미를 함께 지니게 된다. 그리하여 옛이야기는 인간의 모든 심리적인 측면에 동시에 호소할 수 있게 되었으며, 어른은 물론이고 순진한 어린이의 마음에까지 닿을 수 있는 방법으로 의미를 전달한다.[1]

베텔하임은 옛이야기가 현대의 구체적인 삶의 상황에 대해 직접적으로 가르치는 바가 거의 없다는 점을 인정한다. 현대사회가 생기기 훨씬 전에 만들어진 이야기이기 때문이다. 그러나 부모로부터 전승된 옛이야기는 전문적인 작가의 창작이나 윤색을 거친 문학적인 동화보다 훨씬 풍부하다. 문학적인 동화는 읽는 능력을 향상시키기 위해 고

---

[1] 정신분석 모델을 적용해보면, 옛이야기는 의식, 전의식, 무의식 등 모든 정신 층위에 작용하며 중요한 메시지를 전달한다. 그리고 삶의 보편적인 문제들, 특히 어린이들의 머릿속에 자리 잡고 있는 문제들을 다룸으로써, 이제 싹트기 시작하는 자아의 발달을 자극한다. 뿐만 아니라 옛이야기는 어린이들을 전의식과 무의식의 억압에서 해소시킨다. 이야기가 전개됨에 따라, 어린이는 본능의 억압을 긍정적으로 자각하게 되며, 또 자아와 초자아가 허용하는 선에서 본능을 충족하는 방법을 찾게 된다. 브루노 베텔하임, 김옥순·주옥 역, 『옛이야기의 매력-1』, 시공주니어, 1998, pp.15-17. 베텔하임의 '옛이야기'에 해당하는 우리식 용어로는 구비전승적인 요소가 그대로 보존되어 있는 형태의 '전래동화' 정도가 가장 근접하다.

안 되거나, 교훈을 주기 위해 윤색되는 반면, 옛이야기는 '놀이'의 형식을 그대로 담고 있으며, 이러한 놀이는 어떠한 교훈이나 읽는 능력보다 소중하다. 부모가 자식에게 주는 것이 음식만은 아니다. 부모들은 옛이야기를 통해 부모가 자식에게 가질법한 애틋한 사랑, 축적되어 온 인간의 지혜와 용기를 전해준다. 그러므로 옛이야기는 마치 놀이와도 같은 소박성을 지닌 것으로 보이지만, 거기에는 삶의 가장 소중한 부분이 담겨 있는 것이다.

　이야기를 들려주는 것은 부모에게는 매우 친숙한 풍경이다. 아이들은 이야기를 좋아한다. 그리고 그 이야기가 반복되어도 싫증을 느끼는 것 같지 않다. 부모는 아이들과 시간을 보내기 위해서 이야기를 들려주는 것만은 아니다. 오히려 그 이야기 속에는 좋은 결정을 내리는 방법, 혹은 나쁜 선택에 의해 곤경에 처한 인물들의 모습이 포함되어 있다. 우리가 의식하든 안하든 상관없이 이야기는 우리의 문화적 가치, 윤리를 가르치는 데에도 활용된다. 대부분의 가정에서 이야기는 영원히 기억되고 보존되어야 할 전통을 제공해준다. 물론 우리가 점차 디지털 시대로 옮겨 올수록 이야기는 점차 영화, 텔레비전, 기타 저장 매체의 형태를 띠게 되었다. 그러나 매체의 변화에도 불구하고, 디지털 스토리텔링은 문자매체 이전의 옛이야기가 담고 있는 놀이의 규칙을 담고 있는 것으로 주장되기도 한다.[2] 이를 간략하게 도표화하면 다음과 같다.

---

2. Key Teehan, *Digital Storytelling*, Lighting Source Inc, 2006, p.7.

옛이야기	각색동화	디지털 스토리텔링
부모 → 자식	어른 → 아동	스토리텔러 ↔ 스토리텔러
구술과 청취	읽는 능력	미디어 리터러시
놀이	교훈	상호작용
공감각적	시각적	공감각적
구술매체	문자매체	전자매체

위의 표에서 중요한 점은 디지털 스토리텔링은 문자매체보다 구술매체인 옛이야기와 더 친연성을 가질 수 있다는 사실이다. 이와 관련하여 베텔하임은 옛이야기가 문자로 각색되는 과정에서 얼마나 원질이 왜곡되고 손상되는지에 대한 증거를 제시해준다. 베텔하임에 따르면, 옛이야기는 부모가 자식에게 들려주는 이야기이며, 부모와 자식 사이의 신체 언어를 통해 전달된다. 그리고 그 주제는 아이의 놀이적 본성에 호소한다. 반면 각색동화와 창작동화는 전문적인 작가에 의해 윤색, 창작된 것이며, 문자의 형태로 아동들에게 전달된다. 그리고 문학적인 동화에서는 놀이보다는 교훈성, 독서능력 향상이라는 일차적인 목표에 집중된다. 베텔하임은 인위적으로 다듬어진 동화보다는 옛이야기에 훨씬 더 풍부하고 근원적인 소재가 담겨 있다는 점을 강조하고 있는데, 이러한 강조점을 일반화시키면, 구술문화가 문자문화보다 더 풍부하고 유연하다는 결론에 이르게 된다.

2. 세계에 대한 주체의 불안감

(1) 추적의 플롯

아이들의 놀이를 관찰해보면 숨고 찾는 구조가 반복됨을 알 수 있다. 숨바꼭질이나 술래잡기에서 볼 수 있듯, 가장 흥미로운 게임은 숨는 행위와 추적이다. 아이들은 어딘가에 몸을 숨기면서 어머니의 자궁에서 느낀 바와 같은 편안함을 느낄 것이다. 이와 함께 숨겨진 것을 찾아내는 일에서도 본능적인 즐거움을 느낀다는 점에 주목해볼 필요가 있다. 어찌 보면, 인간에게도 사냥의 본능이 잠재해 있을지도 모른다. 스필버그 감독의 데뷔작 <대결>은 자동차 추적(car chase) 장면으로 구성되어 있는데, 대부분의 액션 영화는 영화 속에 자동차 추적 장면을 적어도 한 번 이상 삽입한다. 우리는 흥미로운 이야기 속에서 '추적을 위해 태어난 인물'들을 발견한다. 배트맨이나 슈퍼맨이 그러하고, 추적을 직업으로 삼는 경찰의 이야기는 아예 '폴리스 스토리'라는 장르를 형성한다. 빅토르 위고의 <레 미제라블>은 장발장을 주인공으로 삼고 있지만, 쟈베르 경감의 집요한 추적 스토리가 빠진다면 상당히 지루한 내러티브가 될 것이다.

추적의 스토리에서는 공간이 좁을수록 긴장이 강해진다. <오리엔탈 특급 살인사건>에서는 한 열차칸에 탄 12명의 승객 내에서 범인을 찾는 이야기다. 브루스 윌리스 주연의 <다이하드> 또한 한 빌딩 내에서 사건이 발생되고 해결된다.

(2) 구출의 플롯

무고한 양민에 대한 테러나 어린이 유괴는 어느 범죄보다 죄질이 나쁘다. 이런 이유에서 인질 구출작전을 주제로 한 영화들과 게임은 무수히 많다. 헬리콥터를 타고 적 진지의 깊숙한 곳에 잠입하여 진지를 부수고 P.O.W.(전쟁포로)를 구출하여 안전한 장소로 구출해내는 이야기, 범인으로부터 인질의 생명을 살려내는 이야기는 아예 '인질 구출'이라는 장르를 설정해도 좋을 만큼 많다.

구출의 플롯에서 희생자의 사연은 그리 중요하지 않다. 다만 희생자를 구출해내는 과정 자체에 주목한다. 희생자를 구출하는 자는 여러 면에서 불리한 점에 놓여 있다. 구출자는 낯선 곳에서 어려운 싸움을 벌인다. 구출자는 적정을 잘 모르거나 숫자가 아주 적거나 심지어는 범인이 어디에 은닉해 있는지도 모른다. 구출자는 우연한 기회에 제3의 인물의 도움을 받는다. 그 의외성은 정의의 회복이라는 독자의 기대심리와 맞아떨어진다. 이제 사악함은 물러나고 우주의 보편적이며 도덕적인 질서가 회복되는 것이다.

구출을 다룬 플롯은 의외로 동화 속에 많이 나타난다. <잠자는 숲 속의 공주>, 그림 형제의 <라푼첼>을 연상해보라. 또한 게임에서도 자주 애용된다.[3]

---

3. 모바일 게임 '프린세스 구출 작전'이 SK 텔레콤을 통해 서비스를 시작했다. 프린세스 구출 작전은 아기자기한 그래픽과 경쾌한 사운드가 특징인 아케이드 게임이다. 프린세스 구출 작전은 공주가 납치되어 위기에 빠진 왕국을 구하기 위해 나선 마법사의 모험 이야기로 게이머는 천장에서 떨어지는 물방울을 모아 적을 제압하고 인질을 구출해야 한다. 특성을 부여받은 다양한 몬스터와 스테이지를 클리어할 때 얻을 수 있는 5가지의 '마블 스킬'로 게임의 전략성을 높인 것이 특징이다.

(3) 탈출의 플롯

어린이의 발달과정에는 세계에 대한 공포와 불안감, 그리고 이를 이겨내기 위한 주체의 의지와 소망, 현실원리와 쾌락원리 사이의 갈등이 포함되어 있다. 이를 전형적으로 보여주는 사례가 옛이야기들에서 반복되는 탈출의 플롯이다.[4]

<헨젤과 그레텔>은 원초적이고 통합적이고 파괴적인 욕망을 극복하고 승화시켜야 하는 과업을 배워야 하는 어린이의 불안을 구체화시킨다. 빵조각들로 돌아가는 길을 표시해둔 것, 즉 안전을 위해 음식에 의존한 것이 실패로 끝나자, 현실능력을 해결할 능력이 없는 헨젤과 그레텔은 좌절하여 이제 자신들의 구순적 퇴행이 멋대로 하게 내버려 두었다. 빵으로 만든 집은 가장 원시적인 만족에 바탕을 둔 존재양식을 표상한다. 우리가 먹어치울 수 있는 빵으로 만든 집은 실제로 자신의 몸에서 자양분을 주는 어머니의 상징이다. 마녀의 악은 마침내 어린이들의 무절제한 식욕과 의존심이 위험하다는 것을 강제로 깨닫게 해준다. 살아남기 위하여 어린이들은 진취적 정신을 키우고 자신의 지적인 계획과 행동에 의지해야만 한다는 것을 깨닫는다. 어린이들은 자아에 따르는 행동을 위해, 본능의 압력에 따르는 근성을 바꾸어야만 한다. 소원성취의 환상은 어린이들이 자신을 발견하는 상황에서 지적인 판단에 기반을 둔 목표지향적 행동으로 대체되어야 한다. 즉 뼈로 손가락을 대신하고, 마녀를 속여 가마솥 안으로 밀어버리는 등 계략을 짜야 하는 것이다. 파괴적인 성향의 원초적 구순 욕구에 고착되면 위험하다고 깨달을 때에만 더 높은 발전의 단계로 가는 길이 열린다는

---

[4] 동화 분석은 브루노 베텔하임, 김옥순·주옥 역, 『옛이야기의 매력 2』, 시공주니어, 1998, pp.267-326. 참조.

것을 깨닫는 것은 이드에서 자아로 확장되어가는 어린이의 발달 단계에 상응한다.

<빨간 모자>에서 매력적이고 순결한 어린 소녀가 늑대에게 잡아먹혔다는 일은 마음속에 지울 수 없는 인상을 남긴다. 삼키겠다는 존재에 대한 위협은 <헨젤과 그레텔>과 마찬가지로 <빨간 모자>의 중심 주제다. '빨간 모자'는 처녀의 초경을 의미하는 성적 상징으로 해석된다. 빨간 모자를 쓴 처녀는 '늑대' 같은 남자와의 쾌락, '사냥꾼' 같은 남자와의 현실적이고 신뢰감 있는 관계 사이에서 하나를 선택해야 한다. 현실원리와 쾌락원리 사이에서 흔들리고 있는 이 당혹감은 늑대가 빨간 모자에게 말하는 것에서 드러난다.

"네 주위에 예쁘게 피어 있는 저 꽃들을 좀 보렴! 왜 넌 둘러보지 않니? 그리고 새들이 저렇게 아름답게 노래하는데 넌 신경도 쓰지 않는 것 같구나. 넌 마치 학교에 가는 애처럼 그저 앞만 보고 걸어가는구나. 생각해 보렴. 숲 속을 여기저기 거닌다는 게 얼마나 즐거운 일인지를!"

그러나 빨간 모자의 소녀는 사냥꾼의 도움으로 늑대를 물리친다. 늑대라는 쾌락원리를 부정함으로써 정상적인 자아의 발달이 이루어지는 것이다.

<백설공주>는 아이가 성장해서 자신을 능가하리라는 질투로 인해 부모(왕비)가 어떻게 파멸하는지를 말해준다. 그리스 비극 <오이디푸스 왕>에서, 오이디푸스(Oedipus)는 물론 자신이 설정한 덫에 스스로 걸려 파멸하고 어머니 요카스테도 파멸하지만, 무엇보다도 오이디푸스의 아버지 라이오스는 자기 아들이 언젠가 자신의 자리를 차지할 것이라는 불안 때문에 모든 사람을 비극적 파멸로 몰고 가는 단초를

제공한다. 백설공주가 자신을 능가하리라는 왕비의 두려움은 이 옛이야기의 테마로서 오이디푸스 이야기가 그렇듯이 부당한 취급을 당하는 어린이의 대명사가 된다. 부당하게 취급되는 어린이는 옛이야기를 듣는 어린이들과 쉽게 동일시된다. 아이들은 가끔 자신이 부당하게 취급되고 있다고 생각하기 때문이다. 그것은 부모와 자식 사이, 기성세대와 신세대 사이의 근원적인 갈등을 남고 있는데, 그 신화적 원형은 그리스 신화 속의 우라노스(Uranos)와 크로노스(Chronos) 사이의 갈등에 담겨 있다.

<백설공주>도 비슷한 유형을 반복한다. <빨간 모자>에서처럼 <백설공주>에서도 아버지의 무의식적인 표상으로 볼 수 있는 남성은 사냥꾼이다. 왜 구조하는 남자의 인물형이 사냥꾼에게 주어질까? 사냥은 전형적인 남성의 직업이었다. 실제로 사냥꾼은 옛이야기에서 빈번하게 나타나는데, 그것은 투사하기에 아주 좋기 때문이다. 모든 어린이는 가끔 자기가 왕자이거나 공주이기를 소망한다. 그리고 한때는 무의식적으로 자신이 환경에 의해 일시적으로 신분이 낮아진 왕자나 공주라고 믿는다. 무의식적으로 사냥꾼은 무능력한 아버지와 반대되는 인물형이다. 우리는 어린이가 동물에 대한 공포심을 가지고 있다는 점을 인정한다면, 동물들을 위협하여 쫓아낼 수 있는 사냥꾼만이 진정한 부모의 역할임을 기대하게 된다. 물론 이 사냥꾼은 숱한 소녀들의 공상인 '백마 탄 기사'와 곧 연결된다. 여자아이는 성숙하면서 점차 무능한 아버지를 버리고 매력적인 사냥꾼을 찾아가는 것이다.

아이들은 <헨젤과 그레텔>, <빨간 모자>, <백설공주> 등의 옛이야기에서 무엇을 배울까. 이 이야기들은 폭력적인 세계에 대한 불안감, 낯선 사물과 기호에 대한 경계심, 부모와 자식 사이에서 벌어지는 설명하기 힘든 애증의 문제를 다룬다. 이런 시각에서 보면, 마녀에 의

해 높은 감옥에 갇힌 여주인공 라푼첼이 긴 머리카락을 이용하여 감옥에서 탈출하는 이야기에 대한 정신분석적 해석은 너무도 간단해진다. <라푼첼>에 등장하는 마녀는 곧 아이의 성숙을 걱정하고 감시하는 어머니를 상징하고, 긴 머리칼을 이용한 감옥에서의 탈출은 처녀로의 성숙과 부모로부터의 떠남을 보여주는 것이기 때문이다.

3. 영화 <쇼생크 탈출> 분석

감옥은 '인생'에 대한 은유이다. 많은 사람들은 살아가면서 자기 의지대로만은 살 수 없는 현실의 장벽을 종종 느낀다. 그리고 자신이 진정으로 원하는 삶을 살지 못하는 경우도 많다. 감옥 밖에서 자유롭게 산다고 하는 사람들도 싫어하는 일을 직업으로 갖고 어쩔 수 없이 살아가는 경우가 허다하다. 이런 이유에서인지, 감옥을 소재로 한 영화는 의외로 많다. <빠삐용>에서 <쇼생크 탈출>에 이르기까지 숱한 감옥 영화들을 검토해보면, 주인공은 늘 억울하게 억류되어 있으며, 이야기는 주인공이 잡혀가면서부터 시작된다. 그러나 주인공은 그 완벽해 보이는 좌절을 극복함으로써 인간 승리를 재현해낸다. 주인공 빠삐용은 그 전형적인 예다.[5]

---

5. <빠삐용>은 20세기 최고의 모험가로 알려진 앙리 샤리에(Henri Charriere)의 상상을 초월한 모험담을 엮은 동명 원작(1969년 출간)을 토대로 남미의 프랑스령 기니아 감옥을 탈출하는 주인공 빠삐용(스티브 맥퀸)의 자유에 대한 강렬한 동경과 죄수 드가(더스틴 호프만)와의 우정이 감동적으로 묘사된 작품. 이 영화는 단순한 스펙터클이나 스릴러에 그치지 않고 인간으로서 한 남자의 심리묘사를 치밀하고 감동적으로 그렸다. 스티브 맥퀸과 더스틴 호프만의 열연과 영화 속 주제가의 선율이 이 영화를 걸작으로 만드는데 큰 공헌을 하였다. 실존 인물이었던 빠삐용은 탈출에 성공한 뒤 베네주엘라에 도착해서 자유인간이 되었다. 그는 그 곳에 광산 노동자, 직

토비아스는 탈출을 다룰 경우, 두 번 실패한 다음 성공하도록 플롯을 꾸미라고 권장하고 있다. 비단 탈출을 다룬 영화에서뿐만 아니라, 이야기에서 '삼세번의 원칙'은 자주 활용된다. <아기 돼지 삼형제> 등에서 볼 수 있듯, 세 개의 이야기는 안정적이다. 아리스토텔레스의 『시학』에서 플롯을 세 단계로 나눈 점은 의미심장하다.

1막	2막	3막
시작(beginning)	중간(middle)	끝(ending)
전제	실험	결론
정(thesis)	반(anti-thesis)	합(syn-thesis)
문제(problem)	보조(auxiliary)	해결(solution)

<쇼생크 탈출>을 예로 들자. 주인공 엔디 듀플레인은 자기 아내를 살해했다는 죄목으로 쇼생크 감옥에서 종신형을 살고 있다. 이 영화에서 주인공은 단 한 번의 시도로 탈주에 성공한다. 그러나 주인공 엔디의 탈출이 한 번으로 끝나지만, 영화 내에서는 다른 인물들의 탈주 이야기와 중복시켜 교묘한 변형을 가하고 있음을 알게 된다. 세 명의 인물을 비교해보자.

업 노름꾼, 은행 도둑, 요리사, 호텔 지배인, 전당포 털이 등 밑바닥 인생을 보내다가 1973년 7월 29일 스페인에서 암으로 세상을 떠났다. 물론 그는 자유의 몸이 된 뒤, 딱 한번 꿈에도 그리던 파리를 방문하기도 했는데, 그는 1967년을 기해 자기에 대한 범죄 시효가 만료되자 마침내 니스를 거쳐 파리로 돌아갔다. 그러나 그는 불과 8일 동안 머물렀을 뿐이다. 그때 그는 몽마르트의 벤치에 앉아서 유형지 생활 14년을 자기 인생의 실패로 수용하면서 자기 자신에게 이렇게 속삭였다 한다. "너는 이겼다. 친구여 너는 자유롭고 사랑을 받는 네 미래의 주인으로 여기에 있다." 라고.

① 주인공 : 사려 깊고 유능한 메인 은행 간부인 앤디 듀프레인은 부인과 그녀의 정부를 살해했다는 혐의로, 1947년부터 19년 동안 악명 높은 쇼생크 교도소에 수감된다. 그는 교도소장의 세금 문제, 비자금 문제를 해결해주면서 그의 환심을 산다. 그는 교도소장의 이름으로 통장을 개설하고 비밀리에 탈출구를 판 다음, 일거에 탈출한다.

② 브룩스 : 또한 50년 이상을 교도소에서 보낸 브룩스는 길들여진다는 것의 무서움을 보여준다. 브룩스는 몇 십 년을 감옥에서 살다보니 사회로의 복귀를 오히려 두려워하고, 가석방되어 출소하지만 사회에 적응하지 못해 끝내는 자살하고 만다.

③ 레드 : 주인공의 흑인 친구인 레드는 매사에 긍정적이며 낙천적이다. 그는 가석방된 다음, 자신의 긍정적인 태도에 맞춰 그럭저럭 세상에 적응해나간다.

④ 토미 : 엘비스 플레슬리를 닮은 그는 앤디가 살인범이 아니라는 사실을 증언해줄 수 있는 중요한 사람이다. 그러나 교도소장은 앤디의 무혐의가 드러나면 자신의 비리가 탄로 날 것을 염려하여 토미를 살해한다. 재미있는 점은 교도소장이 일단 토미를 감옥 바깥으로 불러낸 다음, 탈주범으로 오인하게 하여 살해되도록 방조한다는 점이다.

주인공은 한 차례도 탈주를 시도하지 않았지만, 브룩스·레드·토미에 의해서 탈주의 실패담은 세 번 정도 변형되어 반복된다. 브룩스와 레드는 자발적인 탈주가 아니라 가석방된다. 그러므로 진정한 탈주담과는 구분된다. 토미는 교도소장에 의해 우발적으로 탈주한다. 그러나 토미의 탈주는 오히려 교도소장에게 교묘하게 이용된다.

탈주의 플롯은 "실패는 성공의 어머니"라는 해묵은 속담을 재현한다. 성공하는 사람은 자신의 의지와 능력, 행운에 의해 성공이 성취된다. 브룩스는 성공의 의지를 전혀 갖추지 못했다. 레드는 재산과 지적

능력이 부족하여 멋진 탈주의 주인공이 될 수 없다. 토미는 오히려 적에게 이용당했다. 그러나 주인공 엔디는 브룩스의 실패담과는 다르게 탈주하고자 하는 의지를 가졌다. 또한 교도소장의 돈을 빼돌려놓음으로써 탈주 후의 자신의 새로운 인생을 시작할 준비를 마쳤다. 무엇보다 토미가 교도소장에게 이용당한 반면, 주인공은 교도소장을 이용했다. 이상의 줄거리를 정리해보면, 주인공은 다른 인물들의 여러 실패담을 통해 자신의 용의주도한 탈주를 이루고 있음을 알 수 있다.

영화의 압권은 '피가로의 결혼'이 교도소 전역에 울려 퍼지는 장면이다. 앤디는 기증받은 도서 속에 있는 레코드 앨범에서 '피가로의 결혼'을 발견하고, 교도소 스피커를 통해 최대한의 볼륨으로 전 교도소 내로 음악을 흐르게 한다. 순간 운동장에 있던 모든 죄수들은 걸음을 멈추고, 그 음악에 귀를 기울인다. 오페라 아리아를 들어본 적도 없고, 이해하지도 못하는 죄수 모두는 울려퍼지는 아리아 선율에서 아름다운 새의 비상과 교도소 벽이 무너지는 듯한 자유로움을 느낀다. 이 장면이 특히 인상적인 점은 앤디가 교도관의 허락 없이 음악을 듣기로 결심하는 순간, '탈출'이 시작되기 때문이다.

4. 플롯을 짜는 방법

재미있는 이야기를 만들기 위해서는 스토리(story)와 플롯(plot)의 차이를 이해하는 것이 중요하다. "왕이 죽고, 왕비가 죽었다."는 스토리는 시간적 순서에 의해 배열되는 반면, "왕비가 죽었다. 왜?"라고 묻는다면, 이는 플롯화된 형식이다. 스토리는 이야기의 연결을 강조하는 반면(and then), 플롯은 이유(why)를 먼저 묻고 이에 답하는 형식으로 되

어 있다. 플롯을 짜는 법에 대한 실반 바넷의 설명을 참고하기로 한다.[6]

첫째, 적절한 위치에서 시작하라는 것 : 모든 작품의 플롯은 '물음표(?)에서 느낌표(!)로'라는 말로 정리될 수 있다. 좋은 작품은 시작 부분에서 강하게 물음을 제기하고, 끝 부분에서 어떤 깨달음(감동적인!)을 준다. 심지어는 15초짜리 상업광고도 그러하다. 광고의 첫 부분에서 우리는 의문에 사로잡히며, 그 의문을 풀기 위해서 광고를 주시한다.

드라마의 첫 부분은 마치 배구경기의 토스에 비유될 수 있다. 상대편에서 넘어온 공을 네트 가까이에 있는 선수에게 연결하면, 이 능숙한 세터(setter)는 상대방을 가장 적절히 공격할 수 있는 공간을 찾은 다음, 공을 적당한 높이까지 띄워 올려준다. 그 적절한 자리에 공이 떴을 때, 주공격수의 강력한 스파이크가 터질 수 있는 것. 셰익스피어가 창조한 '맥베스'는 던컨 왕을 살해한 다음, 무대 위로 뛰어오른다. 그는 엄청난 일을 저질렀고, 그는 마치 허공에 떠오는 배구공처럼 무대 위에 던져져 있다. 중력의 법칙상 배구공은 아래로 떨어져야 하고, 그 이전에 능숙한 공격수에 의해 자기로서는 알 수 없는 어떤 방향으로 날아간다. 배구공이 그러하듯, 맥베스도 필경 그렇게 토스아웃(toss out)된다.

극작가(playwright)는 작가(writer)가 아니라 제작가(wright)이다. 그는 세상에 흩어져 있는 레고(LEGO) 조각을 짜맞추는 존재이기도 하다. "당신은 1막에서 주인공을 나무에 오르게 하라. 그리고 2막에서는 나무 위로 돌을 던져라. 그래서 3막에서는 그가 나무에서 떨어지도록 만들어라." 셰익스피어는 맥베스를 그렇게 처리하고 있다.

---

6. Sylvan Barnet, etc. ed, *The Type of Drama-Plays and Drama*, HarperCollinsCollegePublishers, 1993, pp.755-780.

연극의 시작부분(1막)은 전제(ex-position) 부분이다. 극작가는 1막이 시작되기 전에 일어났던 사건(前史, antecedent accident)을 관객에게 소개해 주어야 한다. 그리고 그들 인물에게 적절한 위치(position)를 부여해준다. 이를 통해 그들의 성별, 연령, 직업, 성격도 조금씩 드러나게 된다. 그 다음에는 그들 인물 중의 한 사람을 토스 아웃(toss out)한다. 그것은 능숙한 세터의 몫인데, 그는 작품 속의 인물과 상황을 세트(set, establish)해 준다. 세터에 의해 토스 아웃된 인물은 엉겁결에 허공에 떠올라 이제는 주인공이 되어, 극작가가 시키는 대로, 혹은 연극이 시키는 대로 자신의 가파른 운명의 길을 떠나야 하는 것이다.

2막은 중간(middle) 부분인데, 혼합, 혹은 범벅(muddle)의 단계에 해당한다. 그리고 결론 부분은 1막의 전제가 2막을 통해 실험되어 도출된 결론에 비유할 수 있다. 그러나 그 결론은 자명한 것으로 그쳐서는 안 된다. 놀이공원의 롤러코스터처럼, 올라가는 부분을 1막에, 급강하하는 부분을 2막에 비유하는 것은 당연하지만, 롤러코스터는 마지막에 또 한 번의 깜짝쇼를 준비한다. 다 내려왔다고 느끼는 순간에 통째로 뒤집히는 반전을 보여주는 롤러코스터처럼 이러한 반전이 3막에 필요하다.

더 찾아 읽기

> 브루노 베텔하임의 『옛이야기의 매력 2』(시공주니어, 1998)는 동화, 민담, 설화에 대한 정신분석학적 해석의 흥미로움을 보여준다. 〈아기 돼지 삼형제〉의 이야기에서 초자아, 자아, 이드의 충돌을 읽어내고, 〈백설공주〉와 〈신데렐라〉에서 변형된 어머니의 모습을 읽어내기도 하는 이 책의 해석은 이야기의 원천으로서의 옛이야기에 대한 상상을 자극한다.

제 14 장
추리의 플롯 : 〈오이디푸스 왕〉

　　세상에는 우연히 일어나는 사건 사고도 많다. 그러나 작품에서는 논리적이고 필연적인 결말이 맺어져야 한다. 그리스 시대에 메난드로스라는 희극작가가 있었다. 그는 대머리였는데, 마침 독수리 한 마리가 근처를 배회하고 있었다. 거북을 낚아챈 독수리는 이를 바위에 떨어뜨려 단단한 껍질을 벗겨 먹으려던 참이었는데, 바위가 어디에 있는지 찾고 있었던 중 메난드로스의 대머리를 발견한 것이다. 대머리를 바위로 착각한 독수리는 메난드로스의 대머리에 거북을 떨어뜨렸고, 메난드로스는 정말로 어이없는 죽음을 맞게 된다. 아리스토텔레스는 그의 문학 이론서 『시학』에서 이야기의 논리적인 전개를 강조하면서, 메난드로스의 죽음과 같은 어이없는 사건을 작품에 활용하면 개연성이 떨어진다고 하였다. 작품은 논리적으로 구성되어야 한다는 것이다.

　　논리적인 구성을 보여주는 가장 적절한 사례가 추리문학이다. 추리문학은 '왜'라고 하는 질문을 시작으로 삼아 가장 논리적인 형식으로 사건을 재구성해낸다. 이 글에서 살펴보고자 하는 그리스 시대의 연극 <오이디푸스 왕>은 추리문학의 원형을 잘 보여준다. 아이들이 즐겨하는 놀이 중의 하나가 수수께끼이다. 수수께끼는 '완전한 무지'와 '완전한 앎'의 중간 지점에서 발생한다. 완전히 정답을 알게 되었을 때 긴장과 호기심이 사라지는 것은 당연하지만, 전혀 알지 못하는 상황에서도 궁금증은 유발되지 않는다. '스무 고개 문답'의 경험을 떠올려보라. 처음 한두 고개에서는 관심이 없다. 그러나 서너 고개 넘기 시작하면, 궁금증은 좀 더 증폭된다. 우리는 가끔 이해할 수 없는 사건들을 접한다. 때로는 개구리 소년 실종사건과 화성 연쇄 살인 사건 같은 충격적인 사건들과도 만난다. 그 사건들은 해결되지 못했기 때문에 오랫동안 우리의 주목을 끈다. 김광림 원작의 연극 <날 보러와요>, 영화 <살인의 추억>은 미해결 상태인 화성 연쇄살인 사건에 대한 의문에서 출발한다. 셰익스피어의 비극 <햄릿>, <오셀로>, <맥베스>에도 엽기적이고 충격적인 살인 장면들이 삽입되어 있다. 이처럼 살인과 범죄를 둘러싼 추리는 비록 우리 일상에 속한 것은 아니면서도, 끊임없는 주목의 대상이 된다. 어찌 보면, 추리는 인간의 본능과 관련되어 있다. 인간은 궁금증에서 출발하여, 점차 '무지'에서 '앎'으로 나아간다. 인간이 만들어낸 문명의 산물이 추리의 본능에서 출발한다고 보는 것도 무리는 아니다. 여기에서는 소포클레스의 <오이디푸스 왕>을 중심으로 추리적 형식에 대해 공부하기로 한다.

- 소포클레스의 <오이디푸스 왕>에 적용된 추리적 형식에 대해 생각해보자.
- 왜 사람들은 추리문학을 좋아하는가. 추리문학의 결말에서 통용되는 규칙은 무엇인가.

1. 추리의 세계

추리문학의 세 가지 요소는 희생자, 범인, 탐정이다. 희생자는 죽은 자이므로 침묵의 상태에 머물러 있다. 그러나 침묵의 기호 속에는 감춰진 단서가 있다. 추리소설은 희생의 단서를 침묵의 언어로 제시하기 위해서라도 희생자의 시체가 필요한 법이다. 범인(whodunit, who-done-it)은 끝까지 은밀하게 감춰져 정체를 드러내지 말아야 하며, 가급적 많은 용의자가 등장해야 한다. 탐정은 범인의 뒤를 좇는 과정에서 범인의 행동을 재구성해내야 한다.

추리문학은 두 개의 서사 축으로 구성된다. 하나는 범인이 자행한 행동이고, 다른 하나는 탐정에 의해 재구성된 범인의 행동이다. 추리문학은 탐정이 활약하고 있는 현재의 시점에서 시작하여, 점차 범인이 저지른 과거의 범죄를 복원해내는 방향으로 진전된다. 이런 의미에서 추리문학은 탐사에 가깝다.

추리문학의 재미는 미로에 있다. 미로(迷路, clue)는 길을 인도하는 실로서, 괴물 미노타우루스를 죽이기 위해 크레타 섬의 미궁(迷宮)으로 들어간 테세우스가 무사히 탈출하도록 하기 위해 아리아드네가 실타래를 준 이야기에서 유래한다. 흥미로운 점은 가장 중요한 단서는 감추지 않는다는 사실이다.

추리문학의 또 다른 재미는 발견에 있다. 아르키메데스는 목욕탕에서 어떤 원리를 발견했다. 그가 외친 "유레카(찾았다)!"는 추리문학의 독자들이 외쳐야 할 말이다. 작은 발견이 인생의 의미를 바꿀 때도 있다. 추리문학에서 독자들은 그러한 발견의 기쁨을 얻는다. 포우의 <잃어버린 편지>에서 왕비는 가장 소중한 편지를 방안에서 가장 쉽게 찾을 수 있는 편지함에 넣어둔다.

추리극의 원형으로는 소포클레스의 <오이디푸스 왕>을 든다. 테베시에 재앙이 찾아들고, 시민들과 오이디푸스 왕은 재앙의 근원을 찾아 나선다. 오이디푸스는 재앙을 유발한 범인을 찾기 위한 수사 작업에 착수한다. 그 수사 작업은 매우 치밀하여 마치 미로 속을 헤매는 듯한 느낌을 준다. 마지막 장면에서 범인이 색출되었을 때, 우리는 전혀 예상치 못한 사실에 접하게 된다. 범인 색출을 명령한 장본인이 바로 범인이었던 것. 아리스토텔레스는 소포클레스의 <오이디푸스 왕>에 대한 본격적인 비평서이자 최초의 문학개론에 해당하는 『시학』에서 이 작품 결말 부분의 '반전(reversal)'과 '발견(discovery)'을 상찬한다. 이 작품은 탐정이 곧 범인이라는 '반전'을 통해, 지혜로운 자의 표상이었던 오이디푸스 왕조차도 인간이기에 자신의 한치 앞 운명도 보지 못했다는 점, 인간은 불완전한 존재라는 '발견'을 한꺼번에 보여주었기 때문이다.

2. 소포클레스의 <오이디푸스 왕> 분석

소포클레스의 <오이디푸스 왕>은 고전 비극의 가장 전형적인 작품으로 평가된다. 아리스토텔레스의 『시학』 전체가 이 작품에 대한 해설이라는 설명은 이 작품이 지닌 전범으로서의 특성을 잘 요약해주고 있다. 먼저 줄거리를 정리하기로 한다.

오이디푸스는 코린토스 시의 왕자로서 행복한 생활을 하고 있었다. 어느 날 어떤 연회석상에서 그의 한 벗이 취중에 그를 주워온 자식이라고 욕하였다. 이 의외의 소문의 욕이 대단히 마음에 거슬린 오이디푸스는 다음날 아침 그 사실의 진위를 양친에게 물어 보았다. 양친은 이를 부정하였으나 오이디푸스는 그래도 안심할 수 없어, 마침내 홀로 델포이로 가서 아폴론의 신탁(神託)을 청하여 사실의 진위를 확인하려고 하였다. 아폴론은 오이디푸스의 물음에 직접 답하지 않고, 다른 사건을 예언하였다. 오이디푸스는 아버지를 살해하고 어머니와 결혼하게 되리라는 것이었다. 코린토스의 왕과 왕후를 자기의 양친으로 믿고 있는 오이디푸스는 이 무서운 예언을 듣자, 영원히 모국으로 떠나려고 결심하였다. 그렇게 하면 아폴론의 예언의 실현을 방지할 수 있으리라고 믿었기 때문이다. 그는 코린토스 시의 상공에 빛나는 별들을 멀리 바라보면서 여러 나라를 방황하던 중, 십자형의 들길에 이르렀다. 그때 반대편으로부터 오는 역마차의 일행과 마주쳤다. 오이디푸스와 그들은, 길을 피하라 피하지 못한다 하면서 언쟁하였다. 차 위의 노인이 먼저 오이디푸스에게 채찍질을 하였다. 오이디푸스는 격분하여 일격지하(一擊之下)에 노인을 살해하였다. 살해된 노인은 테바이의 왕 라이오스였다. 그때 왕의 시종(侍從) 한 사람만이 도망쳐 돌아와, 테바이 시민들에게 왕이 다수의 도적의 손에 걸려 살해되었다고 보고하였다. 그러나 이 시에서는 왕의 횡사에 뒤이어 '스핑크스'의 재앙이 일어나 시민의 관심이 이 괴물의 수수께끼를 푸는 데 집중되고, 아무도 왕의 살해자를 추구하려고 하지 않았다. 그때 오이디푸스가 테바이 시에 와서 쉽게 그 수수께끼를 풀고 재앙(災殃)을 제거하여, 그 공로로 이 시의 왕위를 계승하고 선왕비(先王妃) 이오카스테와 결혼하였다. 전에 유일한 생존자로서 도망쳐 돌아온 라이오스의 시종은 테바이의 신왕(新王)이 선왕을 살해한 자임을 발견하자 사태가 용이치 않음을 깨닫고 다른 일을 빙자하여 테바이 시를 떠났다. 그러므로 오이디푸스도 테바이의 시민도 사건의 진상을 전혀 모른 채 수 년이 경과하였다. 오이디푸스와 이오카스테 사이에는 4명의 자식까지 생긴다.

이곳까지가 비극 <오이디푸스 왕>의 전제(前提)이다. 이 비극의 주제는, 오이디푸스가 자기는 친부 라이오스의 살해자일 뿐만 아니라, 생모(生母)를 아내로 맞이했음을 발견하고, 행복에서 불행으로 급전하는 데 있다. 그 발견과 급전은 다음과 같이 이루어진다.

천재적이고 백성을 사랑하고 고귀한 왕 오이디푸스의 치하(治下)에서 수년 동안 번영을 누린 테바이 시에 다시 무서운 전염병이 유행하고 사람과 가축의 사망이 허다하였다. 겨우 이삭이 나온 보리도 고갈하였다. 오이디푸스는 신의(神意)를 묻기 위하여 처남 크레온을 텔포이에 파견하였다. 아폴론은 테바이의 오독(汚瀆)을 근절하고, 시숙의 숙환(宿患)을 치유하라고 선언하였다. 크레온은 이 신탁에 주석을 붙여, 라이오스가 살해당한 것과, 아직 그 복수를 완수하지 못하고 있음을 오이디푸스에게 고하고, 이를 완수하지 않으면 안 된다고 말하였다. 그래서 오이디푸스는 예언자 테레시아스를 불러, 라이오스의 살해자가 누구인지를 점치게 하였다. 모든 것을 다 알고 있는 예언자는 인자한 오이디푸스 자신이 그 살해자라는 진상을 차마 말할 수 없었다. 그럴수록 오이디푸스는 더 조급하게 예언자에게 점치기를 강요하였다. 오이디푸스는 끝내 말을 좌우로 탁(託)하여 명언치 않은 예언자에게 욕설까지 퍼부었다. 결국 예언자는 라이오스를 살해한 자는 테바이시에 거주하고 있을 뿐 아니라 테바이에서 탄생한 자이며 당시의 어머니를 처로 하고 있다고 말하였다. 그러나 이러한 시사에도 불구하고 오이디푸스는 그 자신이 라이오스의 살해자임을 깨닫지 못하였다. 뿐만 아니라 처남에게 음모(陰謀) 혐의를 걸기까지 하였으므로 두 사람의 사이에는 격렬한 언쟁이 일어났다. 남편과 오빠의 언쟁을 듣고 쫓아온 이오카스테는 남편으로부터 예언자가 크레온이 음모에 가담하고 있다는 말을 듣자, "아아 예언자가 또 말썽을 부립니다 그려, 전에도 이런 일이 있었습니다. 라이오스는 자기의 아들에게 살해되리라는 예언이 내렸습니다. 그러나 라이오스는 도적의 손에 걸려 죽었다는 것입니다. 아들은 생후 삼일 만에 산중에 내버렸으므로 그와 같은 무서운 일이 일어날 리가 없습니다. 예언자의 점이란 다 이 정도의 것입니다."라고 말하였다. 이오카스테가 남편을 안심시키려고 이와 같이 말한 것은 그러나 반대의 결과를 초래하였다. 오이디푸스는 라이오스가 살해된 때와 장소 및 그의 모양을 물었다. 이오카스테는 타의 없이, "라이오스는 어딘지 당신과 비슷한 점이 있었습니다."라고 답하였다. 이 말을 듣고 오이디푸스는 과거가 라이오스의 살해자임을 분명히 깨달았다.

이와 같이 하여 이 비극의 발견이 시작된다. 그리고, 소포클레스의 수법(手法)은 경탄할 만큼 교묘하다. 즉 주위 사람들이 오이디푸스를 불안으로부터 구제하려고 위로하는 여러 언사에 의하여 도리어 사건의 진상이 점점 드러나게 된다. 오이디푸스에게는 자기가 스스로 살해한 사람의 나라의 왕이 되고 그 사람의 처와 결혼하고 또 테바이 시의 현재의 재앙의 원인이 된 것이 자기 자신이라는 것이 이제는 의심할 여지없는 것 같이 생각되었다. 그러나 물에 빠진 자가 한 오라기의 지푸라기도 붙잡는 바와 같이 오이디푸스는 라이오스의 횡사의 유일한 목격자요, 현재는 테바이 시에 없는 시종의 거처를 탐문하였다. 그것은 이 시종이 전에 테바이 사람들에게 라이오스는 많은 도적에 의하여 살해되었다고 보고하였으므로 이 보고자로부터 혹시나 반증을 얻을 수 있지나 않을까 하는 희망에서였다. 그러자 바로 그때 코린토스로부터 사자(使者)가 도래하여, 그 국왕의 부고(訃告)와 그 시의 사람들이 오이디푸스로 하여금 왕위를 계승시킬 의사임을 전하였다. 코린토스의 작고한 왕과 생존해 있는 왕비가 자기의 진실한 양친임을 확신하고 있는 오이디푸스는 자기가 아버지를 살해하고 어머니와 결혼하리라는 아폴론의 신탁(信託)의 전반이 실현되지 않았음을 기뻐하는 동시에 아직 후반이 실현될 가능성이 남아 있음에 대하여 두려움을 금할 수 없었다. 오이디푸스의 이 두려움을 곁에서 듣고 있던 코린토스의 사자(使者)는 그 두려움이 근거 없다 하고, 오이디푸스는 작고한 코린토스 왕의 실자(實子)가 아니고 갓난애 때 라이오스 가(家)의 목인(牧人)으로부터 이 사자에게 전달되고, 다시 오이디푸스가 자기의 아버지라고 생각하고 있는 코린토스의 선왕에게 전달된 것이라는 사실을 진술하였다. 오이디푸스는 그 목인이 누구인가를 추구하였다. 그 결과 그것은 신의 계율을 깨뜨린 라이오스와 이오카스테 사이에 탄생한 갓난애를 산중으로 버리러 간 테바이 왕가의 하인이었음이 판명되고, 또 이 하인의 입으로부터 코린토스의 사자에게 전달된 갓난애가, 무서운 예언의 실현을 방지하기 위하여 산중에서 죽이도록 그가 이오카스테로부터 부탁을 받은 갓난애임도 판명되었다. 이와 같이 하여, 코린토스의 사자가 오이디푸스로부터 신탁에 대한 그의 오뇌(懊惱)를 제거하기 위하여 한 말은 도리어 불행한 진상을 남김없이 드러나게 하였다. 이에 오이디푸스는 자기의 눈을 빼내고 스스로 맹인(盲人)이 되어 테바이를 뒤로 하고 방랑의 길을 떠나고, 이오카스테는 목매어 죽었다.[1]

이 작품의 플롯과 인물 성격에 대한 해답은 다음과 같은 여덟 개의 질문 속에 포함되어 있다. 우선 그 질문들을 나열한 다음, 이 작품에 대한 논의를 시작하기로 한다.

① 오이디푸스, 신관(神官), 크레온의 대사로 이루어진 이 작품의 첫 부분에 드러난 것을 바탕으로 오이디푸스를 성격화하라. 오이디푸스, 코러스 장, 테이레시아스, 코러스 사이의 대사를 통해 오이디푸스의 성격에 어떤 자질들이 새롭게 추가되는가.
② 오이디푸스가 도덕적인 죄를 가지고 있다고 말하는 것은 정당한지

---

1. 아리스토텔레스, 손명현 역, 『시학』, 박영문고, 1988, pp.78-81.

자신의 견해를 말하라. 오이디푸스는 비도덕적인 행동을 하려는 의도를 가지고 있지 않았기 때문에, 그는 도덕적으로 죄가 없다고 스스로 주장하고 있는 셈인가. 오이디푸스가 범한 '과도한 자신감(hybris, hubris)'[2]이라는 유죄는 그의 전략과 관련없다고 말할 수 있는가?

③ 오이디푸스는 그가 보아서는 안 될 사람을 보지 않기 위해서 스스로 눈을 찔러 장님이 되겠다고 말한다. 좀 더 본질적인 이유를 생각해볼 수 있지 않을까. 이오카스테는 자살했는데, 왜 오이디푸스는 자살하지 않는가.

④ 이 연극이 지적인 인간 행동의 보잘것없음을 보여준다고 말하는 것은 정당한가.

⑤ <오이디푸스 왕> 내에서 신들은 사악하다고 말하는 것은 정당한가.

⑥ 이 작품에서 서정적인 합창의 삽입은 장면을 분할하는 데 기여한다. 그 외에도 합창이 극적 행동의 진전에 어떻게 기여하고 있는지 찾아보라.

⑦ 소포클레스는 인생의 지속적인 면, 총체적인 면을 보고 있다고 매슈 아놀드는 말한 바 있다. 그러나 작품을 보면, 그는 실제 존재하는 인생을 회피하고, 오히려 부자연스럽고 돌발적인 사건들의 연속에 오히려 주목하고 있는 듯하다. 이에 대한 견해를 밝혀라.

⑧ 이 극의 결말에 대한 당신의 감정을 기술할 수 있겠는가? 그 감정에는 오이디푸스에 대한 동정심이 포함되어 있는가? 그 동정심은 당신을 포함한, 인류 전체를 포함하는 동정심인가? 스스로 의도하지 않은 돌발적인 사건으로 인해 당신이 단죄될 수 있다는 점에 대한 공포감은 어떠한가? 상호 연관된 사건들에 대한 인식에 의해 그 공포감은 증가되고 있지 않은가? 이것은 단순한 이야기일 따름이라고, 혹은 단

---

2. 그리스어에서는 '빼기는 행위(bullying)', '힘의 남용(abuse of power)'을 의미하며, 연극용어로는 '오만한 자존심(overweening pride)'으로 번역될 수 있다. Syvan Banet, 앞의 책, p.30.

순한 재미거리라고 안심할 수 있는가?

아리스토텔레스는 『시학』에서 <오이디푸스 왕>을 중심으로 주인공의 성격, 플롯의 일관성, 관객에게 미치는 정서적 효과에 대한 논의를 하고 있는데, 위의 질문들도 모두 이와 관련되어 있다. 위의 질문을 굳이 분류하자면, ①~③까지의 질문은 모두 주인공의 성격과 관련되어 있으며, ④~⑦은 플롯의 일관성에 대한 질문, ⑧은 연극의 정서적 효과에 대한 질문이다.

(1) 오이디푸스 왕의 성격화 과정

우리는 ①의 질문에 대한 답변 과정에서 오이디푸스에게 주어진 첫 번째 성격적 특질을 찾을 수 있다. 그는 신관(神官)으로부터 스핑크스를 퇴치한 "가장 위대한 분"이라는 찬사를 듣게 된다. 그리고 오이디푸스는 이러한 찬사에 고무되어 "어떤 청이든 들어주지" "내가 신의 말씀을 실행치 않는다면 과연 나는 옳지 못한 사람이다."는 등 매우 자만에 가득 찬 약속을 늘어 놓는다. 이 대목에서 우리는 오이디푸스의 '과도한 자신감'의 일단을 보게 된다.

②의 질문은 의도적인 죄를 저지르지 않은 오이디푸스에게 부여된 죄의 성격에 대해 질문함으로써, 이 비극이 인간의 의지와 피할 수 없는 자연의 운명 사이의 갈등에서 출발하고 있음을 잘 보여준다. 이 질문에서 우리는 오이디푸스에게 부여된 '과도한 자신감'이 그의 '비극적 결함(hamartia)'[3]으로 이어짐을 보게 된다. 자신에게 부여된 운명을 향해 한 치의 주저함도 없이 달려가는 오이디푸스의 모습에는 자연과

신의 운명을 거스르고자 하는 인간의 의지가 담겨 있다. 그러나 그것의 끝은 파멸이다.

③의 질문은 이 극의 주제와 관련되어 있다. 근친상간의 충격은 오이디푸스의 어머니이자 아내인 이오카스테의 자살로 귀결된다. 그리고 이제는 오이디푸스의 파멸이 뒤를 잇게 마련인데, 오이디푸스가 이오카스테의 뒤를 따라 자살하는 것이 가장 상식적인 결론에 해당될 것이다. "보아서는 안 될 사람을 보지 않기 위해서"라면, 자살이 최상의 방책이기 때문이다. 그러나 오이디푸스는 자살 대신 자신의 눈을 바늘로 찔러 스스로 실명(失明)하는 행동을 보인다. 오이디푸스는 왜 자살하지 않는가.

이에 대한 가장 손쉬운 대답은 "속편을 제작하기 위해서"라고 해도 될 것 같다. 실제로 실명 후의 오이디푸스 이야기는 소포클레스가 쓴 속편 〈콜로노스의 오이디푸스〉로 전한다. 그러나 이러한 동기와는 별도로, 오이디푸스의 실명이 이 작품의 주제를 함축하고 있음을 놓쳐서는 안 된다. 우리는 ①~②의 분석 과정을 통해서, 오이디푸스의 '과도한 자신감'과 여기에서 비롯된 '비극적 결함'에 대해 깨닫게 되었다. ③의 과정은, 두 눈을 뜨고서도 볼 수 없었던 세계, 즉 개인에게 부여된 운명의 보이지 않는 힘에 주목하게 만든다. 스핑크스를 물리친 지혜와 용기의 화신 오이디푸스가 정작 자신을 규율하는 운명의 정체를 파악하지 못했다는 점, 오이디푸스가 눈 뜬 장님, 곧 청맹과니에 지나지 않았다는 사실은 이 작품의 결말에 해당하는 코러스의 논평 속에 잘 요약되어 있다.

---

3. 연극용어에서 실수(error), 결점(flaw)의 의미로 사용된다. 같은 책, p.29.

코러스(노래)
　　조국 테베의 사람들이여, 명심하고 보라. 이 분이 바로 오이디푸스이시다.
　　그이야말로 저 이름높은, 죽음의 수수께끼를 풀고, 권세 이를 데 없었던 사람.
　　온 장안의 누구나 그 행운을 부러워했건만,
　　아아, 이제는 저토록 격렬한 파멸에 묻히고 마셨다.
　　그러니 사람으로 태어난 몸은 조심스럽게 마지막 날 보기를 기다려라.
　　아무런 괴로움도 없이, 삶의 종착점에 이르기 전에는
　　이 세상의 행복에 대해 장담하지 마라.

　"사람으로 태어난 몸은(……) 삶의 종착점에 이르기 전에는 이 세상의 행복에 대해 장담하지 마라."는 구절은 너무 유명하다. 프랑스 역사상 가장 잔혹한 살해가 계속되었던 30년 전쟁의 한복판에서, 한 도시의 시장이 되어 신교와 구교 사이의 위태한 중도에 서서 일생을 살아야 했던 몽테뉴가 그의 <수상록>에서 이 구절을 자신의 삶의 지표로 삼았던 점은 이 구절이 지닌 인간 운명의 보편성에 대한 경고를 반증하는 한 예일 것이다.

　질문 ③에서 제기한 오이디푸스의 실명은 원래 장님이었던 예언자 테이레시아스의 성격과도 대비된다. 오이디푸스의 성격을 지혜(가시적인 현실에 대한 통찰) / 맹목(내면적 진실에 대한 무지)으로 규정한다면, 테이레시아스의 성격은 역으로 맹목(현실적인 눈멂) / 지혜(내면적 진실의 인식)의 대립쌍으로 규정할 수 있다. 이제 오이디푸스는 스스로 테이레시아스와 같은 맹목을 택함으로써 인간의 삶을 조율하는 내면적 진실의 세계로 방황의 길을 떠나는 것이다.

　우리는 ①~③의 질문을 통해서, 오이디푸스의 성격화가 어떻게 플롯에 기여하고 있는가에 대한 논의의 틀을 마련하였다. 오이디푸스의 지혜롭지만 조급한 성격, 불굴의 의지가 오히려 그의 파멸이라는 플롯에 기여하고 있는 셈이다. 소포클레스는 오이디푸스의 운명에 대한 코러스의 논평을 통해서, "삶의 종착점에 이르기 전에는 이 세상의 행복에 대해 장담하지 마라."라고 말하고 있는데, 이 말을 플롯 논의와 관련시켜 바꾼다면, "작품이 끝나기 전에는 어느 누구도 작품의 결론(플롯)에 대해 장담하지 마라."는 격률로 바꿀 수 있을 것이다. 성격 분석과 함께 플롯 연구가 중요한 이유는 여기에 있다.

(2) 〈오이디푸스 왕〉의 플롯

아리스토텔레스는 『시학』에서 성격보다 플롯이 중요함을 여러 차례 강조하고 있다. "그러므로 비극의 제1 원리, 또는 비극의 생명과 영혼은 플롯이고, 성격은 제 2위인 것이다. 이와 유사한 예는 그림에서도 볼 수 있다. 아무리 아름다운 색채라도 아무렇게나 칠한 것은 흑백의 초상화만큼도 쾌감을 주지 못할 것이다."[4]는 단정이 그 한 예이다. 그럼에도, 우리는 플롯을 분석하기 전에 인물의 '의미'에 집착하는 경향이 있다.

〈오이디푸스 왕〉을 분석할 때, "너는 누구인가?" 또는 "너는 네가 누구인지 아는가"라고 질문하는 것은 유효하지만, 그러한 질문이 곧 자기 단일성, 순수성, 정체성에 대한 확신으로 이어지지는 못한다. 작품 중에 나오는 괴물 스핑크스와 인간 오이디푸스는 그 자신이 모두

---

4. 아리스토텔레스, 천병희 역, 『시학』(개역판), 문예출판사, 1994, p.51.

근친상간의 소산인 동시에, 스핑크스의 경우에는 인간, 사자, 새를 혼합한 복수 형상으로 제시되어 있고, 오이디푸스의 경우에도 "하나이면서 둘이고 셋이며 동시에 넷인 인간"의 모습으로 제시되어 있다.[5] 그러므로 우리는 이들의 정체를 확정할 수 없으며, 이들은 작품의 플롯 속에서 하나의 '기능'으로 주어질 따름이다. 그러므로 작품을 분석할 때 인물의 심리적 윤리적 측면을 분석하지 말고, 인물의 기능에 주목하라는 충고에 귀 기울일 필요가 있는 것이다.[6]

위의 질문 ④~⑤는 이 작품 속에서 인간과 신이 맡은 극적 '기능'에 대해 언급하고 있다. 서둘러 결론부터 말한다면, 이 연극은 '지적인 인간의 보잘것없음'이라는 주제의 폭로를 위해 신들을 사악한 존재로 설정하고 있을 뿐이다. 이런 의미에서 신들을 사악하다고 비난하는 것은 작품의 이해에 전혀 도움이 되지 않는다. 빅토르 위고가 쓴 <레 미제라블> 속의 자베르 경감은 장발장을 추적하기 위한 '기능'으로 작품에 등장하고 있을 따름이며, 자베르 경감에 내재된 개인적 속성(냉철함, 집요함 등)을 분석하는 것이 무용한 것과 마찬가지의 이유다.

사실 이 작품에서 오이디푸스의 성격에는 대단히 부자연스럽고 돌발적인 측면이 담겨 있다. ⑦의 질문이 포함하고 있듯, 오이디푸스는 인생의 지속적인 면, 총체적인 면에 충실한 사람이 아니다. 오이디푸스 왕은 라이오스 왕의 살해자를 추적하는 과정에서, 자신이 범인으로 좁혀지는 과정을 경험한다. 아마 정상적인 인물이라면 그로서는 수사를 중지시키는 것이 자연스러울 것이다. 그러나 그는 집요하게 수사를 진행시킨다. 다시 말해, 그는 일반인보다 고상한 영웅에 해당하지만,

---

[5] 도정일, 「20세기의 오이디푸스」, 『문학동네』, 1999년 여름호, p.464.
[6] 로널드 헤이먼, 김만수 역, 『희곡을 어떻게 읽을 것인가』, 현대미학사, 1994, pp.89-100.

일상인의 상식에서는 벗어난 개성을 소유하고 있다. 이처럼 부자연스럽고 돌발적으로 규정된 오이디푸스의 인물 설정은 '출생의 비밀'이 폭로되고 결국 파멸에 이른다는 이 극 전체의 플롯을 위해 성격의 자연스러움을 훼손한 대표적인 사례로 들 수 있을 것이다. 인물의 등·퇴장을 중심으로 이 작품의 플롯을 정리하면 다음과 같다.

등·퇴장	등·퇴장의 기능
1. 오이디푸스 등장	탄원의 사연을 듣기 위해
2. 신관이 탄원자들의 대변인 역할	테베시를 구해줄 것을 요구
3. 신관이 크레온의 도착을 알림	델피 신전에서의 뉴스를 전해주기 위해
4. 코러스 장이 나가고	명령대로 시민들을 규합하기 위해 오이디푸스가 궁으로 등장
5. 테베시의 연장자들 등장	질문 : 누가 문제를 풀 것인가.
6. 오이디푸스 등장	도움을 청하기 위해 / 테이레시아스의 도착을 보고함
7. 테이레시아스 등장	테베시의 오염자로 오이디푸스를 지명
8. 오이디푸스, 테이레시아스 퇴장	오이디푸스에 의해 테이레시아스 축출됨
9. 코러스	테이레시아스의 폭로에 대한 논평
10. 크레온 등장	오이디푸스의 비난에 반응하며
11. 오이디푸스 등장	크레온과 논쟁하기 위해
12. 이오카스테 등장	논쟁에 참여하기 위해
13. 크레온 퇴장	오이디푸스에 의해 축출됨 / 이오카스테가 신탁의 사연을 발설함.
14. 이오카스테와 오이디푸스 퇴장	심부름 보낸 양치기를 기다리며
15. 코러스	신에 대한 인간의 자만심과 역할에 대한 논평

16. 이오카스테 등장	신에게 기도하기 위해
17. 사자(使者) 등장	폴리부스 왕의 죽음, 오이디푸스가 그의 친자가 아니라는 뉴스를 전해주기 위해
18. 오이디푸스 등장	수행원으로부터 사자의 뉴스를 전해 들으며
19. 이오카스테 퇴장	그녀의 목숨을 거두기 위해
20. 코러스	오이디푸스의 출생의 비밀을 논평
21. 양치기 등장	오이디푸스가 라이오스와 이오카스테의 아들임이 밝혀짐
22. 양치기와 사자 퇴장	사건의 종결
23. 코러스	인간의 불행한 운명에 대한 비탄
24. 수행원들 등장	이오카스테의 죽음, 오이디푸스의 실명을 전하기 위해
25. 오이디푸스 등장	코러스와 함께 비탄에 빠짐
26. 크레온 등장	질서를 회복하기 위해
27. 이스메네와 안티고네 등장	오이디푸스의 마지막 요구로
28. 오이디푸스 퇴장	신의 판결을 기다리며
29. 코러스	인간의 불행한 조건에 대한 논평[7]

    위의 장면 분절과는 별도로, <오이디푸스 왕>에는 카드모스 왕가의 비극적인 일대기와 스핑크스의 이야기가 중요한 극적 전제로 주어진다. 이 부분은 작품의 발단(exposition) 국면으로, 관객들에게 전사(antecedent action)를 전해주는 기능을 맡는다. 그런 다음, 도시에 찾아든 재앙의 원인을 찾는 행위가 작품의 상승 국면을 주도한다. 그러나 여

---

7. Elaine Aston, George Savona, *Theatre as Sign-system*, Routledge, 1991, pp.28-29.

러 차례의 위기를 거쳐 오이디푸스는 자신이 범인이 아니라는 확신에 이르게 되는데, 위 표의 18번 장면이야말로 이 작품의 정점에 있다. 그러나 그 정점은 코린토스로부터 막 도착한 사자에 의해 급작스러운 반전(Irony, peripeteia)이 이루어진다. 자신이 부친 살해와 근친상간의 저주를 피하기 위해 코린토스에서 도망쳤지만, 코린토스의 왕과 왕비는 자신의 친부모가 아니라는 점이 밝혀지면서, 오이디푸스의 운명은 급작스러운 하강 국면에 접어드는 것이다. 그리고 이러한 반전은 그로 하여금 자신의 운명에 대한 뼈저린 발견(Disclosure, anagnorisis)에 도달하게 만든다.

아리스토텔레스는 이 작품의 결말 부분을 두고 "반전과 발견의 절묘한 결합(this coupling of Irony and Disclosure)"[8]을 높게 평가하고 있다. 발견에는 표지(標識)에 의한 발견, 시인에 의해 조작된 발견, 기억에 의한 발견, 추리에 의한 발견, 상대방의 오류 추리에 의한 발견, 사건 그 자체로부터 유발되는 발견이 있는데, 제일 후자에 해당하는 사례가 가장 훌륭하다고 본다. 코린토스의 사자(使者)는 오이디푸스로 하여금 공포에서 벗어나 용기를 얻게 하기 위해 달려왔지만, 결과적으로는 오이디푸스의 공포를 확대하여 처절한 인식에 이르게 하고 있는데, 사자의 등장이라는 사건을 통해 극의 반전과 발견을 가져오게 한 점이야말로 위의 전형적인 사례에 해당된다.

(3) 신화적 질서에서 비롯한 정서적 효과

이 작품에서 스핑크스 이야기가 담고 있는 내용은 매우 함축적이

---

8. Sylvan Barnet, 앞의 책, p.73.

다. "어려선 네 발로 걷고, 커선 두 발로, 늙어서는 세 발로 걷는 것은 무엇이냐."는 스핑크스의 수수께끼는 "더 많은 발로 걸을수록, 더 약한 존재(The more feet it walks on, / The weaker it be)"라는 동요 속에 암시된 것처럼, 그리스인들의 우주론적 질서를 상징한다. 스핑크스의 어법을 확대해 보면, 그리스 연극에는 세 개의 층위가 있다. 하나는 인간의 세계이고 나머지 둘은 천상과 지하의 세계이다. 빛과 지혜와 생명의 의미로 예찬되는 천상, 음모와 범죄와 죽음의 의미로 기능하는 지하의 세계 중간에 놓인 인간들의 모습이야말로 그리스 연극의 갈등구조인 셈인데, 위에서 언급한 스핑크스의 퀴즈에는 이러한 연극공간의 층위가 잘 나타나 있다.

위에서부터 수직적으로 열거해 보면 하늘의 신(제우스) → 새 → 성인 → 노인 → 아이 → 지하의 신(하데스)의 위계질서가 뚜렷한데, 스핑크스의 퀴즈는 인간이 처한 위치가 어떠한가를 질문하고 있다는 점에서, 단순한 에피소드가 아니라 그것 자체로 인간에 대한 존재론적인 질문에 도달하게 만든다. 인간은 두 발로 직립하고 있지만 새[9]만도 못하다는 것, 이것이야말로 스핑크스가 인간을 해석하는 관점인 것이다. 한편, '두 발로 선' 성인 오이디푸스는 이 지평을 떠나지 못한다. 유아로 태어난 오이디푸스가 줄에 묶여 버려질 때, 그는 '발목이 부은 존재(오이디푸스)'로서 그야말로 '가장 약한 존재'이지만, 결말 부분에서 실명한 채 지팡이에 의지하여 방랑의 길을 떠나는 오이디푸스의 처지는 '세 발로 걷는 노인의 형국'을 지닌다. 이처럼 스핑크스의 이야기는 이 작품의 우주관을 대변하기도 하고, 오이디푸스의 변화되는 운명에 대한 복선으로 기능하기도 한다.[10]

---

9. 스핑크스는 새와 짐승의 복합 형상으로 제시된다.
10. Sylvan Barnet, 앞의 책, pp.48-49.

그러나 이 스핑크스의 이야기가 원작에 전면적으로 드러나, 인물들의 행동을 직접 규율하지는 못한다. 이 작품은 스핑크스와 오이디푸스의 대결 속에서 오이디푸스가 승리하게 만들지만, 궁극에는 오이디푸스로 하여금 인간의 유한함에 대한 뼈저린 깨달음을 느끼도록 꾸며져 있다. 우리가 느끼는 정서적 효과는 무엇일까.

위의 질문 ⑧이 담고 있듯, 소포클레스의 <오이디푸스 왕>이 담고 있는 정서적 효과는 연민(pity)과 공포(fear), 그리고 여기에 연원한 카타르시스(catharsis)로 요약될 수 있다. 그러나 현대 정신분석학의 발달에도 불구하고, 연민과 공포가 카타르시스에 이르기까지의 기제에 대해서는 충분한 설명이 이루어지지 않았으며, 비극이 주는 정서적 효과가 고대 그리스의 관객들과 현대의 관객들에게 동일할 수 있을까에 대한 근본적인 의문도 해명될 수 없다. 신과 인간이 기묘하게 공존하고 있던 고대 그리스 시대의 정서는 '신이 없는 시대'에 살고 있는 현대인들이 받아들이고 있는 정서와는 다르기 때문이다. 바로 이 점이 고대 그리스 연극 <오이디푸스 왕>을 현대에 맞게 각색하는 이유일 것이다.

더 찾아 읽기

> 소포클레스의 <오이디푸스 왕>은 문학이론서의 효시로 간주되는 아리스토텔레스의 『시학』에서 본격적으로 다루어진 텍스트이며, 이후 프로이트에 의해 '오이디푸스 콤플렉스'의 원천으로 인용되기도 했다. 이 작품은 드라마의 원형을 제공하고 있어, 다양하고 섬세한 독서가 요구된다.

저자 소개

김만수

서울대학교 인문대학 국어국문학과에서 학사·석사·박사 학위를 취득했다. 현재 인하대학교 문과대학 인문학부 문화콘텐츠 전공 교수로 재직중이다. 저서로는 『희곡 읽기의 방법론』, 『한국의 희곡과 연극』, 『문학의 존재 영역』, 『문화이론과 문화콘텐츠의 실제』(공저) 등이 있다.

개정판
문화콘텐츠 유형론

초판 1쇄 발행 2006년 7월 25일
초판 5쇄 발행 2009년 3월 25일
개정판 1쇄 발행 2010년 1월 25일
지은이 김만수 | **펴낸이** 최종숙 | **편집** 권분옥·이소희·추다영
펴낸곳 글누림출판사
등록 제303-2005-000038호(등록일 2005년 10월 5일)
주소 서울 서초구 반포4동 577-25 문창빌딩 2층
전화 02-3409-2055 | **팩스** 02-3409-2059 | **이메일** nurim3888@hanmail.net
ISBN 978-89-6327-053-1 93600

정가 17,000원
* 잘못된 책은 교환해 드립니다.